시민이 생각하는 방송

'99 좋은 방송을 위한 시민의 비평상 수상집

방송문화진흥회 엮음

발간사

　방송의 사회적인 영향이 지대하다는 것은 우리가 익히 알고 있는 사실입니다. 그런데도 방송에 대한 시청자의 적극적인 의견을 수렴할 수 있는 길은 없었습니다. 방송은 제작하고 내보내는 것으로 끝나는 것이 아니라 이를 즐기고 수용하는 시청취자의 단계에서 마무리된다고 할 수 있으며, 나아가 이들 시청취자의 반응이 다시 방송 현업에 수용되는 방송과 수용자 간의 순환체계를 통해서 방송의 발전이 보장된다고 할 수 있을 것입니다.

　따라서 방송제작자와 수용자 간의 긴장관계는 늘 존재해왔으며 이는 매우 바람직한 것으로 볼 수 있습니다. 다만 아쉽게도 이제까지 한정된 시청률 조사결과에 의존해서 그런 관계가 파악되었으며, 또한 이를 방송에 대한 시청취자의 전반적인 반응으로 해석한 것이 그간의 현실이었습니다.

　그러나 최근 시청률 이외에 다른 관점을 가지고 방송에 대해 반응하고 이를 방송제작에 참고해주기를 요구하는 수용자의 움직임이 일기 시작해 우리 방송의 밝은 미래를 예견할 수 있게 하는 점은 무척 다행스럽다 하겠습니다.

이런 학계를 비롯한 수용자단체들의 적극적인 활동에도 불구하고 제기되는 문제는 이들의 의견이 과연 수용자 전체를 대변할 수 있느냐 하는 점입니다. 이들의 요구가 다양한 시청자 의견을 대표하기에는 한계가 있으며 아직 침묵하는 대다수는 방송시청 행위만으로 자신들의 선호를 나타내고 있다고 보기 때문에, 시청률이라는 평가지표에 대한 의존이 높게 나타날 수밖에 없다는 것이 현업의 의견이기도 합니다.

엄밀히 방송은 개인적인 체험이라고 할 수 있으며, 따라서 학계나 일반 시청자단체에서 요구하는 사항과는 다른 관점의 요구와 평가가 존재할 수 있다고 봅니다. 그리고 이런 요구와 평가활동을 제도화해서 표출하는 것도 필요하겠으나 그와 더불어 방송에 대한 개별적 체험과 평가를 정제된 언어로 표현하는, 다시 말해 시민 일반의 방송에 대한 비평운동도 방송을 발전시키는 한 축으로 존재할 필요가 있습니다.

'비평'이 없는 분야는 오만해서 발전할 수 없으며 '비평'이 없는 방송의 경우는 방송인만의 방송이 될 가능성마저 있습니다. 방송의 주인이 누구인가 하는 고전적인 논의는 별개로 하더라도 방송환경이라는 시스템하에서 수용자인 시청취자의 역할을 아무리 강조해도 부족하지 않습니다. 이런 역할을 통해서만 시청취자도 '좋은 방송'을 향유할 권리를 가지게 됩니다. 유익한 방송에 대해서는 과감한 갈채와 격려를 보내고, 무익하다고 생각되는 방송에 대해서는 신랄한 비판을 가할 수 있는 적극적인 '시민정신'만이 건전한 시민의 방송을 만들어갈 수 있다고 믿습니다.

방송문화진흥회의 '좋은 방송을 위한 시민의 비평상'은 이러한 취지에서 마련되어 건전한 시민의식을 전제한 방송비평문을 공모하고 있습니다. 이제 올해로 두번째 맞은 행사에 응모된 많은 비평문 중 우수한 비평문을 묶어 발간하면서 이러한 비평집의 발간이 방송비평의 저변을 넓힘과 아울러 방송 현업에 유익한 참고자료가 되기를 희망합니다.

끝으로 지난해의 경우 한정된 부수를 발간함으로써 비평집에 대한

일반의 수요를 충족시킬 수 없었던 점을 감안해서 올해는 출판방식을
변경해서 일반 시청자들이 염가로 구입할 수 있도록 유가로 발간했음
을 알려드립니다. 어려운 업계현황에도 불구하고 이를 수용하고 비평
집의 연내 발간을 위해 노력해주신 도서출판 한울에 감사드립니다.

1999년 12월
방송문화진흥회 이사장
서규석

심사를 마치고

방송문화진흥회의 '좋은 방송을 위한 시민의 비평상'은 방송에 대한 적극적인 의견제시를 통해 올바른 방송비평의 저변을 확대하고, 시청자와 함께하는 보다 나은 방송을 만들어가기 위해 제정되어 올해로 두 번째 시행되었습니다.

일반적으로 방송비평이란 정립된 개념과 이론에 근거한 방법을 토대로 방송내용과 일반에 대해 객관적으로 평가한 것을 말합니다. 그러나 방송문화진흥회에서 지향하고 있는 '시민의 비평'은 전문적인 비평보다는 시민들의 건전한 양식에 근거해 방송과 관련한 일반 시청자의 개인적인 체험과 삶을 글로 담아냄으로써 시청자와 방송이 함께 교감을 이루어가도록 하는 것입니다. 따라서 심사위원 일동은 분석적이고 이론적인 글보다는 이런 비평상의 제정 취지에 부합하는 비평문을 선정하려고 노력했습니다.

올해는 전반적으로 응모작의 수준이 향상되었고 이들 중 우수작품을 가려내기 위해 모두 세 차례에 걸친 심사가 이루어졌습니다. 심사위원도 문필가, 전문학자, 방송계 현업자, 행사를 주관하는 진흥회 직원 등이 참여해 다음의 심사기준하에 공정한 심사가 이루어지도록 노력했습니다.

우선 '비평상' 취지의 부합성으로 '좋은 방송을 위한 건전한 시민의 목소리'가 담겨 있는가에 주목했습니다. 둘째, 하나의 비평문으로서 전체적인 짜임새를 갖추었는가 하는 내용의 완성도를 보았습니다. 여기서는 일반적인 글의 형식보다 전체적인 짜임새에 보다 중점을 두었습니다. 셋째, 비평자의 참신한 시각이 있는가와 이를 창의력을 가지고 설득력 있게 전개했는가로 평가했습니다. 그리고 마지막 평가기준은 방송실무에 대한 기여도로서, 방송실무자에게 얼마만큼 현실적으로 도움을 줄 수 있겠는가 하는 점입니다.

이런 기준에 따라 평가된 개별 심사위원의 점수를 집계해 최우수작 한 편과 우수작 두 편을 선정하고, 가작은 집계된 점수와 비평장르를 고려해서 선정했습니다. 이 중 김효정 외 3인의 「TV가 만들어낸 주부에 대한 편견」은 방송의 주시청자라고 할 수 있는 주부의 목소리를 비교적 솔직하게 드러냈으며, 특정한 형식에 얽매이지 않고 자신의 의견을 설득력 있게 차분히 적어냈다는 점에서 높이 평가되어 최우수작으로 선정되었습니다. 또한 문순철과 박현주의 글은 몰래카메라와 국산 애니메이션의 문제를 사실적인 근거에 준하여 적절한 시각과 문장으로 지적해내고 있다는 점에서 각각 우수작에 선정되었습니다. 그리고 가작은 드라마, 쇼 오락, 라디오, 보도, 교양 다큐 등의 분야에서 각각 높은 점수를 받은 작품들을 선정했습니다.

올해 공모된 비평문은 지난해에 비해 학생층의 응모가 많아 전반적으로 글의 수준은 향상된 것으로 보이나 내용체계가 일정한 형식을 지향하고 있어 다양성을 전제로 한 비평문의 요건에 부합하지 못하는 아쉬움이 있었습니다. 또한 비평의 장르에서도 대부분 오락 프로그램에 치우친 경향이 있고 시각도 오락 프로그램의 부정적인 부분에 우선하여 글을 풀어가고 있어 비평에 대한 고정관념에서 벗어나지 못하고 있는 인상을 주고 있습니다. 그런 시각의 대부분도 신문, 잡지 등에서 제

8

시하고 있는 논의를 여과 없이 수용하는 등 방송에 대한 개인적인 체험을 반영하지 못하고 있는 것으로 생각됩니다. 결국 대부분의 비평문이 자신의 삶과 방송에 대한 치열한 고민 없이 그저 쉬운 글쓰기 방식을 택하지 않았나 하는 생각도 가지게 되었습니다. 이는 글의 형식에 적지 않은 비중을 둔 전년도 비평상의 영향도 있겠으나 장기적으로 결코 바람직하지 않은 것으로 생각하며 앞으로 보다 다양한 형식의 비평문이 쓰여지기를 기대합니다.

끝으로 심사위원장으로서, 바쁜 일정 가운데 수많은 비평문을 일일이 읽으면서 심사에 임해주신 최일남, 조병필, 최창섭, 장명호, 김일수, 윤승용, 서경주, 정성채, 원용진, 김현주 심사위원님과 관계 직원께 감사드립니다.

1999년 12월
심사위원장
손용

contents

TV가 만들어낸 주부에 대한 다섯 가지 편견

방송 3사 주부 대상 아침 토크 프로그램을 중심으로

김효정·부수나·정미란·박형주(주부)

새천년을 앞두고 어느 누구 할 것 없이 이젠 달라져야 한다고 말한다. 특히 새천년 카운트다운에 돌입한 방송은 경쟁적으로 밀레니엄 특집물들을 쏟아내며 미래의 비전을 제시하느라 바쁘다. 하지만 등잔 밑이 어둡다고 그토록 목청 높여 새 시대를 외쳐대는 방송이 미처 보지 못한 사각지대가 있다. 마음은 새천년인데 몸은 70년대에 성장을 멈춰 버린 주부 대상 아침 토크 프로그램들이 그것이다.

요즘 방송은 10대가 주도하지만 방송에 가장 많은 시간을 바치는 시청자는 주부다. 주부가 보는 여러 프로그램들 가운데 특히 주부 대상 아침 토크 프로그램은 주부들이 봐주기에 존재한다. 이들 프로그램이 주부가 선호하는 실용적이고 유익한 정보를 제공해서 삶의 질을 향상시키고, 건강한 가치관을 통해 사회의 일원으로서 주부의 자리를 찾으려는 노력을 제대로 해야 하는 이유도 바로 여기에 있다.

그러나 현재 방송되고 있는 주부 대상 아침 토크 프로그램인 KBS 2TV <행복채널>과 MBC <생방송 임성훈·이영자입니다> 그리고

SBS <한선교·정은아의 좋은 아침>이 파악한 우리나라 주부의 정체성은 이와 거리가 있다. '가정에만 헌신하면서 아름다움과 센스를 발휘하는 현모양처, 소비욕구가 왕성하고 강력한 구매집단, 그리고 연예인 사생활과 야한 얘기를 즐기는 행복한 여자들'이 이들 프로그램이 바라본 요즘 주부의 자화상이다. 1999년 7월 이후 <생방송 임성훈·이영자입니다>가 소외된 이웃에 관심을 가지며 자원봉사와 도움의 방법을 소개하는 포맷을 삽입하는 등 긍정적인 시도를 선보이고 있지만, 아직 프로그램의 성격이 완전히 탈바꿈했다기보다는 시청률에 한쪽 다리가 묶여 있는 어정쩡한 상태여서, 이를 두고 아침방송의 새로운 흐름으로 보기에는 아직 조금 이를 것 같다. 결국 아직도 편협한 주제와 안이한 구성, 연예인 중복출연 등은 3사 아침방송의 공통점이다.

그러나 과연 이 나라 여성 중 어느 정도의 여성이 이 기준에 부합될 것이며, 화려한 소수의 그늘에 가려진 다수의 여성들은 언제까지 그들만의 잔치에 들러리를 서야 하는가 묻지 않을 수 없다. 도시 중산층 이상의 젊은 주부를 목표 시청자로 삼는 아침방송의 이같은 편향된 시각은 여성들을 가정에 안주하는 조건에서만 행복할 수 있는 비현실적인

<생방송 임성훈·이영자입니다>

현모양처로 재생산하면서, 사회화의 통로가 막혀 있는 대다수 전업주부들에게 사회화의 동기나 기회를 차단한 채 더욱더 가정 안으로 깊숙이 몰입하게 한다. 결국 이러한 오해는 대다수 주부들의 가치관마저 호도하며 방송의 흐름을 주도해나간다.

방송이 주입하는 여성에 대한 왜곡된 편견을 풀지 않고서는, 여성이 아침방송의 진짜 주인으로 대접받을 수 없다. 우리가 주부를 바라보는 아침 토크쇼의 몇 가지 편견에 주목하는 이유도 바로 여기에 있다.

주부를 바라보는 아침 토크 프로그램들의 다섯 가지 편견

아침방송들은 오늘도 어김없이 이 땅의 모든 주부들이 아름답고 향기 나는 주부로 인정받고 사랑받길 기원하면서, 현란한 가이드 라인을 제시한다. 방송이 조장하는 잘못된 주부관이 시청자들에게 이상적인 주부상으로 탈바꿈되고 왜곡되어 수용되는 현실, 그 중심에 다음 다섯 가지 편견이 있다.

편견 1. 사랑받는 주부가 성공한 주부다

여성에 대한 보수적인 역할분담과 가치관은 세월이 흘러도 변하지 않는 아침방송 고유의 논리다. 여성은 여전히 가정 안에서 남성을 위해 헌신하고 봉사해야 한다는 인식이 지배적이고, 남편을 통해서만 정체성을 확인받을 수 있는 존재로 과소평가되고 있다. 이는 주부들의 사회화와 재교육의 창구로 활용될 수 있는 아침 프로그램의 전문가 강연 형식마저, 주부의 가치를 가정 안에 한정하는 내용으로 축소·왜곡해버리는 예에서 찾아볼 수 있다.

1999년 4월 8일에 방송된 MBC <10시 임성훈입니다>의 '남편 기살리기 1, 2, 3작전'이라는 제목의 강연은 그 단적인 예이다. 스스로를 부부사랑학 강사라고 소개한 강연자는 '남편의 발목을 잡는 아내의 사소한 행위 일곱 가지'를 다음과 같이 소개하였다. 퇴근하는 남편에게 이것저것 사오라고 심부름 시키기, 직장에 자주 전화하기, 아침식사 안 챙겨주기, 지금 어뎠냐고 위치 파악하기, 용돈사용처 캐묻기, 공휴일에 어디 안 간다고 신경질 내기, 남편이 친구 데려왔다고 면전에서 샐쭉하기 등이 그것이다. '남편 기살리는 방법'으로는, 첫째 남편의 성적 활력을 불러일으켜라(남편이 그만 자자고 부르면 빨리 들어가라. 그렇지 않으면 남편이 잠든다), 둘째 남편을 이해하라(남편은 전쟁터에 나가는 전사다), 셋째 다른 남편과 비교하지 마라, 넷째 남편의 사기를 북돋아주자(남편에게 베란다에 나가 담배 피게 하는 게 제일 사기를 죽이는 것이다. 그리고 무조건 남편 말에 맞장구 쳐라), 다섯째 남편을 올리기 위해서는 주부가 떨어져라(뭐니뭐니 해도 집안의 가장은 남자다. 여자가 가장이 되면 속된 말로 팔자가 드센 거다. 남편의 기가 살고 나면 결국 다 아내에게 돌아온다) 등이다.

IMF 이후 흔들리는 가정을 지키기 위해 그 어느 때보다도 주부의 역할이 중요하다고 치켜세우면서, 다른 한편으로는 주부의 일방적인 희생과 인내를 강요하는 내용이 부쩍 늘었다는 사실은 IMF로 인한 사회 전반의 인권, 특히 여권 실추 경향과 무관하지 않다.

편견 2. 가꾸지 않는 주부는 여자가 아니다

화장법과 피부관리, 옷입기 등은 아침 토크 프로그램들이 여성들을 위해(?) 가장 자신 있게 내놓는 정보다. 여성잡지가 그렇듯 아침 토크 프로그램들도 계절이 바뀌기가 무섭게 새봄 메이크업 제안, 여름철 피부관리, 가을철 유행색 같은 새로운 유행정보들을 제공한다. 이대로 잘 따라하기만 하면 20대의 외모와 몸매로 돌아갈 수 있다는 환상을 심어주며, 주부들을 획일화된 외형적 멋내기의 세계로 몰입시킨다. '미시족'이란 단어의 유행과 함께 주부의 자기투자 1순위가 외모꾸미기인 것처럼 인식되면서, 아름다움과 젊음을 유지한 주부가 자기관리를 잘한 성공한 여자로 받아들여지는 곳이 바로 아침방송이다. 이처럼 눈요기감에 치우친 소재의 한정성은 미의 가치를 외형적 차원에 머무르게 하며, 젊어지고 예뻐지는 것만이 주부들의 최고 관심사인 양 주부상을 왜곡할 우려가 있다. 또 이러한 최신 유행의 제시는, 개성추구를 시대에 발빠르게 적응하지 못한 촌스러움의 변명쯤으로 내몰며 충동적인 소비를 부추긴다.

하지만 아침방송이 제공하는 멋내기정보의 더 큰 폐단은 바로 이러한 정보들이 남성 중심적인 시각에서 주입되고 있다는 점이다. 부지런히 가꿔야 아름다워지고 그래야 더욱더 사랑받을 수 있다는 시대착오적인 논리는 오늘도 많은 여성들을 외모가꾸기에 전력하게 한다. 잠자리를 위한 화장법이나 남자친구를 만나러 가기 전의 화장법까지 '정보'로서 소개될 만큼, 여성에게 젊고 섹시해 보이는 것의 가치가 강조되고 과장된다. 이는 다분히 남성 본위의 시각에서 나온 것으로 여성을 주체로 삼았다면 제시하는 미의 기준이 달라졌을 것이다.

편견 3. 구매력 있는 주부가 최고다

아침방송의 주시청대상인 주부들은 광고주들이 선호하는 구매력의 실제 주인공으로서만 그 존재가치를 인정받고 평가받는다. 현실의 주부들이 자신을 위해 돈을 쓰는 것에 주저하는 것과 달리, 아침방송들은 하나같이 주부의 자기투자에 목소리를 높인다. 이를 단지 주부들의 대리만족 욕구를 충족시켜주려는 방송사의 선의로만 해석할 수 있을까.

1999년 4월 8일과 9일에 <한선교·정은아의 좋은 아침>에서 연속 방영된 '새봄 메이크업 1, 2편'에서는 메이크업 아티스트 조성아와 이

경민이 각각 탤런트 송윤아, 유호정과 함께 출연해 메이크업 제안을
했다. 드라마에서 인기 여배우가 하고 나온 액세서리나 의상이 날개
돋친 듯 팔리는 데서 볼 수 있는 것처럼 연예인과 자신을 동일시하려
는 시청자들의 욕구가 강해지면서 방송의 상업적 위력이 점점 더 커지
고 있는 게 현실이다. 이쯤 되면 아침방송을 본 주부들이 유명 메이크
업 아티스트가 사용한 고가의 화장품에 귀가 솔깃해지고 그것이 소비
로 이어지는 상업적인 메커니즘은 어찌 보면 당연한지도 모른다. 보다
적극적인 시청자는 방송을 통해 인지도가 높아진 아티스트를 찾아가
기도 할 것이다. 방송에 출연한 아티스트들 대부분이 개인 영업점을
가지고 있다는 사실은 이들을 정보를 주는 전문가로 순수하게 바라볼
수 없게 하는 또 다른 이유가 되고 있다.

　<한선교·정은아의 좋은 아침>의 단골 소재인 연예인의 집 구경은
사치스러운 꾸미기의 전형을 보여준다. 집을 일상을 위한 거처로 생각
하는 대다수 사람들의 가치관을 원시적인 것으로 내모는 이같은 겉치
장 미학은 위화감과 함께, 알맹이보다 쭉정이를 중시하는 거품 가치관
을 주입하고 있다.

　하지만 아침방송의 상업적 속성이 모두 이처럼 직접적인 것만은 아
니다. 주부들을 은근히 현혹하는 다른 방법들도 있다. 바로 '홍보'라는
특별한 목적을 가지고 출연하는 연예인들이 그 또 다른 예다. 요즘 연
예인들은 마치 특별홍보기간이 정해져 있는 한정판매 상품처럼, 한 기
간 동안 여러 프로그램에 집중적으로 출연하면서 자신의 상품성을 홍
보한다. 연예인의 이야기를 한참 듣다보면 그들이 결국 최근에 낸 요
리책이나 자서전, 비디오, 음반, 개봉을 앞둔 영화나 콘서트 등 시청자
들의 적극적인 소비가 필요한 상품들을 홍보할 목적으로 출연하였음
을 심심찮게 발견하게 된다. <행복채널>에 자신의 요리책을 들고 나
온 류시원, 다이어트 비디오를 소개한 김혜선과 조혜련, 태교비디오를
낸 박철, 옥소리 부부 등이 그 예다. 연예인의 이익을 위해 공중파를

사용화·사공간화해도 그저 새로운 물건이나 연예에 대한 정보를 주었다는 것에 의의를 두어야 하는 것인지 묻지 않을 수 없다.

자사 프로그램 홍보, 특히 전면전 양상을 띠는 3사 아침 토크쇼의 드라마 홍보도 상업성의 맥락으로 해석할 수 있을 것이다. 여성이 드라마를 즐겨 본다는 이유만으로, 아침 프로그램이 드라마 시청률 경쟁의 대리전을 방불케 할 만큼 자사 프로그램 홍보에 적극적으로 나서는 모습은 주부에 대한 일방적인 평가와 함께 방송의 상업적 속성의 극치를 보여준다. 일단 드라마가 새로 시작하거나 조금 인기 있다 싶으면 무조건 주인공들을 스튜디오에 불러모아 화제몰이에 열을 올리고, 심지어는 한 드라마를 반복 홍보하는 경우도 비일비재하다. <10시 임성훈입니다>에서 드라마 <보고 또 보고> 출연진을 서너 차례 이상 초대한 것이나, <한선교·정은아의 좋은 아침>에서 <청춘의 덫>을 여러 번 홍보한 것 등이 그 예다. 특히 <한선교·정은아의 좋은 아침>은 <청춘의 덫>이 종료된 다음에도 100회 특집시간에 <청춘의 덫>을 테마로 삼아, 두 여주인공과 연출자를 출연시켜 드라마 뒷얘기를 들어보고 결말에 대한 시청자 만족도를 ARS 조사하는 등 극진한 애프터서비스 정신을 발휘했다. 이는 이번 시청률을 강조하며 다음 드라마마저 전작의 후광효과를 이용해 시청자를 끌어들이겠다는 불건전한 의도를 역력히 드러낸 기획이었다. 이처럼 방송사 차원의 '베스트 드라마 만들기 작업'은 드라마를 작품성으로 승부하지 않고 화제몰이로 기선을 잡겠다는 천박한 상업적 발상의 전형이다.

결국 방송은 여성을 직접 소비로 끌어내는 가장 적극적인 장사꾼 노릇을 하고 있다. 보통 주부의 경제 개념에 심각할 정도의 혼란을 주기도 하고 소비에 대한 잘못된 시각을 주입하기도 하면서, 최대의 소비자 주부를 향한 몰가치한 정보들이 3사의 아침방송들을 통해 오늘도 아무 제어장치 없이 마구 전파되고 있다.

편견 4. 주부는 연예인 얘기를 좋아한다

아침 토크 프로그램의 단골 소재는 단연 연예인 이야기다. 일주일 내내 출연자의 대부분이 연예인이고, 그들이 풀어놓는 얘기는 한결같이 신변잡기와 자랑 섞인 행복한 비명뿐이다. 전날 밤 연예인이 출연한 심야 토크쇼를 보고 잠이 든 주부들은 다음날 아침 다시 그 연예인 토크 프로그램으로 하루를 연다.

최근 저녁 시간대 오락 프로그램들이 이른바 인포테인먼트 프로그램으로 선회하면서 교양적 가치를 오락적 재미에 우선해 내세우는 경향과 정반대로, 아침 토크쇼들은 점점 더 연예인 위주의 오락적 구도를 강화해가고 있으니, 시대에 역행해도 이만저만 역행하는 것이 아니다.

연예정보를 필요 이상으로 많이, 그리고 지나칠 정도로 자세하게 알려주는 아침방송은 연예인의 연애와 결혼, 이혼에서부터 화려한 집 구경과 출산경험, 자녀교육, 그리고 홍보성 근황 등까지 다양한 이야기를 늘어놓는다. 주로 <행복채널>과 <한선교·정은아의 좋은 아침>을 돌아다니며 출연하는 이들 연예인 출연자들 중엔 단골 고객도 적지 않다. 연예계의 별난 잉꼬 커플로 부인의 살림솜씨가 알려지면서 토크 프로그램에서 주가를 높인 서세원, 서정희 부부를 필두로, 유난스런 아내 사랑과 태교로 경탄의 대상이 되었던 최수종, 하희라 부부, 그 외 결혼보고에 이어 신혼보고, 다음엔 자녀출산까지 그간의 결혼생활을 빠짐없이 결산해주는 연예인 등 그 예는 셀 수 없을 만큼 많다.

내용은 달라도 여기엔 한 가지 공통점이 있는데, 이는 알아도 그만 몰라도 그만인 시시콜콜한 남 사는 얘기를 전해준다는 것이다. 3사가 같은 연예인을 놓고 비슷비슷한 얘기로 경쟁하다보니까 이젠 어느 프로그램이 얼마나 더 확실하고 자세하게 들춰내느냐로 승부하는, 웃지 못할 일들도 벌어지고 있다.

시청자가 원하니까 방송사가 연예정보 제공에 주력하게 되었는지

<생방송 임성훈·이영자입니다>

아니면 시청자가 방송사의 계속되는 정보제공에 길들여진 것인지, 앞뒤는 분명하지 않지만 중요한 것은 연예인 사생활 들여다보기가 점점 더 시청자의 당연한 알 권리처럼 다루어지면서 점점 더 많은 것을 들여다보고 알고 싶어하게끔 궁금증을 유발한다는 것이다. 이는 결국 남의 사생활에 지나치게 관여하는 문화, 진지하게 남을 이해하고 격려하기보다는 호기심으로 화제에 올리는 저차원의 잡담문화, 내심 부러우면서도 냉소적으로 바라보게 하는 이중적인 시청심리를 더욱 부채질한다. 화려하고 행복하기만 한 연예인 이야기로 잠시라도 주부들에게 대리만족을 주겠다는 방송사의 의도는 주부를 가십거리에나 몰두하는 존재로 판단하고 무시해버리는 방송사의 일방적인 횡포에 지나지 않는다.

연예인 위주의 출연자 선정은 소재의 편향성 못지않게 다양한 출연자들로부터 얻을 수 있는 폭넓은 간접경험의 기회를 차단한다는 데서도 중요한 문제가 되고 있다. 정치, 경제, 사회, 문화 등 각계의 전문가 집단으로부터 가정 밖의 변화하는 세상 이야기를 들어보고, 체험해볼 수 있는 소중한 기회를 남편자랑, 부인자랑, 자식자랑이나 늘어놓다 들어가는 연예인 입담을 듣느라 놓쳐버린다는 것은 너무 안타까운 일이다.

편견 5. 주부는 야한 얘기를 좋아한다

'여성 바라보기는 봉건시대, 성적 표현은 새천년 수준.' 바로 아침방송의 성(性)의식을 두고 하는 말이다. 이들 프로그램이 '주부의 성'을 중요한 테마로 사용하고 있으면서도 착각하고 있는 부분은 크게 두 가지다. 그 첫번째는 주부 대상 프로그램에서 다루어지는 성이 실제 주부들이 일상에서 느끼는 성 개념과 차이가 있고, 그 가치도 크게 과장되어 있다는 것이다. 결혼관계 안에서의 성은 단지 육체적인 부부관계로만 존재하는 것이 아니라, 인생의 동반자라는 정신적 안정감 위에 바탕하고 있다. 그런데도 방송에서는 이 부분이 철저히 무시된 채 행위로서의 성만 강조하고 있다. 두번째는 성의식 역시 지나치게 남성 중심적이라는 것이다. 주부들을 남편의 사랑을 받지 못해 안달하는 존재로 비하하면서 남편의 사랑을 얻기 위한 갖가지 방법들을 제시한다.

이러한 예로 노골적인 부부관계 묘사로 방송위원회로부터 경고 조치를 받은 <생방송 임성훈·이영자입니다>의 1999년 5월 14일자 방송 '여보 우리 얘기해요. 부부의 성 트러블' 편을 들 수 있을 것이다. 부부 이혼 사유 1위가 성 트러블이라며 이혼을 줄여보자는 거창한 취지로 시작한 이날 내용은 그러나 성문제를 공개적으로 토론한다는 대의명분만 내세웠을 뿐 흥미 위주의 접근으로 사회자와 전문가, 출연자와 방청객이 모두 질펀하게 한바탕 웃고 마는 희화화의 장으로 전락해버렸다. 부인에게 만족하지 못하고 밖에 나가서 직업여성들과 관계를 가지며 출근길에 부인에게 포르노 테이프를 주면서 연구하라고 요구하는 당당한 남편과 그런 남편의 요구를 들어주려고 노력중이며 남편이 전보다 많이 만족해한다고 웃으며 이야기하는 아내, 남편과의 성관계가 소원해져 불만이라는 아내, 남편을 적극적으로 유혹하는데 남편이 무안을 주며 거부한다고 하소연하는 아내 등 세 쌍의 부부가 출연하였다. 이들의 지나치게 노골적이고 직설적인 성고백, 전문가까지 잘못된 성관념을 문제의식으로 보지 않고 맞장구 치는 분위기, 그리고 '남편이 아내의 은근한 요구를 거부하는 방법', '잠자리에서 분위기 깨는 부인의 말' 등을 조사한 설문조사 소개 등은 기획의도마저 의심스럽게 했다. 부부의 성에서 부부가 함께 노력해야 할 부분을 조언하고 계기를 부여하는 것에는 소홀한 채, 결국 '남자의 본능'이라는 저차원적인 결말로 이야기를 맺음으로써 남성 중심적인 성논리만 재확인했을 뿐이다.

'아우성'의 성공 이후 공개적인 성논의가 활발해지면서, 여성이 성에 대해 적극적으로 표현하는 것을 여권 신장의 증거로 해석하는 제작진의 발상이 더욱 힘을 얻고 있으니 경계하지 않을 수 없다.

맺으며

여성들의 생활이 변하고 있다. IMF 이후 스스로 경제적 독립을 위해 사회로 뛰어들어야 하는 사람도 많아졌고, 새로운 삶을 위해 가치관 전이를 시도하는 경우도 생겼다. 그러나 여성의 사회적 역할이 확대된 만큼 여성의 삶과 생활, 관심사를 의미 있게 관찰하고 그 선택의 범위를 넓힐 수 있게 하는 방송의 공적 기능은 아직도 미흡하다.

앞서 살펴본 것처럼 주부가 주시청층인 3사의 아침 토크 프로그램들이 차별화와 전문성을 가지고 진행되고 있는가에 대해서는 상당히 회의적이다. 이들 프로그램에서 드러나는 인생관과 삶의 방식 등이 현재 우리 주부들의 많은 부분을 지배한다는 점에서 이들 프로그램이 가져야 하는 사명의식은 간과할 수 없는 의미를 가진다. 방송은 우리 사회에서 여성이 처한 특별한 환경을 인정하고 현실에 맞는 미래 여성상을 다양한 창구를 통해 제공해야 한다.

우선 주부를 사랑받기만 원하는 수동적 존재로 규정하는 성논리를 수정해야 한다. 아내이면서 동시에 어머니이기도 한 주부의 사랑은 세상을 끌어안을 수 있을 만큼 크고 넓다. 봉사와 헌신을 통해 사랑을 전파하는 주부들의 모습은 외면한 채, 남편을 성적으로 유혹하고 사랑의 범위를 가족에 한정하는 확일화된 주부상에서 벗어나야 한다. 대신 주부들이 갖고 있는 엄청난 잠재력과 기술들을 가정 밖에서 활용할 수 있도록, 방송이 사회와의 연결고리 역할을 해야 할 것이다. 주부들의 별난 자식사랑과 가족이기주의를 부추기기보다, 가치관과 시야의 확대를 통해 더 큰 보람과 성취감을 얻을 수 있는 기회를 주부 대상 토크 프로그램이 마련해야 할 것이다.

둘째, 주부를 소비자로만 바라보는 편견 역시 극복해야 할 과제다. 구매력이 약한 다수의 서민들은 무시한 채 방송이 보여주는 다양한 소비 패턴을 따라가는 모습만을 과대포장하는 것은 이제 그만해야 한다. 부유층 여성들의 사치심과 소비욕구를 충족시키기 위한 패션과 인테리어 관련 정보는 결국 대다수 여성들에게 상대적 빈곤감과 욕구불만만 유발할 뿐이다. 드라마 시청률을 높이기 위해 사전 홍보장 역할을 하는 대신, 작가나 연출자가 추구하고자 하는 삶의 모습은 어떤 것인지 숨겨진 동기를 찾을 수 있는 대화의 장으로 변해야 할 것이다.

20대 몸매로 최신 유행하는 옷을 입고 전원 카페에서 우아한 프랑스 식사를 하는 것을 향기 나는 삶이라고 부추기지 말자. 우리의 일상은 백화점 쇼윈도의 디스플레이가 달라지듯 그렇게 계절마다 멋들어지게 변신할 수는 없다. 오히려 추워지면 겨울 날 생각, 김장 걱정을 해야 하는 것이 대다수 주부들의 모습이다.

주부들에게 일상적인 삶의 공간을 되찾아주고 왜곡되지 않은 여성상을 제시하며 주부가 가져야 할 사회적 책무도 제시하는, 새천년에 어울리는 달라진 아침 토크 프로그램을 기대해본다. 교육제도의 변화나 가정법, 성폭력방지법 등이 어떻게 입법화되고 있는지 주부의 힘을 모으는 결집의 장이 되는 아침 프로그램, 힘있고 건강하며 생산적인 주부 프로그램, 이젠 그런 프로그램을 만날 때도 되지 않았나. 주부들은 지금 고대하고 있다.

엿보기, 괴롭히기에서 해결사 노릇까지?

<일요일 일요일 밤에>의 반사회적 기능

문순철(연구원)

주말 저녁의 광란성

먹고 사는 게 너무 힘드시다구요? 오늘도 회사에서 구조조정 발표가 있었다구요? 대학은 꼭 가야 되냐구요? 이런 분들은 주말 저녁 TV 앞에 와보세요. IMF도, 실직의 공포도, 입시부담도 없는 별천지가 있답니다. 어깨가 들썩거리는 신나는 음악과 열정적인 춤, 요절복통할 장난과 오락, 여기에다 인기절정의 최고 연예인들까지, 갖가지 즐거움이 넘치는 곳. 꼭 한번 놀러 오세요.
─주말 저녁 버라이어티 쇼 일동

주말 저녁 황금시간대를 점령해버린 대형 버라이어티 쇼들은 오늘도 변함없이 화려함과 강렬한 재미를 앞세우며 시청자를 유혹한다. 하지만 이젠 이런 매혹적인 선전문구를 그대로 믿는 시청자들은 거의 없을 것이다. 스트레스도 풀고 휴식도 취할 겸 시청했다가 오히려 정신적 피로와 짜증만 더했던 기억이 적지 않기 때문이다. 혹시나 하는 기대를 역시나 하고 무너뜨리기 일쑤인 주말 저녁 오락 프로그램들은 특히 나이 든 시청자, 아니 20대 후반 이후 시청자들에게 더 큰 불만과 실망의 대상이다.

대개의 주말 저녁 버라이어티 쇼는 10대 취향의 떠들썩한 오락과 한바탕 장난, 그들만이 따라 부를 수 있는 노래와 그들만이 구별할 수 있는 가수들, 그리고 그들이 좋아하는 탤런트와 개그맨들이 총출동하는, 그들만의 경연장이 되어버렸다. 시끄러워서 정신을 차리지 못하는 자신을 발견하면서, 세상 돌아가는 속도를 미처 따라가지 못하고 있구나 하는 문화적인 충격과 자괴감, 소외감을 느껴야 했던 대다수 시청자들에게 이들 버라이어티 쇼는 더 이상 흥겨운 오락거리가 아니었다.

가족과 함께할 수 있는 시간이 가장 많은 주말에, 그것도 가족시간대에 집중된 이같은 천편일률적인 오락 프로그램들은 결국 세대간의 벽을 실감하게 하며 단절을 심화시키는 역효과를 가져왔다. 여러 세대가 어울려서 볼 만한 오락 프로그램에 목말라 있던 시청자들은, 그래서 어느 한 코너라도 가족이 같이 볼 만한 프로그램이 있으면 열심히 시청해주고 성원을 아끼지 않았던 것이다. 예전에 MBC <일요일 일요일 밤에>에 보내주던 시청자들의 애정과 관심이 바로 그 좋은 예일 것이다.

그런데 이젠 그마저도 아니다. 다른 프로그램들에 비해 가족 중심적인 오락 프로그램이라고 인정받던 <일요일 일요일 밤에>마저 감각적이고 말초적인 쾌락을 좇는 저급한 오락 프로그램으로 변질된 지금, 대다수 시청자들은 주말 저녁을 즐길 수 있는, 변변한 버라이어티 쇼 하나 가지지 못한 처량한 신세가 되고 만 것이다. <일요일 일요일 밤에>의 추락이 안타까운 것도 바로 이 때문이다. 훈훈하고 기분 좋은 기억을 남겼던 이 프로그램의 타락은 그런 면에서 분노까지 일으킨다. 이 글은 이러한 안타까움과 분노를 정리하여 휴일 밤의 포근함을 제대로 되찾았으면 하는 바람으로 분석한 것이다.

버라이어티 쇼의 유행은 <일요일 일요일 밤에>로 통한다

<일요일 일요일 밤에>는 십여 년의 긴 세월 동안 수많은 유행과 화제를 몰고 다니며 높은 시청률을 자랑해온 관록의 프로그램이다. <일요일 일요일 밤에>가 이처럼 오랜 사랑을 받을 수 있었던 것은 시대에 따라 변화하는 시청자들의 웃음에 대한 욕구와 정서를 발빠르게 수용하면서 새롭고 다양한 여러 시도를 하기 때문이다. 이러한 시도는 곧 동종 프로그램들의 모방을 통해 퍼져나갔으며, 때론 사회 전반에 걸쳐 폭넓은 파장을 형성할 만큼 강력한 영향력을 행사하기도 했다.

그 좋은 예로, 일회성 웃음으로 끝나고 마는 코미디에 최초로 공익성 개념을 도입해 사회적인 성과까지 거뒀던 '숨은 양심을 찾아서'와 '이경규가 간다'를 들 수 있다. 이 사회를 함께 살아가는 보통 사람들의 소박한 양심을 통해 웃음과 감동, 나아가 삶의 희망과 믿음까지 주었던 이들 코너는 코미디의 새로운 대안을 제시했다는 평가를 받았다.

하지만 <일요일 일요일 밤에>가 이처럼 좋은 선례만 남겼던 것은 아니다. 차라리 소개되지 않았더라면 좋았을 것을 최초로 도입하여 온 나라에 유행시켜버린 좋지 않은 선례도 남겼다. 바로 '몰래카메라'가 그것이다. 여럿이 짜고 한 사람을 속이면서 속는 사람을 철저히 바보로 만들어버리는 몰래카메라는 남을 훔쳐보고 공개적으로 조롱하는 색다른 재미를 선사하면서 가히 폭발적이랄 수 있는 인기를 모았다.

몰래카메라는 가장 손쉬운면서도 효과적인 방송제작기법으로 그때부터 일반화되었다. 사회적으로는 이른바 '왕따' 문화와 상호불신풍조 만연을 부채질한다는 비난과 함께, 은밀한 곳에 몰래카메라를 설치해 불법음란물을 제조하는 범죄에 이용되는 등 광범위한 부작용을 낳는 지경에까지 이르렀다.

<일요일 일요일 밤에>가 최초로 도입한 보조자막 처리도 일본 오락 프로그램의 모방이라는 지적에도 불구하고, 지금껏 많은 오락 프로

그램들이 뒤질세라 열심히 따라하고 있는 필수 아이템 중의 하나가 됐
다. 자막의 잘못된 표기나 부적절한 언어사용 문제, 아이디어 빈곤을
기발한 자막 한 줄로 때우려는 구성력의 부족 등은 접어두더라도, 자
막이 출연자를 희화하고 무시하는 또 다른 몰래카메라처럼 사용되면
서 가학적 웃음을 유발하는 도구로 전락했다는 점은 자막 남용의 가장
심각한 폐해라고 할 수 있겠다.

이밖에도 뮤직 드라마와 패러디 드라마, 심리 드라마 등 오락 프로
그램의 본격적인 장르 파괴를 선도했던 코미디와 드라마의 접목도
<일요일 일요일 밤에>에서 첫 선을 보인 이후 여러 프로그램에서 애
용되고 있는 단골 아이템이다.

이처럼 좋고 나쁨을 떠나 <일요일 일요일 밤에>는 새롭고 다양한
아이디어로 변신과 유행을 선도하며 주말 저녁 버라이어티 쇼의 대명
사로 군림해왔다. 특히 지난 몇 년간 공익적 코미디를 통해 보여준 보
편성에 근거한 웃음의 공감대는 <일요일 일요일 밤에>를 전국민적인
오락 프로그램으로 확고히 자리매김되게 했다. 그런데 1999년 들어
<일요일 일요일 밤에>가 달라진 것이다.

사공이 없어도 배가 산으로 간다

오늘의 <일요일 일요일 밤에>를 있게 한 이경규의 공백과 그 뒤를
이었던 김국진의 휴식선언은 <일요일 일요일 밤에>를 우왕좌왕하게
했다. '숨은 양심을 찾아서'와 '이경규가 간다'의 성공 이후, 공익적 오
락 프로그램이라는 타이틀을 지키기 위해 노력하던 <일요일 일요일
밤에>는 '보물을 찾아라'와 '대단한 대결' 등 새로운 코너를 신설했
다. 견실한 중소기업이나 농촌 후계자를 후원하고 불우이웃을 돕는다
는 취지의 '보물을 찾아라'는 200만 원이라는 현금 찾기 과정에 초점

이 맞춰져 사행심을 조장한다는 비난과 함께 장소를 제공한 특정 기업과 유원지를 홍보한다는 문제점이 맞물려 막을 내렸다. 김국진과 영재가 지식대결을 벌이는 '대단한 대결' 역시 영재 발굴이라는 취지 아래 진행되었지만, 스튜디오에서 보여주는 가시적인 대결에 머물러 단편적인 암기력 테스트만 하다가 끝났다.

'보물을 찾아라'처럼 불특정다수를 대상으로 한 공익성의 시도가 실패로 끝나자, <일요일 일요일 밤에>는 아예 프로그램 제목을 <해결대작전 일요일 일요일 밤에>로 바꾸면서 보통 시청자들 중 수혜자를 지정하여 도와주는, 보다 직접적이고 확실한 수혜성 프로그램으로 선회했다. IMF로 어려움에 빠진 자영업자들을 도와주는 '신장개업'과 시청자의 소원을 들어주는 '도와주세요 소원해결', 그리고 건강정보 제공과 함께 실험에 참여한 자원자들에게 역시 물질적인 혜택을 주는 '건강을 잡아라' 코너가 그것이다.

이 중 '신장개업'은 어마어마한 금전적 지원과 눈에 보이는 즉각적인 효과가 장안의 화제를 모으면서 지금껏 이어지고 있지만, 나머지 두 코너는 처음부터 예상됐던 문제점만 새삼 확인시킨 채 기억 속에서 사라졌다. 여기에 1999년 4월 중순부터 갑자기 공포체험으로 내용이 바뀌어, 번지점프와 소방훈련, 신장개업 이 세 코너로 구성되었다. 신장개업 코너를 제외한 두 코너가 '높은 곳에서 연예인 떨어뜨리기'이다보니, <추락대작전 일요일 일요일 밤에>로 제목을 다시 바꿔야 하지 않을까 싶다.

진행자의 개성과 능력이 십분 발휘될 수 있는 코너들로 재미를 봤던 <일요일 일요일 밤에>가 역으로 이를 대신할 만한 진행자가 없어 가학적 코미디와 선심성 코미디 사이에서 갈피를 못 잡아가는 것을 보면 안쓰러울 뿐이었다.

추락하는 것은 비명만 있다

상반기 <일요일 일요일 밤에>를 시청한 사람들은 계절을 잊은 납량특집을 계속 보아야 했다. 초여름 더위는 놀라서 도망갈 만큼 날카로운 비명과 울음소리가 난무하였다. 자신이 출연하는 프로그램을 위해, 시청자들에게 웃음을 선사하기 위해, 높은 곳에서 몸을 날려야 하는 연예인들이 질러대는 항변성 울부짖음 때문이다.

위험한 순간에 자신과 남을 구할 수 있는 위기대처 능력과 도전정신을 키운다는 명분 아래, 119 소방학교에서 진행되는 '스타 공포체험'은 이름 그대로 온갖 공포 상황을 체험하게 하였다. 38층 난간 위에 서기, 수직 고가사다리 타고 올라가기, 공중에서 점프해서 난간에 올라서는 고공점프, 건물옥상에서 로프에 매달려 급조하강, 건물 벽에 바짝 붙어 내려오는 역레펠 등 군사훈련을 연상시키는 담력시험과 고도의 전문적인 훈련과정에 연예인들이 도전하였다. 당연히 대부분 겁에 질려 울고 소리 지를 수밖에 없게 되고, 카메라는 이를 놓칠세라 악착같이 따라다녔다.

4월 25일 '스타 공포체험' 첫회에 출연했던 최진실은 울며 소리 지르고 도망다니다 급기야 "1억을 줘도 안한다"면서 중간에 포기했고, 5월 2일에 급조하강에 도전했던 핑클의 이효리는 머리카락이 로프에 끼는 바람에 머리카락만 한 움큼 뽑힌 채 대성통곡해야 했다. 그래도 여자 연예인들은 나은 편이다. 남자 연예인이 미적거리며 주저하는 모습을 보이기라도 하면 MC의 멘트나 자막으로 '비겁한 표정', '야비한 포즈', '치사한 모습'이라며 가차없이 놀려대고 웃어댄다. 무서워서 눈도 못 뜨고 우는 주영훈을 얼마나 조롱했던가.

특히 지적하고 싶은 것은 어린이들의 모방이 우려된다는 점이다. 고공점프를 할 때 '절대 따라하지 말라'는 자막과 함께 출연 연예인들이 여러 겹의 안전장치를 했다고 강조하지만, 어린이들이 따라하지 말라는 보장이 없다. 또 본내용에 들어가기 전에 벽돌깨기 시합을 벌이는데 머리나 엉덩이로 깨는 모습이 너무 위험해 보인다. 이런 무모한 행위들을 도전정신이나 용기라고 치켜세우는 한, 어린이들의 모방가능성은 늘 열려 있다. '스타 공포체험'에서의 연예인 괴롭히기에 만족을 못했는지 아니면 시청률면에서 가능성을 발견한 것인지, <일요일 일요일 밤에>는 5월 중순부터 40미터 번지점프에 도전하는 '도전! 스타가 한다'까지 신설해, 본격적인 연예인 담력 시험 프로그램으로 재단장했다.

명분에 불과할망정 그래도 소방훈련이라는 그럴듯한 방패막이가 있었던 '스타 공포체험'과 달리, '도전! 스타가 한다'는 아예 노골적으로 연예인 떨어뜨리기에 주력한다. 번지점프를 즐기면서 쉽사리 뛰어내리는 연예인들도 있지만 대부분의 연예인들, 특히 겁 많은 여자 연예인들에겐 아무래도 벅찬 시도이다. 5월 30일에 출연한 김현주와 김유리는 점프대에서 한참을 울먹울먹 망설이다 포기했고, 그때마다 카메라는 얼른 뛰어내리지 못하는 것이 답답하다는 듯, 겁에 질린 연예인들의 얼굴이 정말 우습지 않냐는 듯 클로즈업해준다.

이 코너의 경우 연예인 학대보다 더 심각하게 문제되는 것이 바로 연예인 한 명을 따돌리고 조롱하는 '왕따' 만들기이다. 도저히 겁이 나서 못하겠다고 포기하는 연예인이 나오면, '대타맨'이라는 개그맨 김진수에게 대신 번지점프를 시킨다. 김진수는 4주 연속 뛰어내렸는가 하면 남자 연예인의 몰래카메라에 속아 한 번 더 뛰기도 했다. 게다가 대신 뛰어내리는 것도 억울한데 상의는 도령복에 하의는 타잔복, 삐에로 상의에 잠옷 하의 같은 우스꽝스런 옷을 입혀 뛰어내리게 하니, 시청자마저 공범이 된 것처럼 마음이 불편해진다.

작정하고서 한 사람을 웃음거리로 만드는 것은, 겁이 많다고 만천하에 확인된 주영훈을 집요하게 높은 곳에 올려보내서 다시 한번 비웃음을 사게 하는 '스타 공포체험'도 예외는 아니다. 물론 이 경우에는 시청자들에게 자기 이름 석 자를 확실히 알리려는 주영훈의 계산과 쇼가 엿보여 김진수의 경우와는 조금 다르긴 하지만, 그래도 보는 이의 마음을 편치 못하게 한다는 점에서는 마찬가지다.

이처럼 연예인 학대를 통한 가학적인 웃음 유발에 급급하면서도 그럴듯한 명분을 갖다붙여 공영성으로 위장하는 것은, 더 자극적이고 더 위험한 웃음을 추구하는 한 편의 코미디가 아닐 수 없다.

마이다스의 손 '신장개업'

지저분한 업소를 완전 개조하고, 부족한 기술이나 음식솜씨를 그 분야에서 최고로 평가되는 기술자·장인에게 교육받아 해결하며, 성공을 위해 소심한 성격을 개조하는 등의 과정을 통해 힘든 업체를 살린다는 '신장개업'은 지원의 파격성과 좋은 결과로 일단 많은 관심을 끌게 되었다.

그러나 이 코너 역시 제시한 기획의도와는 달리 변질되어가는 듯하고 왜곡된 가치관의 형성이라는 큰 문제를 지니고 있다. IMF라는 사회구조적인 차원의 문제점은 무시하고 실패를 철저히 개인화하는 것 또 방송의 무소불위의 힘을 통해 성공을 안일하게 이루려는 자세와 성격개조라는 이름으로 유치하게 진행되는 방식과 가치관 주입에 쉽게 찬성하기 힘들다.

이 코너에 신청 접수가 하루에 100통 이상씩 쏟아져 들어온다면서 윤은기 소장은 말한다. "IMF 이후 창업이 부쩍 늘었는데 준비 없이 하면 실패한다. 이 코너 보면서 저렇게 하면 저런 마인드로 하면 되는구나 하고 배우고 철저히 비교분석해서 창업에 성공하기 바란다." 그러나 성격은 개조해본다 쳐도 고급 인테리어를 할 수 없는 그리고 일류 기술을 배울 수 없는 보통 창업자들에겐 그림의 떡이다. 방송사 입장에서는 협찬을 통해 돈 한푼 안 들이고 시청자들에게 거액의 선물을 안겨줄 수 있어 좋고, 협찬사로서는 적은 경비로 주말 저녁 프라임타임대의 최고 인기 오락 프로그램에 온 국민을 상대로 광고할 수 있어 좋고, 선정된 시청자로서는 적게는 수백만 원에서 많게는 수천만 원에 이르는 금전적인 행운을 거머쥘 수 있으니, 누이 좋고 매부 좋은 프로그램이 아닐 수 없다.

하지만 이를 지켜보는 다수의 보통 시청자들의 마음은 썩 개운치가 않다. 어려운 시대에 용기와 희망을 주겠다는 그럴듯한 메시지에도 불구하고, 그 뒤에 감춰진 상업성과 시청률 논리에 우롱당하고 있다는 불쾌감이 바로 그것이다. 제작진 입장에서는 이 프로그램에 선정되어 행운을 잡기 바라는 수많은 시청자들 덕에 시청률을 톡톡히 올릴 수 있고, 서민들의 어려움을 공감하고 도와주는 프로그램이라는 이미지 개선 효과도 거둘 수 있겠지만, 이 과정에서 불거져나올 간접광고의 문제점을 어떻게 해결해나갈지 염려스럽다.

이 프로그램을 시청하는 어린이나 청소년들에게 암암리에 TV는 '슈퍼상자'라는 인식을 심어주게 되는 것도 문제다. 가뜩이나 TV 편향이 두드러진 요즘 아이들에게 이같은 TV에 대한 맹목적인 우상화나 숭배가 어떤 영향을 미치게 될지 심각히 고려해보아야 한다. 요행심리를 자극하는 것도 문제다. 당첨만 되면 그동안의 고민이 한순간에 해결되니 스스로 해결할 노력은 않고 언젠가 뽑히지 않을까 의타심만 키울 우려가 있다.

복권당첨식의 프로그램은 일반 시청자들의 가치관에 혼란을 준다. 소원은 어느날 행운을 잡아서가 아니라 성실한 노력과 의지에 의해 이루어질 수 있다는 평범한 진리를 뒤로한 채, 복권당첨금을 타듯 행운의 주인공이 되는 날만을 기다리게 할 수 있다. 공영성을 강조하는 과정에서 오락 프로그램에 시청자 소원 들어주기가 한몫 한다고 생각하면 상당히 위험한 발상이 아닐 수 없다.

선정기준도 투명하지 못한 것이 문제다. 지금까지의 선정 대상자를 보면 불쌍하거나 딱한 대상자들로, 방송거리가 될 만한 사연이 많았다. 예를 들어 병든 아들 치료비를 대야 하는 가장, 경제적인 문제로 이혼의 위기까지 간 부부, 남편을 잃고 아들 둘을 키우는 홀어머니 등등이 선정되어 시청자들에게 동정과 더불어 선정의 당위성을 이해시켜주었다.

그러나 이러한 점에도 불구하고 최소한 자영업의 기반이라도 있는 사람들에게 전적으로, 그것도 완벽하게 도와준다는 데 있다. 화면으로 성과를 보여주어야 하는 제작진 입장에서는 가장 적은 비용으로 가장 확실한 효과를 보여주기 위한 선택이었겠지만, 이러한 선심이 더 많은 어려운 형편의 시청자들에게 상대적 빈곤감과 박탈감을 가져올 수 있다는 점도 고려해야 할 것 같다. 엄청난 지원과 관련한 문제를 제작진은 너무나 쉽게 생각하고 있는 듯하다. 선정기준과 관련하여 한때 불거졌던

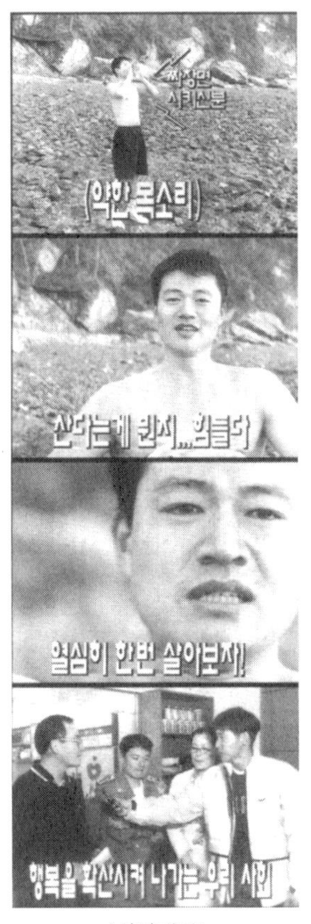

'신장개업'

대상자의 조작 시비 역시 이러한 문제점을 내재적으로 배태한 필연적인 결과였다.

선정에 따른 또 다른 문제의 예로는, 한 가게를 도와주는 것이 지나치게 과도하게 이루어지는 제작방법으로 자칫 인근의 동종 업종 가게에 피해를 줄 수 있다는 점이다. 한 가게를 도와준다는 것은 다른 가게들의 판매 감소로 나타날 것이다. 해결대작전을 위한 한 가게의 성공만 부각시키는 과정은 자칫 지역구매력의 싹쓸이로 시장을 왜곡시킬 수 있음을 외면하고 있다.

시청자들은 해결을 원하지 않는다

지금까지 <일요일 일요일 밤에>에서 느낀 반사회적 기능들을 구체적인 프로그램의 진행을 중심으로 살펴보았다. 일요일 밤이라는 시간적 조건은 가족들이 모두 모여 한 주일을 정리하는 시간이다. 이 프로그램이 그동안 유지해왔던 순기능적 기능과 감동들에서 느꼈던 호감이 지난 1년 사이의 타락으로 변질되어 많은 실망만으로 남게 된 것은 참으로 유감스럽다.

시청자들이 얼마나 많이 보는가 하는 점은 제작의 중요한 동기이고 지향해야 할 목적이 될 수 있다. 그러나 시청률지상주의와 눈요기가 최우선이라고 노골적으로 선언하지 않는 이상 최소한 유지해야 할 항목들이 있을 것이다. 더구나 이 프로그램이 가진 시간적인 세팅과 그동안의 명성을 고려한다면 그러한 항목들에 더욱 주의를 기울여야 할 필요가 있다.

시청자들이 얼마나 많이 보는가에 못지않게 무엇을 원하는가 하는 점을 <일요일 일요일 밤에>는 간과하고 있다. 시청자들에게 더 이상 몰래카메라의 엿보기 심리를 조장하거나 무서워하는 연예인들을 괴롭혀서 얻는 가학적인 흥미, 그리고 복권당첨식의 사행심 조장을 시청률이라는 미명으로 강요해서는 안될 것이다.

시청자들은 더 이상 해결이라는 이름으로 벌어지는 그들만의 잔치를 원하지 않는다. 진정한 해결대작전은 텔레비전이 가지는 공공성에 걸맞게 누구나 인정하고 공감하는 방식으로 진행되어야 할 것이다. 일단 선정만 되면 엄청난 지원과 홍보를 통해 많은 소득을 올릴 수 있다는 것은 아무리 생각해도 공감이 가지 않는다.

마찬가지로 한동안 없어졌다가 다시 슬그머니 등장하고 있는 몰래카메라 역시 수긍이 가지 않는 편성이다. 서로가 속이고, 누가 누구를 속이는지 모르는 상황설정은 철저한 연예인 괴롭히기이고 이를 통해 얻는 것은 즐거움이 아닌 씁쓸한 웃음이다. 도·감청이 사회적으로 용인될 수 없듯이 몰래카메라는 신뢰와 신용의 아름다운 미덕을 철저히 파괴한다는 측면에서, 특히 청소년에게 이들 방식이 일반화될 수 있다는 측면에서 사회 전반적으로 검토해야 할 문제이다.

공익적 기능만 강조하는 윤리의식을 <일요일 일요일 밤에>에 강요하는 것은 아니다. 방송은 재미를 바탕으로 한 즐길 거리로서 충분한 기능을 하는 것도 사실이다. 하지만 그 전제는 반사회적 기능을 철저히 배제해야 한다는 점이 고려되어야 한다. 이러한 점을 <일요일 일요일 밤에>는 겸허하게 인식해야 할 것이다.

이번 주에도 해결대작전이라는 미명하에 벌어지는 그들만의 잔치에서, 하루아침에 일일 매출 수백만 원에 이르는 것을 보고 더욱 얇아지는 내 월급봉투와 비교해보면서 내 월급봉투는 누가 해결해줄 것인가 하는 자조를 더 이상 하기 싫다. 시청자는 더 이상 해결을 원하지 않는다. 즐거움 속에서 감동이 있는 일요일 밤을 원한다.

'신장개업'

잘못된 애정과 지원이 국산 애니메이션을 망치고 있다

박현주(대학생)

<철인사천왕> <바이오캅 윙고>. 'TV 애니메이션 쿼터제' 시행 이후 안방극장의 어린이 시청시간대에 방영된 대표적인 국산 만화영화이다. 이 만화영화들은 시청자들에게 "과연 쿼터제가 없었으면 이런 한심한 만화들이 방송될 수 있었을까"란 의구심과 함께 "국산 애니메이션은 역시 안돼"라는 부정적인 인식을 확산시키고 있다. 'TV 애니메이션 쿼터제'는 매출규모는 세계 3위이면서도 국산 창작 만화영화는 실제 소비시장의 5.5%밖에 차지하지 못하는 국내 애니메이션업계의 모순을 타파하기 위해 '국산 애니메이션 살리기 전략 1호'라는 미명하에 도입되었다. 문화관광부는 '국내 애니메이션 수준을 향상시키고 국산 애니메이션 제작기반을 견고히' 하려는 목적으로 지난 1998년 6월에 'TV 애니메이션 쿼터제'와 그 보조장치인 '국산 만화영화 점수평가제'를 고시했다. 쿼터제는 1998년 10월의 25%(SBS는 15%)를 시작으로 2001년 10월부터는 3사의 국산 애니메이션 의무편성비율을 50% 이상으로 하는 것을 골자로 하고 있다. 이와 더불어 하청받은 해외 애

<표 1> 국산 애니메이션의 의무편성비율

구분	1998년 10월	1999년 10월	2000년 10월	2001년 1월
KBS, MBC	25%(50분) 이상	35%(70분) 이상	45%(90분) 이상	50%(100분) 이상
SBS	15%(30분) 이상	25%(50분) 이상	35%(70분) 이상	동일

니메이션이 편법을 이용해 국산으로 탈바꿈하는 것을 방지하기 위한 방편으로 '국산 만화영화 점수평가제'를 도입, 어느 선까지가 국산 만화영화인가에 대한 기준을 두고 있다. 국내 애니메이션업계를 진흥시키기 위한 문화관광부의 이러한 시도는 도입단계부터 국내 현실을 무시한 일방적인 정책으로 많은 반발과 우려를 불러일으켰다. 시장경제 원칙을 교란하고 수용자의 의사를 무시할 뿐만 아니라, 도리어 질 낮은 국산 애니메이션을 양산할 가능성이 높다는 것이다. 업계 관계자와 시청자의 이같은 우려가 쿼터제 고시 1년 4개월이 지난 지금 현실로 나타나기 시작하고 있다.

TV 애니메이션 쿼터제와 국산 만화영화 점수평가제

'TV 애니메이션 쿼터제'와 '국산 만화영화 점수평가제'의 근본적인 문제점은 제도 그 자체 내에 애니메이션의 저질화를 조장하는 요인이 있다는 것이다. <표 1>에서 볼 수 있듯이 쿼터제는 작품의 질을 고려하지 않는 양적인 접근에 치우쳐 있을 뿐만 아니라 국내 애니메이션업계의 제작능력과 상황을 전혀 고려하지 않고 있다. 애니메이션 제작 붐을 타고 몇 년 동안 국산 애니메이션이 활발하게 제작되면서 애니메이션업계가 내린 결론은 '다수의 인력이 오랜 시간 작업'하는 미국의 시스템이나 '다수의 인력이 짧은 기간 작업'하는 일본과는 달리 '소수의 정예인력이 오랫동안 제작'하는 것이 한국 상황에 맞는 제작방식이

<아마게돈>   <영혼기병 라젠카>

라는 것이었다. <영혼기병 라젠카> <녹색전차 해모수> 등 1997년
이전에 방송된 TV 시리즈만 보더라도 제대로 된 애니메이션을 만들기
위한 제작기간은 최소 1년에서 2년이라는 것을 알 수 있다. 제대로 된
시나리오 작가조차 몇 명 없고, 쓸 만한 캐릭터 디자이너 하나 없는 등
'기획력이 부족'하다고 입을 모아 외치면서도 갑자기 많은 애니메이션
을 만들려고 하니 인력부족과 시간부족, 자본부족의 삼중고 속에 졸속

<표 2> 국산 애니메이션 점수제

기획 착안	2점	배경 설정 및 주요 장면	1점
대본	2점	촬영	1점
총감독	2점	음악 제작	1점
모델 디자인	2점	선채화	1점
스토리보드	2점	성우 녹음	1점
동화 제작	2점	음향 효과 편집	1점
원화 제작	2점	배경 제작	1점
기본 구도 제작	1점	합계	22점

제작한 저질 만화영화가 생산되는 것은 당연한 귀결이다. 이를 해결하는 방법은 단 한 가지다. 해외의 우수한 인력과 돈을 끌어오는 것이다. 그런데 문화관광부에서는 하청 생산된 애니메이션이 국산으로 둔갑하는 것을 막기만 하면 된다는 단견으로 '국산 만화영화 점수평가제'를 이용해 이를 현실적으로 완전히 봉쇄하고 있다. <표 2>에 나타난 각 제작과정의 국내 인력 참여도를 기준으로 계산해서 총 22점 만점에 16점 이상을 받아야지만 국산으로 인정받는다. 외국과의 합작일 경우 13점 이상 득점에 별도로 제작비 30% 이상을 투자해야 한다. 언뜻 보기에는 국내 애니메이션 창작활동을 보장해주는 듯한 이 제도는 국산 애니메이션의 발전을 가로막는 가장 큰 걸림돌로 작용하고 있다.

한국 애니메이션 제작 현실과 국산 만화영화 점수평가제의 문제점

'국산 만화영화 점수평가제'가 그 자체만으로도 많은 오류를 내포하고 있는 것은 국내 애니메이션 제작능력을 완벽하게 무시한 채 남의 나라 것을 그대로 베꼈기 때문이다. 이 제도는 원래 프랑스 국립영화센터(CNC: Centre National de la Cinematographie)에서 자국 애니메이션 지원을 위해 마련한 포인트 시스템이다. 프랑스의 경우 애니메이션 산업이 100년의 역사를 가지고 있으며 이미 미테랑 전 대통령의 초기 집권 시절부터 '국수주의'를 만화산업의 기본 정책으로 삼아왔다. 그렇기 때문에 외국의 기술과 자본에 의존하지 않고도 자체적으로 작품을 기획하고 제작할 수 있는 능력을 충분히 가지고 있다.

반면 한국의 애니메이션업계는 CF용으로 제작한 스폿 애니메이션을 그 시점으로 보더라도 40년의 역사밖에 되지 않는다. 게다가 70~80년대에는 하청 생산을 주로 해왔기 때문에, 실제로 기획을 포함한 창작 애니메이션에 관한 노하우가 쌓인 것은 채 10년도 되지 않는다. 세계

3위의 애니메이션 생산국이라는 것은 말 그대로 생산량이 많다는 것일 뿐이다. 자체 제작한 애니메이션이 적기 때문에, 창작 애니메이션을 위한 기본적인 체계와 체제가 전혀 이루어져 있지 않다. 기획인력과 메인 스태프가 턱없이 부족할 뿐만 아니라 동화인력조차도 주로 하청 작업에 종사하는 탓에 많이 부족하다.

한국 만화영화의 고질적 문제점으로 지적되는 단점들도 하루아침에 쉽사리 고쳐질 만한 것들이 아니다. <아마게돈> <영혼기병 라젠카> <녹색전차 해모수> 등 국산 애니메이션 창작 붐을 타고 제작된 만화영화들에 대한 시청자들의 감상을 요약하면 한마디로 "재미없어서 도저히 참고 봐주지 못하겠다"이다. 이 중에서 <영혼기병 라젠카>는 "정말 열심히 만든 것 같은데 재미는 없다"라는 최악의 찬사를 받기도 했다. 왜 재미없는가. 답은 다섯 가지로 모아진다. '개성 없는 캐릭터', '어색하고 평면적인 연출', '시간분배 능력 부족', '뒤떨어지는 색채감각과 배치', '무분별한 CG 사용 등 지나친 신기술에 대한 집착으로 인해 깨지는 전체적인 조화'가 관객들이 뽑는 국산 애니메이션의 취약점이다. 그리고 현장감 없는 사운드, 유행에 뒤떨어지는 감각 없는 대사, 장면마다 바뀌는 얼굴, 70년대 일본 만화에 엑스트라로 등장할 수준의 진부하고 특색 없는 메카닉 등도 도마대 위에 자주 오르는 메뉴들이다.

이 수많은 문제점을 야기하는 원인은 애니메이션의 제작과정과 작업분배를 고려해보면 의외로 간단하다. 캐릭터 디자인, 설정, 색 지정, 스토리보드 작성과 타임시트 작성, 작업 전체 통제, 촬영과정이 제대로 이루어지지 않고 있다는 것이다. 이는 역량 있는 총감독, 캐릭터 디자이너, 미술감독, 촬영기사와 시나리오 작가의 부재를 증명한다. 이런 주요 인력이 엉망이니 될 일도 안된다. 애초에 아무도 관심 없는 진부한 소재를 택해서 흥미 없는 스토리와 감각 없는 대사로 채운 후, 평면적이고 박진감이라곤 약에 쓸려고 해도 없는 화면을 구성한다. 성격적으로도 외모적으로도 몇십 년 동안 지겹게 봐온 캐릭터들보다 더 진부한 주인공이 등장한다. 일본과 미국의 색채를 적당히 따라한, 그러면서도 전체의 조화를 무시한 어색한 화면, 이런 것을 보고 있으니 그 만화영화가 재미있을 리가 없다. 게다가 턱없이 부족한 성우 덕에 목소리는 늘 똑같고, 디즈니 수준에 길들여진 시청자들에겐 애들 장난 같은 배경음악을 들려주면서 '국산 애니메이션이니까 참고 봐주세요'라고 요구한다. 시청자들로부터 외면당하는 것은 당연하다.

모든 대중 문화상품이 그렇듯이 애니메이션은 우선 재미있어야 한다. 이를 만족시키기 위해서는 국산이라는 허울좋은 이름에 집착하지 말고 '무엇이 과연 우리가 가진 자본으로 조금이라도 더 좋은 만화영화를 만드는 길인가'에 대해 진지하게 고민해보아야 한다. 갑작스런 애니메이션 쿼터제의 시행으로 갑자기 많은 제작비와 낮은 시청률이라는 이중부담을 안게 된 방송사는 만화영화 제작에 들어가는 돈이 달가울 리 없다. 게다가 현재 국내 방송 3사와 애니메이션 회사의 자본력은 생산해야 할 물량을 충당하기엔 턱없이 부족하다. 제작비의 30% 이상을 투자해야만 합작으로 인정해주는 것은 국내 자본력을 고려하지 않은 규정이다. 이런 상황—인력 부족, 기술 부족, 자본 부족—을 타개하기 위한 최선의 방법은 외국과의 합작을 활성화시키는 것이다. 해외자본을 유치하고, 해외인력과 기술을 발빠르게 수입해서 우선 생산되는 애니메이션의 질도 높이고 그 노하우를 배워서 우리 것으로 만든다면 이것이야말로 일석삼조라 하지 않을 수 없다. 순수 국내 인력과 자본만 가지고 국산 애니메이션을 양산함으로써 국내 인력에게 많은 기회를 줘서 그로 인한 자체적인 노하우 습득의 길도 물론 있을 수는 있다. 하지만 이는 생산자 이상으로 중요한 시청자를 망각한 주객이 전도된 판단이다. 저질 만화영화의 방송이 계속되면 "한국 만화는 재미없어"라는 인식은 "역시 우리나라 만화는 안돼"라는 확고한 부정적인 인식을 시청자들의 뇌리에 심어주게 된다.

이런 인식은 쉽게 없어지는 것이 아니다. 실제로 스크린 쿼터제의 실시로 수많은 재미없는 국산 영화들이 비수기에 방영된다. 이런 영화들과 넘치는 오락성으로 중무장한 할리우드 영화를 같이 보는 관객들의 머릿속에는 "한국 영화는 안돼"라는 인식이 강하게 심어졌다. 영화는 문화에 따른 차이가 크고 자막문제로 인해 모국어로 제작된 영화가 훨씬 유리하다. 그럼에도 불구하고 한국 관객들이 국산 영화를 철저히 외면한 원인은 재미없는 것을 자꾸 극장에서 상영했기 때문이다. 수용자의 볼 권리를 무시한 이런 처사는 결과적으로 "한국 영화는 안돼"라는 편견을 강하게 심어주었다. 국산 영화들이 100만 관객 이상을 동원하는 것과 문화적인 차이를 고려하면 할리우드 영화에 별로 뒤지지 않는 수준에 이른 지금까지도 이런 선입견에 사로잡혀서 국산 영화를 보지 않는 사람이 상당수에 이른다.

애니메이션의 경우 영화가 가진 이점조차 가지고 있지 않다. 비록 자국 문화가 반영되기는 하지만 기본적으로 애니메이션은 다른 문화 상품-드라마, 소설, 영화-과는 달리 '무국적성'을 특징으로 하기 때문이다. 이는 디즈니와 지브리의 만화영화들이 세계시장을 제패할 수 있게 해준 원인기도 하다. 일본, 미국의 만화영화와 똑같은 위치에서 경쟁해야 하는 애니메이션 회사들이 질 낮은 작품만 계속 만들어낸다면 이는 국산 애니메이션에 대한 선입견을 강하게 심어줄 뿐만 아니라, 컴퓨터 게임 등 다른 오락거리에 애니메이션 시청자들을 뺏길 염려까지 있다. 이렇게 외국과의 합작이 필수라는 점을 무시한 채 '국산'이라는 타이틀을 고집함으로써 문화관광부는 저질 애니메이션 양산을 부추기고 있다는 오명을 피할 수 없게 된 셈이다.

<철인사천왕>을 통해 살펴본 문제점들

'순수 국산'에의 집착이 얼마나 위험한가는 현재 방송중인 <철인사

천왕>을 보면 알 수 있다. 이 만화는 앞서 말한 국산 애니메이션의 취약점들을 하나도 빠짐 없이 고루 가지고 있다. 때를 잘 만나서 좋은 시간대에 방송되고 있음에도 불구하고 대부분의 사람들이 방영 사실을 모르고, 실수로 한번 본 사람은 절대 다시 보지 않으며 주변 사람들이 본다고 하면 적극적으로 말린다는 만화영화이다. TV 프로그램으로는 드문 전례를 만들고 있는 중이다. 이 만화는 이미 한 번 극장판으로 제작되어서 완전히 실패하고 막을 내린 적이 있다. 1999년 초반에 잠시 극장에 간판을 내걸었다가 막을 내린 극장판 <철인사천왕>이 그것이다. TV 시리즈와 똑같은 설정과 스토리를 가지고 제작되었으며 감독인 김혁의 '100% 3D 사용', '<토이 스토리>도 (<철인사천왕>에 비하면) 인물 움직임은 마네킹 같다'는 자랑에 힘입어 홍보는 퍽 잘되었던 작품이다.

이 만화는 "캐릭터 설정이 일본 만화와 똑같고 도식적이다", "인물 설정 및 진행동기가 어색하다", "각각의 캐릭터에 인간 본연의 섬세함이 결여되어 있다", "등장인물의 움직임과 배경이 부자연스럽다", "화면상의 이질감이 두드러진다" 등 온갖 비난을 받으며 '아이들이 극장에서 뛰어노는 만화영화'로 낙인 찍혔다. 이렇게 완벽하게 망한 애니메이션을 TV 시리즈로 다시 제작해서 방송한다는 시도는 참 용감하지만 문제는 앞에서 말한 극장판의 문제점들이 전혀 개선되지 않았다는 것이다.

감독인 김혁이 입버릇처럼 자랑하는 국적 불명의 '디지셀(Digi-Cell)' 기법1)의 어색함이 우선 보는 이의 눈을 흐린다. 시청자들은 실험대상이 아니다. 디즈니와 지브리 스튜디오, 워너 브라더스, 한나-바바라 등 세계적인 애니메이션 회사들은 모두 CG의 사용을 최대한 자제하는 데 초점을 두고 있다. 아직은 관객들로부터 이질감을 강하게 일으키기 때문에 되도록 티 안 나게 필요한 부분에서만 CG를 도입하고 있는 것이

---

1) 3D를 사용했지만 일반적인 2D-셀 애니메이션처럼 보이게 하는 것.

다. 그런데 김혁은 최초라는 타이틀에 집착해서 수용자의 의사는 무시한 채 신기술의 사용자로 자신의 이름을 애니메이션사의 한 페이지에 남기는 데만 몰두하고 있다. 순수 국산과 최초라는 타이틀에 짓눌려서 완벽한 졸작으로 버림받은 <아마게돈>의 실패에도 불구하고 김혁은 그 위험한 행보를 TV 시리즈 <철인사천왕>에까지 이어오고 있다.

작품의 전체적인 조화나 시청자가 원하는 재미를 무시한 질 낮은 CG의 무분별한 남발, 진부한 설정, 일본 만화의 아류이면서도 어색한 색깔, 인물과 메카닉의 어색한 움직임과 일관성이라고는 없는 인물들의 행동과 스토리 진행 ……. 하다못해 순간적인 재치와 멋진 화면을 보는 재미조차 없는 이런 만화영화가 버젓이 방영될 수 있도록 해준 기반이 바로 'TV 애니메이션 쿼터제'와 '국산 만화영화 점수평가제'인 것이다.

이렇게 질 낮은 만화영화의 시청률은 당연히 낮다. 제작비는 만만치 않은데 시청률은 낮으니 방송사 입장에서는 애니메이션 제작에 들어가는 돈이 아깝게 느껴지고, 제작비를 아끼기 위해 최대한의 노력을 하게 된다. 편당 제작비를 대폭 축소하면 생산품은 더욱 질이 낮아지게 되고 역시 낮은 시청률을 기록하게 된다. 악순환이 몇 번 계속되면 방송사 입장에서는 '쿼터제'가 양적인 기준만 가지고 있는 점을 악용해서 이미 만들어진 만화들의 재방영으로 상영시간을 때우려고 할 것이다. 일요일 새벽과 같은 비인기 시간대에 기존의 시대에 뒤떨어진 만화영화들의 재방송을 계속하고 국내 애니메이션을 더 이상 제작하지 않게 될 가능성이 높다. 시청자들은 국산 애니메이션에 대한 부정적인 인식만을 간직한 채 일본 애니메이션에 다시 함몰될 것이다. 국내 애니메이션 수준을 향상시키고 국산 애니메이션 제작 기반을 견고히 하려는 목적으로 만들어진 두 제도가 간신히 붐을 탄 국내 창작 애니메이션 제작 열기를 완전히 사그러뜨리는 결과를 낳게 될 수 있는 것이다.

맺으며

스크린 쿼터제가 과연 한국 영화산업 발전에 기여했는가에 대해서 아직까지도 논란이 많다. 국가에서 최소한의 지원조차 해주지 않는 대만 영화가 국제적인 인정을 받을 때도 한국 영화는 제자리걸음밖에 하지 못했다. 이에 대한 영화인들의 시각은 비교적 통일되어 있다. 아무 지원도 없었기 때문에 대만 영화가 성장한 것이고, 어설픈 지원 덕에 한국 영화가 크지 못한 것이라고. 이를 증명하듯이 정체되어 있던 한국 영화계는 미국 영화의 직배와 개방 위협으로 국산 영화의 존립 자체가 위험해진 시점에서야 많은 변화와 발전을 시작했다.

쿼터제는 기본적으로 수용자의 권리와 욕구를 무시하고 강제적으로 시행되는 제도이다. 순수 예술작품 창작을 지원하기 위해서라면 몰라도 대중을 위한 애니메이션 창작에서 이 점은 간과할 수 없는 큰 모순을 내포하고 있다. 'TV 애니메이션 쿼터제' 시행 이후 제작·방영된 TV 시리즈들은 오랫동안 줄기차게 이어져온 시청자들의 요구들―개성 있는 캐릭터, 한국적인 색채의 개발, 재미있고 감각적인 스토리, 자연스러운 연출―을 무시한 채 제작자의 입장과 생각―주로 CG 사용에 대한 집착 등 기술적인 면―만 반영되어 있다.

<달려라 하니>나 <날아라 슈퍼보드> <아기공룡 둘리> 때에 비해 내용적인 측면에서 국산 애니메이션은 전혀 발전하지 않고 있다. 오히려 그보다 재미없고 진부한 만화영화들이 지금도 여기저기서 국산 만화 의무편성비율을 채우기 위해 능력 없는 순수 국산 제작진에 의해 만들어지고 있다. 이런 상태가 계속된다면 국산 만화영화에 대한 시청자의 외면과 국산 애니메이션업계의 질적 저하를 초래할 뿐이다.

문화관광부는 이를 조속히 인식하고 제도개선 작업에 착수해야 한다. 우선 '의무편성비율'이 50%에 도달하는 기간을 몇 년 더 늘여서 충분한 제작기간을 가지도록 해야 한다. 방송사가 몇 작품만 졸속으로

제작한 후 그것을 계속 재방영하는 편법을 막을 수 있는 보조장치도 필요하다. 지속적인 창작 애니메이션 제작이 이루어지도록 하기 위해서이다. '국산 애니메이션 점수제'의 경우 더 많은 수정이 필요하다. 합작 애니메이션과 국산 애니메이션 인정 기준을 낮추거나 다른 보조장치를 두어서 외국의 우수한 인력과 자본을 끌어들일 수 있는 방안을 활성화시켜야 한다.

동시에 방송사의 노력도 필요하다. 방송사 내에 제대로 된 애니메이션 전담 부서를 만들어야 한다. 현재의 전담 부서와 프로듀서는 애니메이션에 대해 전혀 모르는 사람들이어서 도움이 아니라 방해만 된다는 제작 업체들의 불만이 높다. TV라는 매체의 특성과 애니메이션의 특성을 골고루 잘 알고 있는 사람들이 필요하다. 시청자들의 요구와 애니메이션의 특성을 잘 알고 있는 담당자가 애니메이션 제작 업체와 기획단계에서부터 협업할 때 진정한 TV 시리즈 애니메이션의 발전이 있을 것이다. 시청자 없는 국산 TV 애니메이션 시리즈의 방송, 아무 가치도 없는 헛된 울림일 뿐이다.

가작

라디오방송 비평

강윤영(대학생)

엄밀히 보면 라디오 프로그램 대부분이 마니아적 방송이다. 라디오란 매체 자체가 다른 매체들에 비해 청취자들과의 친숙함과 익숙함을 강조하는 탓이다. 이는 다른 매체(TV, 영화 등)에 비해 소리만으로 대중들을 끌어모아야 하는, 상대적으로 불리한 조건을 극복하기 위한 최후의 수단이었다. 그리고 이는 현대인들의 고독해지기 쉬운 성격과 성공적으로 반응하여 '라디오 마니아', 즉 TV를 비롯한 다른 매체들보다 라디오를 선호하며 더 나아가 일상적인 생활들 속에 '억지로' 자신이 좋아하는 라디오 프로그램을 끼워넣는 사람들을 만들어냈다. 다시 말해서 그들은 날이 갈수록 개인화·황폐화되어가는 사회 속에서 혼자이지만 외로움을 채워줄 수 있고 자신들의 비어 있는 감성을 음악과 이야기로 메워줄 수 있는 라디오를 찾게 된 것이다. 그리고 이런 현상은 큰 이변이 없는 한 계속될 것으로 보인다. 그런 의미에서 요사이 인기 있는 라디오 프로그램 한 편에 대한 몇 가지 고찰은 여느 TV 프로그램에 대한 비평들보다도 시급한 사안이 될 수 있다.

프로그램의 매력

<유희열의 음악도시>, 이 프로그램은 1997년 10월 1일 개편 전에는 <FM 음악도시>란 타이틀로 가수 신해철이 몇 년간 진행했었다. 당시 <FM 음악도시>의 청취자들은 신해철을 '시장', 공개방송을 '전당대회', 각 코너를 '당(黨)', 각 코너의 고정 게스트들을 '당수' 등으로 부르며 스스로 음악도시의 '시민'이 되었다. 그리고 그런 음악도시 내에서의 문화들을 모두 이해하고 해독할 수 있으려면 당연히 골수 청취자가 되어야 했고 이들은 그런 자신들의 마니아적 유대감을 뿌듯해했었다.

이렇게 신해철의 세련되고 논리적인 언변들과 카리스마에 익숙해 있던 음악도시 마니아들에게, 1997년 가을 개편 이후, 당시엔 그다지 대중적이지 못했던 음악가 유희열의 진행이 성에 찰 리 없었다. 하지만 햇수로 3년이 지난 지금, <유희열의 음악도시>는 MBC FM은 물론이고 전 FM 라디오 프로그램들 중 가장 인기 있는 프로그램 중의 하나가 되었으며 진행자 유희열은 인기 라디오 DJ 1위로 선정되었다. 그 이유는 무엇일까? 신해철의 <FM 음악도시> 시절의 열렬했던 골수 청취자들과는 조금 다른 성격의 <유희열의 음악도시> 마니아들, 그들에게 이 프로그램이 과연 어떤 매력을 풍겼는지에 대해 생각해보겠다. 이는 단순히 이 프로그램의 '분석'만이 아니며 점차 개인적·폐쇄적으로 되어가는 현대인들에게 라디오란 매체만이 줄 수 있는 영향들의 고찰로서 그 의미가 크다고 볼 수 있다.

자연스러운 방송

요즈음 추세가 그렇긴 하다. 프로그램의 제작진들이 조금 더 자연스럽고 청취자가 조금 더 가깝게 느낄 수 있는 방송을 만들기 위해 노력하고 있는 것이다. FM의 <배철수의 음악캠프>나 AM의 <즐거운 오후 2시> 등의 프로그램에서 담당 프로듀서들이 직접 출연하거나 작가들이 가끔 등장하는 것도 그런 조류에 편승하는 의미로 받아들일 수 있다. 하지만 <유희열의 음악도시>(이하 <음악도시>)는 그런 드러나는 방송적 장치는 물론, 프로그램 전체를 자연스럽게 느낄 수 있게 하는 데 더욱 역점을 두고 있다.

이런 분위기를 조성할 수 있는 요인으로는 먼저 대본 없는 진행을 들 수 있다. 진행자 유희열은 오프닝 멘트나 곡 소개 등 몇몇을 제외하고는 방송의 흐름을 위한 정해진 소재 몇 가지에 따라 대본 없이 이야기를 진행한다. 따라서 자연스레 유희열 자신의 지극히 개인적이고 자유로운 생각들을 자주 드러내며 마치 매우 친한 사람을 앞에 두고 이야기하는 것처럼 편안한 말투를 쓰게 되는 것이다. 그 때문에 가끔은 진행자의 그날 기분에 따라 방송의 분위기가 좌우되기도 하지만 그조차 자연스러운 방송을 만드는 데 일조를 하고 있는 것도 사실이다.

진행자 외의 스태프들과 청취자의 만남도 편한 프로그램을 만드는 데 큰 역할을 한다. <음악도시>에서 방송된 음악들의 제목과 가수를 적은 선곡표들을 며칠 단위로 통신란에 올리는 작가들(윤진희·김성은)은 항상 선곡표만 올리진 않는다. 청취자 참여코너인 '모놀로그'에 참여하는 청취자들의 유형분석, 실연당한 친구의 사연, 편지에 대한 자신의 느낌 등을 비롯해 제작진 입장에서 무언가를 '공지'하는 차원이 아닌, 청취자가 프로그램에 보내는 자신들만의 이야기에 대한 '화답'의 차원에서 작가들만의 사연을 함께 올리는 것이다. 또한 방송중 유희열의 멘트 너머로 간간이 진현숙 프로듀서와 작가들의 웃음소리가 들리기도 한다. 이렇듯 방송 밖에서 간접적으로나마 청취자와 대면하는 스태프들의 모습을 통해 청취자들은 <음악도시>를 훨씬 가깝게 느끼고 <음악도시>를 자신들의 일상으로 자연스럽게 받아들이게 되는 것이다.

프로듀서 조정선(좌)과 **DJ** 유희열(우)

　요일별 고정 게스트들과 유희열의 친분관계 또한 프로그램 진행을 매끄럽게 해주는 요소로 들 수 있다. 작곡가 겸 프로듀서인 김형석, 작곡가 겸 가수인 윤상, 팝 칼럼니스트 성우진, <즐거운 오후 2시>의 프로듀서인 '나서기 PD' 조정선 등 각 요일별로 출연하는 게스트들은 대부분 진행자 유희열과 단순히 방송진행자와 게스트로서만이 아닌 개인적 친분관계를 유지하고 있는 사람들이다. 가까운 사람들끼리의 대화는 자연스러워서 듣는 이들을 편안하게 한다. 이는 유희열이 대본 없이 방송을 진행할 수 있게 해주는 중요한 조건이 되기도 한다.

감성적인 정서 공략

　<음악도시>의 분위기를 굳이 따지자면 남성적인 면보다 여성적인 면이 훨씬 두드러진다. 라디오란 매체 자체가 소리로만 감정과 생각들을 전달해야 하기 때문에 비교적 섬세하고 감성적인 성격을 띠고 있긴 하지만 이 프로그램은 유난히 그런 정서적인 면이 두드러진다. 그런 공통적인 정서는 청취자와 진행자, 청취자와 청취자 사이에 유대감을 조성해 그들을 더욱 단단히 결속시켜주고 있다.

　이는 먼저 시간상의 이점으로 인한 분위기 조성을 이유로 들 수 있다. <음악도시>는 매일 밤 12시에서 새벽 2시까지 방송된다. 밤, 특히 새벽과 맞닿은 늦은 밤에는 감성이 지극히 예민해진다. 조용한 가운데 라디오에서 들리는 방송을 듣다보면 자연히 그 사람(진행자)과 나, 둘만 깨어 있는 듯한 느낌에 묘한 동질감을 갖게 되며 한껏 감상적일 수 있는 것이다. 이때 '생방송'이란 사실이 이 감정들을 한층 고조시키기도 한다. (<음악도시> 이후의 프로그램들은 녹음방송이란 사실을 생각보다 많은 청취자들이 알고 있다)

　진행자 유희열 개인의 감수성과 성격, 말투 등도 방송을 지극히 감상적으로 만드는 데 톡톡히 그 역할을 하고 있다. 팝 프로듀서이자 작곡가이며 가수인 '음악가'로서 유희열의 음악들에는 섬세하고 따뜻하며 여린 정서들을 바탕으로 한 애상적 곡들이 많다. 얼마 전에 펴냈던 삽화집 또한 자신의 추억거리들, 실패한 연애담, 친구들 이야기 등을 매우 섬세한 감성으로 표현하고 있다. 유희열은 기본적으로 감성적인 사람이며 솔직하다. 방송에서 솔직히, 그리고 옆사람에게 중얼거리는 듯한 소탈한 말투로 자신의 꾸밈 없는 성격을 드러냄으로써 청취자들의 감성들도 슬며시 이끌어내는 것이다.

　라디오 프로그램을 구성하는 가장 주된 요소인 음악과 사연들의 선정에서도 방송의 전체적 분위기를 상당히 많이 고려하고 있다. 평일

1~2부(자정에서 새벽 1시까지)에는 요일별 전문 코너들이며 그 코너의 고정 게스트들이 음악을 선정해오는 경우가 많기 때문에, 실질적인 <음악도시>의 분위기를 느끼려면 3~4부(새벽 1시에서 2시까지)를 살펴보아야 한다. 1999년 9월 1일부터 14일까지 2주 동안의 3~4부에서 방송된 음악들을 살펴보면 가요 56곡 중 43곡, 팝 73곡 중 48곡이 발라드풍의 조용한 음악이었다. 장르는 다양한 편이지만 곡의 느낌상 애잔한 곡들이 많이 선곡되고 있는 것이다. 소개되는 사연들 또한 '사랑'에 관련된 것들, 특히 이별이나 외로움에 대한 사연들이 많다. 그런 사연들을 무작정 심각하게만 읽지 않고 어느 정도의 유머를 바탕으로, 대본 없이 자신의 경험들까지 곁들여 성의껏 소개해주는 진행자의 모습에서 사연들은 그 느낌들이 한층 더 살아나게 되는 것이다.

전문 음악 프로그램으로서의 깊이 있는 구성

<유희열의 음악도시>는 음악 프로그램이다. 방송시간대의 성격상 이야기 중심은 오락보다 음악적인 요소에 치중하는 것이 당연하다. 하지만 <음악도시>는 동시간대의 다른 음악 프로그램들이 전문적이고 지극히 '마니아적인' 선곡과 진지한 진행으로 다수의 청취자들을 끌지 못하는 것에 반해, 진행자 유희열의 친숙하고 재치 있는 진행과 적극적인 청취자 참여를 유도하고 있는 고정 코너들을 통해 일반적인 청취자들을 확보한다. 그리고 전문적인 음악들에 대한 충분한 소개와 설명을 곁들여줌으로써 수준 높은 음악 전문 프로그램으로서의 사명을 다하고 있는 것이다. 이로써 <음악도시>는 마니아적인 청취자들과 일반 청취자들을 두루 수용하고 있다.

음악 프로그램의 전문성은 먼저 요일별 코너들의 성격과 고정 게스트들에서 발견할 수 있다.

<음악도시>는 요일별 코너에 고정 게스트가 출연하는 1~2부와 사

<표 1> <유희열의 음악도시>의 요일별 구성

	1~2부(자정에서 새벽 1시까지)	3~4부(새벽 1시에서 2시까지)
월	월요일에 만난 사람	한밤의 모놀로그
화	김형석의 음표가 내리는 창가	한밤의 모놀로그
수	윤상의 제3세계 음악	한밤의 모놀로그
목	김광민·이현우의 클럽 재즈 앤 블루스	한밤의 모놀로그
금	햇빛 통신	한밤의 모놀로그
토	성우진의 로큰롤 아지트	야밤의 음악감상실
일	나서기 PD 조정선의 음악교실	당신을 위한 B.G.M

연과 음악 중심의 3~4부로 구성된다. 그런데 요일별 코너들 중 화제가 될 만한 인물들을 초대하는 '월요일에 만난 사람'과 청취자와의 전화데이트 코너인 '햇빛 통신'을 제외하고는 모두 '본격적인' 음악 전문 코너들이라는 것이 주목할 만하다.

화요일의 '음표가 내리는 창가'는 최고의 국내 작곡가 겸 음악 프로듀서로 손꼽히는 김형석이 추천하는 가요들이 소개되며, 수요일에는 역시 국내 최고의 작곡가인 윤상이 쉽게 들을 수 없는 제3세계의 수준 높은 음악들을 소개하는 '제3세계 음악', 목요일에는 MBC <수요 예술무대>의 MC로 호흡을 맞추고 있는 재즈 피아니스트 김광민과 가수 이현우가 재즈와 블루스 스타일의 음악들을 소개하는 '클럽 재즈 앤 블루스', 토요일에는 팝 칼럼니스트인 성우진이 록적인 음악들과 그에 관련된 전문적 정보들을 알려주는 '로큰롤 아지트'가 진행되며 일요일에는 대중적인 음악 프로듀서인 조정선이 청취자들의 음악에 대한 각양각색의 질문들에 답을 해주는 '음악교실'이 방송된다. 특히 일요일 3~4부의 '당신을 위한 B.G.M.'은 그날그날의 주제에 따라, 평균 12곡 정도의 음악들을 멘트 없이 방송하고 있어 어떤 프로그램, 어떤 코너들보다도 'FM적인' 코너로 볼 수 있다. 이런 일주일간의 코너들을 통해 <음악도시>는 다양하면서도 깊이 있는 음악들을 균형 있게 방송하고 있는 것이다.

코너 자체뿐만 아니라 고정 게스트들의 선정에서도 음악 전문 프로그램을 지향하고자 하는 제작진의 의도를 엿볼 수 있다. 고정 게스트들은 하나같이 모두 자신들의 분야에서 최고로 손꼽히는 음악가들이며 또한 그들이 출연하는 다른 어떤 프로그램들에서보다 전문적이고 심도 있게 이야기를 끌어내고 있다. 이는 앞에서도 언급했듯이 진행자와의 개인적인 친분으로 인한 진행상의 편안함 때문으로 볼 수 있다. 그런 편안한 분위기 속에서 단순히 게스트가 일방적으로 자신의 음악적 지식들을 쏟아놓는 것이 아니라 그들과 비슷한 수준의 음악적 전문지식을 갖는 진행자와의 '대화'가 가능해지는 것이다.

물론 팝, 재즈, 가요, 클래식 등 장르에 구애받지 않고 선곡되는 음악 자체의 수준에서도 음악 프로그램으로서의 특징을 찾을 수 있다. 방송시간상 조용한 음악을 선호하는 경향이 있긴 하지만 가요에서부터 제3세계의 음악까지, 또한 매우 대중적인 곡부터 마니아풍의 음악까지 그 장르와 수준이 매우 다양하며 다른 프로그램들보다 음악들에 대한 소개가 매우 충실한 편이다. 충분한 시간배분으로 음악을 도중에 자르지 않고 전곡을 내보내는 것 또한 음악 전문 프로그램으로서의 청취자에 대한 세심한 배려로 볼 수 있다.

<유희열의 음악도시>의 문제점

<유희열의 음악도시>는 이처럼 감성적이고 자연스런 분위기를 통해서 일반 청취자들을, 그리고 전문적인 음악지식과 음악소개 등을 통해서 음악 마니아들을 끌어당겨 새로운 '음악도시 마니아'층을 형성시키고 있다. 분명 이런 현상은 글머리에서 밝혔다시피 개인적·폐쇄적 사회분위기 속에서 어떤 루트로든지 유대감이나 소속감을 느끼고 싶

어하는 현대인들의 정서에 부합되는 것이다. 그리고 이들은 그런 자신들의 영역, 즉 <음악도시>란 프로그램 내에서의 모든 현상이나 상황들을 그들만이 공유할 수 있는 특별한 '경험'으로 받아들인다. 이것은 현대사회의 분위기 속에서 자신의 취향에 걸맞은 방송을 통해, 그리고 방송에 소개되는 사연·음악들을 통해 자신의 존재를 확인하려는 열망에서 비롯된 것이다.

하지만 문제는 이에 있다. 분명 마니아적 매체인 '라디오'라 하더라도, 라디오 프로그램 중 특히 '마니아'층이 두터운 <음악도시>라 하더라도 이 프로그램은 대중매체이므로, 다수의 일반적인 청취자를 대상으로 하고 따라서 '공익성'을 그 최대의 목표로 삼아야 한다는 것이다. 그런데 마니아들이 만족하는 프로그램은 대중매체로서의 그 본래적 기능을 다한다고 볼 수 없는 것이다. 따라서 이즈음에 <유희열의 음악도시>의 문제점을 짚어보는 것은 이 프로그램의 발전, 나아가 '라디오'란 매체가 지니는 문제점을 해결하기 위한 방편의 모색을 위해 의미가 있다고 하겠다.

비속어, 은어 사용

먼저 비속어와 은어 사용이 매우 잦다는 것이다. '걸리기만 해'식의 억지스러운(?) 모니터링적 시각이 아니더라도, <음악도시>가 다른 프로그램에 비해 언어선택에 매우 신중하지 못하다는 것은 프로그램을 한 시간만 듣더라도 느낄 수 있다. 진행자 유희열은 게스트를 향해 "가증스럽군요"라거나 "쪽 팔려요", "열 받아" 등 프로그램 진행자, 특히 인기 프로그램 DJ로서는 걸렀어야 할 말들을 너무도 쉽게 내뱉곤 한다. 또한 <음악도시>만의 은어들이 자주 등장한다. 유희열을 '시장님'이라 부르며 진현숙 프로듀서를 '마다므 진' 등으로 불러 처음 듣는 이들을 어리둥절하게 만든다.

물론 대본 없이 혼자 진행을 하다보면 생각하지 않았던 말들이 튀어나올 수 있고, 마니아들 입장에선 그런 상황을 너그럽게 봐줄 수도, 어쩌면 그런 말들을 즐길 수도 있다. 하지만 아무리 자연스러움을 위해 어느 정도 필요한 연출 중의 하나이고, 은어 사용이 청취자들의 유대감을 증폭시키며, 애청자(마니아)들이 그런 방송을 용납해준다고 할지라도 FM의 본령이 '좋은 음질의 고품격 방송'임을 되새겨본다면 이는 분명 FM 프로그램으로서의 이미지를 흐리는 요소가 된다는 점은 부인할 수 없다. 특히 이 프로그램의 애청자들 대부분이 '찾아서 듣는' 마니아층이며 그들의 상당수가 방송인의 행동들에 예민할 수밖에 없는 청소년들인 점에 주목한다면 진행상의 어휘선택에 의도적인 자체 개선이 필요할 것이다.

프로듀서의 방송참여

두번째 문제로 지적할 수 있는 것은, 앞에서 언급했던 스태프들의 방송참여이다. 음악도시에서는 진현숙 프로듀서의 목소리가 자주 등장한다. 게스트들과 이야기를 직접 나누기도, 유희열의 진행 도중 맞장구를 쳐주기도, 면박을 주기도 하면서 유희열의 목소리 너머로 어렴풋이 들린다는 것이다. 웃음소리는 분위기 조성상 필요할 수도 있는 연출이라 치더라도 게스트나 진행자에게 몇 마디씩 무심코 던지는 멘트들이 먼 감으로 들릴 때는 매우 불쾌한 기분이 든다. 이는 마치 친한 친구들끼리의 대화에 끼지 못하는, 어중간한 관계의 친구로서 느끼는 소외감을 느끼게 하기 때문이다.

산만한 분위기

또 다른 연출상의 문제로 전체적으로 산만한 느낌을 들 수 있다. 이런 분위기는 자연스러운 진행을 위해서는 어쩔 수 없이 '어느 정도'는 감수해야 하는 부분이기도 하다. 대본 없이 진행하는 탓에 이런저런 이야기를 하다보면 '인간이기 때문에' 기분에 따라 진행을 하게 되고 정리되지 못한 산만한 느낌을 주는 것이다. 하지만 아무리 대본 없이 진행을 하더라도, 그리고 자연스러움을 위한 연출일지라도 진행자 나름대로의 사전준비가 더욱 충실해진다면 어느 정도는 메워질 수 있을 약점인 것도 사실이다.

협소한 마니아층

마지막으로 지나치게 '마니아적'인 성격을 들 수 있다. <음악도시>는 매우 인기 있는 프로그램이다. 그리고 그 인기는 다수의 마니아층에 의한 것이다. 다시 말해 여러 부류의 사람들이 두루 듣는 대중적인 프로그램이 아니라 매우 많은 사람들이 마니아층을 형성해 '찾아서 듣는' 프로그램인 것이다. 여기서 문제는 그 마니아층들의 성격이 매우 '전형적인 모델'을 갖는다는 것이다. 즉 <음악도시> 마니아들은 '20대 초반에서 중반의, 어느 정도 배운, 조금은 감성적인 그리고 늦은 밤과 새벽에 깨어 있을 수 있는 생활주기를 가진 사람들'로 그 범위가 대충 좁혀진다. 이는 사회적으로, 생각보다 큰 영향을 미칠 수 있는 문제이다. 이를 좀더 확대시켜보아, 협소한 청취자층을 타깃으로 방송을 한다는 것은 그 이외의 청취자들을 방송 스스로 거부한다고도 볼 수 있기 때문이다.

맺으며

<음악도시>는 많은 문제점을 안고 있다. 그런 문제들을 프로그램

성격을 위한 어쩔 수 없이 연출되는 사항들이라고 맘 좋게 덮어버릴 수도 있을 것이다. 하지만 앞서 말했다시피 이는 마니아적인 관대한 시각에서 프로그램을 보았을 때의 말이다. 이렇게 몇몇 마니아들의 수용만으로 프로그램을 이끌어나간다면, 나머지 청취자들은 마니아들에 이끌려가는 프로그램에 다시 이끌려가게 되는 웃지 못할 상황이 벌어지게 될 수 있다. 그리고 그런 상황이 지속된다면 라디오란 매체가 현대사회에서 나름대로의 자리를 차지할 수 있게 해준, '개인적으로 고립되고 폐쇄된 사회에서 새로운 인간관계, 새로운 나만의 문화를 찾게 해준다'는 기능을 넘어선 현상으로 볼 수 있다. 오히려 마니아들만의 방송, 마니아들만 만족하는 '비뚤어진' 방송으로 개개인의 고립을 더욱 가중시키는 존재가 될 것이다.

이것이 어느 정도 비약된 조망인 것은 사실이다. 하지만 어떤 일이든 가장 최악의 상황에 대비하여 미래를 준비하고 현실에 충실하는 것이 성공의 비결이다. <유희열의 음악도시>를 분석 프로그램으로 선택한 이유도 이에 있다. 가장 마니아적인 프로그램으로서 청취자들에게 그 매력을 강하게 어필하고 있으면서 그로부터 발생되는 많은 문제들 또한 동시에 갖고 있는 프로그램이기 때문이다. 그리고 가장 중요한 것은 그런 문제들을 해결할 수 있는 가능성 또한 매우 높게 지니고 있는 프로그램이라는 점 때문이다.

프로그램 제작진과 청취자들은 다른 어떤 프로그램의 그들보다도 큰 애정을 갖고 방송을 진행하고 있고 또한 청취하고 있다는 것이 현재 가장 큰 희망인 것이다. 조금 과한 듯한 연출 속에서도 이들은 인기만을 위한, 청취율만을 위한 것만이 아닌 프로그램 자체에 대한 애정을 갖고 있음을 누누이 내비치고 있다. 앞서 살펴본 몇 가지 문제점들도 이런 애정·욕심들에서 파생된 부작용으로 볼 수 있다. 자연스런 진행을 위해 최소한의 대본을 사용하는 중, 방송에 부적합한 일상용어들이 튀어나오는 것이나, 프로듀서의 간접출연을 연출하여 가끔 산만한 분위기가 조성되는 것 등은 분명 진행상의 실수나 부작용으로 볼 수 있지만 그것이 단순히 프로그램을 성의 없게 만든다는 의미에서의 '프로그램 제작의 질' 측면에서 비판받을 만한 것들은 아닌 것이다.

결국 <유희열의 음악도시>는 여러 면에서 살펴보았을 때 같은 애정·욕심을 갖고 프로그램을 제작하되 한 번 더 생각하고 한 번 더 돌아보는, 또한 그 과정에서 한번쯤은 '공익성'이란 매체적 사명을 떠올려보는 태도를 가져야 할 것이다. 다른 매체들과는 달리 '라디오'란 매체의 '라디오 마니아'들은 그다지 변화를 좋아하지 않는다. 그들만의 오랜 친구처럼 쉽사리 변하지 않는 프로그램을 선호하는 것이다. 그런 의미에서도 <유희열의 음악도시>가 쉽게 흔들리지 않는 프로그램이 되기를 바란다. 단 '마니아'만이 아닌 '대중'을 상대로 한다는 자신들의 사명을 조금 더 염두에 둔 상태에서 말이다. 이렇듯 가장 중요한 것을 기억하며 문제점들을 조금씩 해결해나간다면 매일 밤 유희열이 엔딩 멘트로 속삭이듯, <음악도시> 애청자들은 매일 밤 12시부터 2시까지 2시간씩은 '행복할 수' 있을 것이다.

가작

텔레비전 드라마 속의 여성

강지연(주부)

　　최근에는 여성 방송작가들도 많이 활약하고 있으며 드라마의 주요 시청자가 여성이기 때문인지, 여성의 삶을 소재로 하는 드라마를 찾아보기가 어렵지 않다. 몇 년 전까지만 해도 극중 여성은 남성보다 열등한 존재로, 수동적이고 인내하는 것이 당연하다는 메시지를 주는 드라마가 대부분이어서 많은 페미니스트들을 흥분시켰는데, 요즘은 오히려 그와는 반대로 여성은 힘있고 주체적이며, 남성은 나약해져가는 인상을 주는 내용들이 늘고 있다. 그중 하나였던 MBC의 주말극 <장미와 콩나물>과 월화 드라마 <마지막 전쟁>이 얼마 전 시청자들의 아쉬움 속에 막을 내렸다. <장미와 콩나물>은 한 집안의 성격이 너무나 다른 네 형제와 네 며느리들, 그리고 시어머니와의 신경전을 코믹하게 엮었으며 <마지막 전쟁>은 여성 변호사와 무능한 그의 남편, 또 시댁과 처가로 이어지는 싸움을 처절하게 표현하여 각각 그에 해당되는 전국의 모든 여성 및 남성(시어머니와 친정어머니, 일하는 며느리와 그렇지 않은 며느리, 그 사이에서 고생하는 아들 등)을 텔레비전 앞으로 끌어들여 높은 시청률을 자랑하였다.

한편 페미니즘에는 수많은 종류가 있지만 목적은 모두 여성의 해방이라 할 수 있다. 그 목적을 달성하기 위해서는 여성과 남성의 본질을 먼저 이해해야 하는데, 앤 캐플런(Ann Kaplan)은 성의 특질을 보는 철학적 태도에 따라 페미니즘을 근원주의와 비근원주의로 나누었다. 근원주의에서는 여성과 남성은 생물학적 이유로 본질적인 차이가 있으며 이 차이로 인하여 생겨난 가부장사회는 지양되어야 할 것으로 간주된다. 반면 비근원주의는 남녀간의 본질적인 차이를 믿지 않으므로 주어진 성 정체성이 가부장사회 안에서 형성되는 과정을 분석하려 한다.[1] 이 글에서는 비근원적 페미니즘을 표방한다고 볼 수 있는 <장미와 콩나물> 그리고 근원적 페미니즘의 <마지막 전쟁>을 비롯한 드라마 속에서 과연 여성들은 올바로 표현되어 있는 것인지 살펴보고자 한다.

하고 싶은 이야기

사례 1. <장미와 콩나물>

이 드라마는 남자 형제만 넷인 한 집안에 며느리들이 들어오면서 아버지와 아들들, 그리고 큰형과 다른 형제들 간의 불화에 여성들이 슬기롭게(?) 대처하여 결국 가정의 평화를 이룬다는 상황 설정으로, 주제로만 본다면 페미니즘적 내음을 살짝 풍기고 있다. 그런데 실제 방영된 내용은 그와는 상당히 동떨어져 있다. 우선 이 드라마의 가장 큰 문제점은 이렇게 남성과 여성을 둘로 갈라놓았다는 데 있다. 그 때문에 남성과 여성은 각각 큰 특징을 지니게 되는데, 가장 두드러진 것은 그

---

1) A. Kaplan, "Feminist Criticism," Richard Allen(ed.), *Channels of Discourse*, Chapel Hill: The University of North Carolina Press, 1987, p.216.

<표 1> <장미와 콩나물> 등장인물들의 직업

여성의 직업		남성의 직업	
어머니	살림, 밭일	아버지	무직
첫째며느리 친정어머니 여동생	무직 금융업 영화 제작	첫째아들	금융업
둘째며느리	꽃집 운영	둘째아들	영화 감독
셋째며느리 친정어머니	사법연수생 간호사	셋째아들 장인	원예업 의사
넷째며느리	은행원	넷째아들	학생

들의 직업과 직업의식이다. 주요 등장인물의 직업은 <표 1>과 같다.

<표 1>에서 알 수 있듯이 등장하는 여성의 직업은 남성의 직업 못지않게 번듯하다. 그런데 그중 재력가인 첫째며느리의 친정어머니와 셋째며느리의 친정아버지를 비교하면 어떤 성차별을 느낄 수 있다. 첫째며느리의 어머니는 남편 없이 혼자서 성공한 여성인데, 그녀의 직업은 확실하지는 않지만 사채업 내지는 약간 수상한 금융업이다. 그리고 그녀는 돈이 그 무엇보다 중요하여 가난한 사돈을 무시하고 사위를 이용하기도 하며, 그로 인해 감옥에 가게 된 사위를 놓고 딸에게 이혼을 종용하는 부정적인 인물로 묘사되는 반면, 셋째며느리의 친정아버지는 동네에서 소문난 후덕한 의사이다. 여성은 뭔가 부정한 방법으로 돈을 벌며 남성은 명예를 겸비하고 있다.

또 첫째며느리의 여동생은 (그렇게 묘사된 것은 아니나 결론적으로 볼 때) 단순히 둘째아들의 영화일을 해결해주기 위한 방편으로 등장하며, 둘째며느리의 꽃집은 생활고를 이겨내기 위해 시작한 일인데 그곳은 뭔가 작전을 짜거나 다른 여성들과의 쑥덕공론의 장소로 사용될 뿐이다. 가장 이해하기 힘든 부분은 셋째며느리로, 고학력에 고시까지 합격한 사법연수생인 그녀는 결혼을 위해 사표를 쓰고 산으로 들어간다. 직업의식이나 외동딸로서의 부모에 대한 도리 등은 아랑곳없이 인생

<장미와 콩나물>

을 포기해버리는 것이다. 반면에 결혼 상대자인 셋째아들은 사랑보다는 일을 선택한다. 결국 그는 왕자님이 되어 부모도 어찌할 수 없는 숲속의 공주를 구해내는 역할을 한다.

두번째 성별 특징은 그들의 '일상'이다. <표 1>에서 보듯이 여성이든 남성이든 거의 비슷한 비율로 직업을 가지고 있는데, 등장하는 남성은 늘 일에 대한 성공을 꿈꾸며 노력하고 있는 데 반해 여성들은 잔꾀를 내어 남을 골탕먹이거나 눈물작전으로 자신의 의도하는 바를 이루며 혹은 세력다툼을 벌이는 것이 바로 일상이다. 며느리들 중 가장 합리적이고 영리한 셋째는 결혼과 동시에 시어머니에게 아양을 떨어 점수를 따고, 큰며느리와 한편이 되어 '장미파'를 결성하여 갈등을 자아내는 인물로 둔갑한다. 때로는 가끔 시어머니나 손윗동서에게 자신 있게 자기주장을 하기도 하는데, 그것은 차라리 '눈치 없고 버릇 없는 언행'에 가까울 때가 많다.

결국 결말에 이르러 그들 가족은 화목을 이루는데, 그것은 여성들의 슬기로움에 의한 것이라고 하기에는 조금 무리가 있다. 문제가 되었던 첫째아들과 넷째아들이 마음을 바로잡기는 하지만, 첫째아들은 장모의 배신으로 인해 친부모의 자신에 대한 사랑을 깨닫게 되며 넷째아들의 경우 아내의 유산이 그의 가장으로서의 위치를 되새기게 하여 정신을 차린다. 이 과정에서 여성이 한 일이란 '장모의 배신'과 '아내의 유산'일 뿐 마지막까지 그들의 잔꾀와 투덕거림은 그침이 없다.

제목의 '장미'와 '콩나물'은 여성을 상징한다고 하는데, 이것은 어떤 의미일까. 여성은 결혼 전 장미처럼 화려하고 고상한 존재이다가 일단 결혼만 하면 콩나물처럼 흔하고 평범하게 변한다는 것일까. 혹은 장미 같은 여자가 있는가 하면 콩나물 같은 여자도 있다는 뜻일까. 아니면 어린 왕자에게 "뚜껑을 덮어줘요"라고 외치는 장미처럼, 남자에게 의존적인 나약한 존재인 여성에게 빽빽한 시루 속에서도 경쟁하듯 자라나는 콩나물과 같은 근성이 숨어 있다는 걸까. 어쨌거나 극중에서 여성은 장미로도 콩나물로도 묘사되며, 남성은 장미의 버팀대나 콩나물의 시루처럼 주변적이지만 든든한 존재이다.

기존의 전형적인 여성 폄하 드라마에서는 남성은 대범하고 이성적이며 더 거시적이고 장기적인 판단을 하며 여성의 어리석음을 일깨워주는 역할을 하는 반면, 여성은 주체적 삶을 영위하지 못하고 타자화되어 있었다. 현모양처의 여성일수록 남성에 의해 타자화되어 자신의 의견이나 감정까지도 타인에 의해 좌우되는 모습을 보여준다.[2] <장미와 콩나물>은 일견 이러한 여성 폄하와는 동떨어져 있는 듯 보인다. 이 드라마 속의 며느리들은 각자 시어머니나 동서들에게 하고 싶은 말을 다 하며 남편을 휘두르기 위해 전략을 세우기 때문이다. 그러나 이 여성들은 여지없이 '사소한 일에 감정을 소비하며 비이성적이고 매우 개인적인 판단을 하는'[3] 우매한 존재로 보여질 뿐이다. 여성의 우월함을 묘사하기 위해 오히려 그들을 열등하게 표현하는 모순 속에 빠지고만 것이다.

---

2) 김훈순·김명혜, 「텔레비전 드라마의 가부장적 서사전략」, 《언론과 사회》 제12호, 1996, 43쪽.
3) 김훈순·김명혜, 앞의 책, 43쪽.

사례 2. <마지막 전쟁>

이 드라마는 <장미와 콩나물>에 비해 한 가지 경우만을 중점적으로 다루었다고 볼 수 있다. 여주인공은 변호사로서 지성과 재력, 미모를 겸비한 뛰어난 인물이고, 그녀의 남편은 가난한 집안 출신의 무능한 인물이다. 그러나 시댁 식구들은 며느리에게 '며느리 노릇'을 할 것을 강요하며 장모는 그러한 사위가 밉기만 하다. 이 관계는 여러 가지 갈등요인을 제공한다. 여주인공은 제목에 걸맞게 투지가 강한 아마조네스다. 그녀는 남편의 엉덩이를 사정없이 내려치고 뺨을 때리거나 악쓰고 덤비기, 시아버지에게 (무섭게) 따지기, 험한 욕설 내뱉기, 여동생을 차버린 남자를 사회적으로 매장하기 등을 거침없이 해내는 똑똑하고 말 잘하고 무서운 여성으로 묘사된다. 한편 그녀의 남편은 하는 일마다 망하며 아내의 신뢰를 빌려 친구들에게 돈을 꾸기도 하는 허풍장이지만 아내를 위해 식사준비를 하거나 집안일을 자처하는 자상한 남성이기도 하다. 그러나 그의 어머니는 가난한 살림을 꾸리며 오로지 큰아들의 성공만을 믿고 살아온 여성으로, 바로 그 아들의 아내에 대한 자상함이 항상 고부간의 갈등을 일으킨다. 또한 그녀와 안사돈과는 어릴 적 같은 동네에서 살아온 사이로 안사돈의 출신과 현재의 위치는 또 다른 갈등의 원인이 된다. 이와 같이 이 드라마는 끝없이 물고 물리는 싸움을 보여주는데, 어쩌면 이 전쟁들은 매우 사실적이기도 하다. 며느리와 사위는 각각 똑같이 (정말 공평하게) 시집살이와 처가살이를 경험하며 구박을 받고 때로는 사랑을 받는다. 그리고 그들은 서로 물어뜯고 싸우다가도 외부의 적(시집 식구 혹은 친정 식구)이 등장하면 어느새 하나가 된다(그런 게 부부인 것 같다). 이 드라마에서 제기된 사회적 문제들은 다음으로 요약된다.

첫째, 직업이 있는(그것도 전문직이며 고수입의) 여성도 결혼하면 꼭

며느리 노릇을 해야만 하는가.

둘째, 무능한 남편이라도 꼭 나가서 돈을 벌어오는 가장 노릇을 해야만 하는가.

셋째, 여성이 시집살이를 할 때면 모든 집안일(청소, 빨래, 상차리기 등)을 도맡아 해야 하는가.

넷째, 남성의 처가살이는 절대로 불가한 것인가.

다섯째, 좋은 학벌을 가졌을 때 꼭 그에 걸맞은 직업을 가져야만 하는가.

여섯째, 집안에서 반대하는 결혼은 해야 하는가 아니면 하지 말아야 하는가.

일곱째, 이혼은 갈등의 해결방법인가 아닌가.

이렇듯 재미와 함께 많은 문제를 제기했다는 면에서 이 드라마는 매우 성공적이라 할 수 있다. 그러나 아쉬운 점이 있다면, 첫째 육아문제는 제외되었다는 점이다. 현실에서 직업이 있는 여성들이 부딪히는 가장 큰 걸림돌은 바로 육아이다. 그러나 이 드라마에서 주인공 부부의 딸은 필요할 때만 모습을 보일 뿐 대부분의 경우 '자기 방에 혼자 있는 것'으로 처리된다. 그 '혼자 있는 아이'를 두고 어른들은 마음대로 외출하기도 하고 큰소리로 싸우기도 한다. 실제로 아이가 있는 집에서는 마음놓고 싸울 기회도 별로 없다. 둘째, 주인공 여성이 너무나도 과격한 '투사'로 묘사되었다는 점이다. 보통의 주부들은 시부모나 남편에게 할 말 다하고 대드는 주인공을 보며 대리만족을 느꼈을 수도 있겠지만, 어쩌면 '나도 한번 해볼까' 하는 마음도 들었을 것이다(내 경우이지만). 즉 드라마를 시청한 후에 부부싸움을 한 부부도 있지 않았을까 싶다(언론에 보도되지 않은 것으로 보아 큰 사건은 없었겠다).

사례 3. <인형의 집>

1999년 10월 초 MBC 베스트극장에서는 <인형의 집>이 방영되었다. 결혼 10년 동안 본인의 감정은 무시당한 채 예쁜 인형과 같은 존재로 살아오던 여주인공이 10주년 결혼기념일에 사라져버린다. 남편이 아내를 찾는 과정에서 10년 동안 아내를 싸고 있던 껍데기는 벗겨지고 결국 둘은 이혼하여, 여주인공은 작은 점포를 운영하며 사는 것으로 자신의 정체성을 되찾는다는 줄거리였다.

이 역시 본격적인 페미니즘적 시각이 아닐 수 없다. 그런데 결혼 5년째인 나는 이 드라마를 보며 곰곰 생각에 빠졌다. 과연 '살림', '육아', '남편 내조'로 대표되는 여성의 결혼생활 속에는 여성 자신의 삶이란 없는 것일까? 꼭 그것은 자아를 버리고 가족을 위해 희생해야만 이루어지는 삶일까? 내 경험상 그렇지만은 않은 것 같다. 물론 밥하고 설거지하며 아이를 키우는 일이 즐겁고 재미있지만은 않지만, 그렇다고 또 그렇게 아무 뜻도 없는 일도 아니다. 요리가 취미여서 음식을 만드는 일이 즐거운 주부도 있고, 아이는 희생해서 키워야 하는 대상이 아니라 나의 친구, 나의 단짝으로서 늘 심심치 않은 존재이다. 그리고 반드시 밖에서 일을 하고 돈을 벌지는 않더라도, 여가시간을 이용한 취미생활도 얼마든지 있으며 사회봉사도 할 수 있다. 여자가 결혼생활에 안주하는 것이 마치 자신도 모르게 '인형'이 되는 것이며 그런 생활을 박차고 나와 작은 가게라도 여는 것이 자아회복일까. 가정의 파괴가 여성의 해방이라는 의견에는 찬성할 수 없다. 물론 남편의 구타나 끝없는 시달림을 참고 견디는 것이 바람직한 것은 아니다. 그러나 행복하다고 느끼는 대부분의 주부들을 그것이 착각이니 이혼하고 자립하라고 선동하는 것도 옳다고는 할 수 없다.

맺으며

드라마는 흔히 여성장르로 알려져 있다. 사실성을 바탕으로 하는 뉴스나 다큐멘터리보다는 허구적 이야기를 선호하는 여성들이 드라마의 주시청자들이다. 여성은 드라마를 독해하는 능력이 남성의 그것보다 앞선다고 한다.4) 따라서 각 방송국은 시청률을 겨냥하여 여성의 감성과 비위에 맞는 주제를 다룬 드라마들을 속속 방영하고 있다. 페미니즘은 그중 큰 주류를 이루고 있는데, 드라마에서 보여지는 그것은 진정한 의미에서의 페미니즘이라 할 수 있을지 의문이다. 앞서 말했듯이 드라마는 여성 수용자를 위한 것이며 남성들에게 주장하는 것이 아니라 여성들의 마음에 들도록 포장이 된 것이기 때문이다.

그 어떠한 페미니즘이라 할지라도 우선은 휴머니즘에 입각해야 한다. 진정한 페미니즘이란 여성의 자립이나 남성보다 우월해지기 등이 아니라, 남성이든 여성이든 그저 똑같은 한 인간으로서 살아가는 것이라 생각한다. 수다스럽고 잔꾀를 쓰는 장미나 콩나물, 혹은 타오르는 적개심으로 불 뿜고 싸우는 투사, 현실의 답답함을 깨부수고 뛰쳐나가는 신여성, 그 어떤 것으로도 여성을 올바르게 표현할 수는 없다.

아이를 갖지 못하는 언니와, 직업이 있고 경제적으로도 불안정한 때 아이가 생긴 동생의 이야기를 다룬 단편 드라마가 있었다. 태어난 아이를 언니가 대신 키워주기로 하는데, 두 자매는 각각의 모성애로 인해 갈등을 겪게 된다. 결국 언니는 다른 아이를 입양하고, 두 자매가 아이들을 데리고 걸어가는 따뜻한 뒷모습을 보여주며 끝을 맺는다. 바로 이런 것이 여성을 대변해주는 이야기가 아닐까. 남성과의 싸움도, 자매간의 싸움도 중요한 것이 아니다. 여성도 한 인간으로서 고민도 있고 갈등도 있다. 그러나 결국 모서리를 갈아 둥글게 하여 화합으로 살아가는 것이 인생이다. 내 아이가 소중하고 내 가정이 소중하게 여

---

4) 원용진, 「장르 변화로 읽는 사회」, ≪언론과 사회≫ 제16호, 1997, 127쪽.

겨지도록 만든 드라마였다.

　방송은 큰 힘을 가지고 있다. 우리를 웃길 수도, 울릴 수도, 분노하게 할 수도 있고 의견을 수렴하여 뜻을 모을 수도 있다. 기왕이면 그 힘으로 편을 가르고 싸우게 하기보다는 서로 사랑하고 화합할 수 있도록, 지겨운 일상에서 벗어날 힘이 없는 시청자들이 작은 행복과 성취감을 느낄 수 있도록 도와주었으면 좋겠다.

코소보사태를 통해 본 뉴스보도와 그 의미

김세진(대학생)

매스 미디어의 발달로 우리는 이웃의 누가 어떻게 사는지는 몰라도 국경 밖 먼 나라의 소식은 쉽게 접할 수 있게 되었다. 그만큼 매스 미디어는 '세계'와 '나'를 가깝게 연결시키는 데 크나큰 공헌자임에 틀림없다. 그렇다면 매스 미디어는 의심할 바 없는 공헌자이기만 할까? 연결자의 역할을 제대로 수행하고 있는 것일까?

우리가 다른 나라의 소식을 접하는 것은 일종의 '가환경(pseudo environment)'인 미디어를 통해서이며, 요즘 시대엔 영상매체가 이를 대표한다고 해도 과언이 아닐 것이다. 즉 우리는 영상매체에 의해 메시지를 전달받고 나름의 이미지를 형성한다는 것이다. 그러나 우리는 '가환경'이라는 단어 자체에서 매스 미디어, 특히 영상매체의 진실성에 한번쯤은 의문을 품을 수 있을 것이다. 왜냐하면 그것이 아무리 사실보도를 한다손 치더라도 엄연한 가상의 공간에서 이루어진다는 본질적 속성이 있기 때문이다.

사실 세계와 나를 연결하는 미디어의 국제뉴스보도는 단선적·피상적인 경우가 대다수다. 더군다나 인쇄매체에 비해 상세한 보도를 할 수 없는 텔레비전 뉴스의 경우 더욱 그러하다. 그나마 미국과 같이 우리와 밀접한 관계를 지닌 국가에 관한 보도는 자주 접할 수 있지만, 기타 국가들에 관한 내용은 사건이나 사고 중심의 일회성 내용이 태반이다. 이런 식의 단선적 보도는 그 나라에 대한 그릇된 이미지를 형성할 수 있을 뿐 아니라 나아가 국제분쟁의 소지가 될 수도 있다. 게다가 국제뉴스보도의 정보처가 서방의 주요 통신사라 한다면, 우리는 여태껏 서구 중심 가치관에 의거해 다른 나라를 보고 있지는 않았는지 의심해 볼 만하다.

이미지란 아주 단편적 정보만으로도 형성될 수 있는 것이며 주관적인 개념이다. 따라서 아주 부분적인 뉴스만을 가지고도 수용자들은 충분히 나름의 카테고리를 구성하여 판단할 수 있는 것이다. 이런 점에서 '코소보사태'에 대해 우리의 텔레비전 뉴스는 제 역할을 다하고 있는 것일까. 영상매체의 본질적 한계나 국제적 정보흐름의 현실적 제약으로 인해 한쪽 입장만을 편드는 것은 아닐까. 혹은 나름의 이데올로기를 가지고 게이트 키핑(gate-keeping)하는 것은 아닐까 ……. 이러한 의문을 가지고 아래에서는 1999년 3월 24일에서 4월 17일까지 보도된 (MBC 중심으로) 코소보사태 뉴스보도에 관해 세 가지 주제로 대별해 살피고자 한다.

성찰 없는 뉴스 : 기획·분석기사의 부족

이번 코소보사태에 대한 뉴스보도의 두드러진 문제점 중 첫번째는 기획·분석기사의 부족이라 할 수 있다. 나토의 공습이 시작된 3월 25일부터 4월 17일까지 <뉴스데스크>의 코소보사태 보도 중 그것에 관한 기획·분석기사는 거의 없었고, 현장중계식 보도가 주를 이루었다.

즉 전쟁의 인과응보적 분석이 결여되어 시청자들에게 전쟁이 왜 일어났는지 그것이 가지는 역사적 의의는 뭔지에 대해 알려주는 접근이 부족했다는 것이다.

어떠한 사건이든 그것은 그 사회와, 더 나아가 세계사적인 조류와 유기적인 관계를 맺고 있다. 더군다나 냉전체제가 종식되고 다원주의 시대에 일어난 이번 코소보사태는 그런 의미에서 역사적인 그리고 거시적인 차원의 분석이 필요하다. 그러나 텔레비전 뉴스의 코소보사태에 대한 보도는 신문의 다양한 칼럼이나 분석·기획기사에 비추어볼 때 피상적인 일면만을 보여주고 있다.

코소보의 인권유린을 방관하지 않겠다는 미국측의 공식적 입장 외에 어떤 의도로 그들이 이번 전쟁을 일으켰는지 생각해보는 것이 어려운 일인가. 인종청소라는 인도주의적인 재난을 제거한다는 구실로 남의 나라 내정에 간섭하는 것은 과연 옳은 일인가. 개별 국가의 주권이 인류보편의 이념인 인권보다 아래에 있는 것인가.

사실 코소보에서와 같은 인권유린의 상황은 예전에도 있었고 지금도 여러 곳에서 벌어지고 있다. 그런데 나토가 아프리카나 동티모르, 쿠르드 등 제3세계 소수민족의 인권문제는 무시한 채 유럽에만 신경쓰는 이유는 뭘까? 이러한 의문은 이번 나토공습을 보는 이라면 우선적으로 생각할 만한 일차적인 것이다. 그러나 텔레비전 뉴스는 미국이 우방이어서 그런 것인지, 아니면 여타의 매체보다 공적 책임에서 자유로울 수 없기 때문에 모험을 피하고, 보수적 입장만을 견지하려 함인지 이러한 유의 분석은 조금도 없다. 이에 반해 신문지상에선 다양한 시각을 가지고 이번 나토공습에 대한 분석기사를 실었다.

기획과 분석이라는 말 자체가 의미하듯 그것은 기자의 가치가 어느 정도 포함됨을 뜻한다. 그러나 미디어의 역할 중 하나가 복잡다단한 사건을 수용자가 알기 쉽게 해설하는 것임을 감안한다면, 방송뉴스의 기획·분석기사의 부재는 일종의 '직무유기'라 해도 과언이 아닐 게다.

특히 정보처가 전쟁 주체자인 서방측이라는 것은 이러한 매체의 역할이 더욱 필요하다는 것을 입증하는 것이다.

이와 같은 논의를 제하고도 이번 코소보사태는 21세기 새로운 세계질서 정립의 시험장, 새로운 지구문제의 대두라는 측면에서도 다양하게 해석될 수 있는 문제이다. 그런데 이러한 중요한 의의를 지니는 코소보사태가 단지 무슨무슨 무기를 나토가 투입했고, 어디어디를 공격했다는 중계방송식 보도만으로 인식될 수 있을까.

이번 코소보사태는 알바니아계와 세르비아계의 인종적 충돌만으로 설명될 수 있는 문제는 분명 아니다. 이는 탈냉전시대에 새롭게 대두되고 있는 '신민족주의'라는 새로운 이데올로기의 단초라고도 할 수 있다. 신민족주의는 다원주의 시대에 새로운 국가간 갈등요소로 다가오는 21세기의 중요한 화두 중 하나다. 그럼에도 불구하고 TV 뉴스는 그것이 지니는 태생적 한계 때문인지 단선적인 원인분석만으로 그치고 있는 실정이다.

미디어가 가지는 신념과 사상 유포라는 속성은 이러한 사건들에 대한 객관적 보도와 더불어 신문칼럼이 보여주듯 해석적 보도를 통해 이루어지는 것이라 생각한다. 우리가 요즘 주창하고 있는 밀레니엄 시대의 도래에 맞추어 거시적 차원에서 이번 사태를 보도했더라면, 수용자들에게 좀더 넓은 시야를 가지게 하지 않았을까 하는 아쉬움이 남는다.

전쟁은 영화?

1990년 8월 2일, 이라크군이 쿠웨이트를 침공해서 영토병합을 선언한다. 이 사건을 계기로 발발한 걸프전쟁은 미디어 보도에서도 여러 가지 문제를 제기했다. 1991년 1월 17일부터 시작된 다국적군의 공중폭격은 겨눈 표적을 한치의 오차 없이 정확히 공격하는 핀 포인트 폭격이라 불렸고, 그 영상이 전세계로 보도되었다. 마치 텔레비전 게임과 같은 화상을 보고 있으면 이것이 정말 현실의 전쟁인가 하고 의심하게 된다. 이 전쟁에서는 풀 취재나 보도규제의 문제, 텔레비전에 의한 이미지 조작 등 많은 문제가 지적되었으나 뭐라 해도 위성방송이 전세계로 보급됨으로써 전쟁을 생방송하는 영상보도가 세계적으로 어떤 영향을 끼치는가에 대해서 복잡한 과제를 던지게 되었다. 특히 24시간 뉴스를 생방송하는 미국 CNN의 실황중계가 주목을 끌었고, 미국인들과 세계사람들이 이 CNN의 영상을 보고 전쟁의 경과를 파악할 수 있는 사태에까지 이르렀다.[1]

이번 코소보사태 보도를 보고 있노라면, 앞의 걸프전 보도가 가졌던 문제들을 그대로 다시 재현하고 있구나 하는 생각이 든다. 앞에서 언급했듯이 코소보사태 보도에서는, 기획이나 분석 기사가 절대 부족했던 반면, 현장중계식 보도가 다수를 이루었고 대개가 폭격으로 시작된 것들이었다. 걸프전에서 우리가 보았듯이 공습은 보통 야간에 이루어졌기 때문에 그것은 마치 가상공간에서의 사이버게임과 같은 느낌을 주기도 한다. 더군다나 뉴스내용 자체도 전투력, 특히 미국과 나토측의 전투력만을 부각시킨 면이 없지 않았다. 이것은 영상이 주는 전쟁의 게임화와 더불어 전쟁을 마치 영화의 한 장면처럼 생각되게 하고, 더 나아가 미국 군사력의 우수성을 대변해주는 역할밖에 하지 못하게 된다.

예컨대 공습 시작 후 <뉴스데스크>의 보도내용과 영상은 지적한 대로 전투력 중심, 폭격 중심이었다. 공습이 시작된 3월 25일 보도에서도 코소보 관련 6꼭지 중 이같은 보도가 4건이나 되었다. 뉴스가 전쟁에 대한 본질적이고도 분석적인 성찰 없이 이런 유의 보도를 한다면, 결국 감각적 도구의 역할밖에 하지 못하게 되는 것이며 장기적으로는 더욱 자극적인 내용만을 보도하려는 선정주의의 지름길이 될 수도 있

---

1) 이마무라 요이치, 『영상미디어와 보도』, 김이랑 역, 눈빛출판, 1998.

다. 특히 3월 27일의 '3조짜리 전투기'의 보도는 스텔스기에 대해 그렇게 과하게 설명할 필요가 있었는지 의아스러울 따름이다. 게다가 이날 앵커의 멘트는 "공상과학영화"와 "사이버전쟁" 운운하면서 비극적 전쟁을 마치 가벼운 전자게임인 양 인식시키는 실수를 저질렀다.

물론 서방 외신에 거의 기댈 수밖에 없는 구조적 문제가 있긴 하지만 전체적으로 보았을 때 이번 코소보사태의 보도에선, 미군이나 나토측의 전투력에 관한 보도가 지나치다는 느낌이 없지 않다. 이는 시청자들에게 은연중에 미군사력이 강하고, 미국이 강하다는 식의 인식을 심어줄 수도 있다. 즉 전쟁보도가 마치 미국측의 선전장으로 이용될 소지가 있다는 것이다. 3월 28일 '공습확대 나토기 격추' 보도 역시 미군 특수부대와 스텔스기에 대한 설명이 너무 칭찬 일변도가 아니었나 하는 생각이다.

이처럼 군사력과 전투력에 대한 편중보도는 전쟁에 대한 인식을 마치 영화처럼 경량화시키고, 전쟁 주체자에 대한 미묘한 동경을 불러일으킬 수 있다. 전쟁이라는 비극적 사태에 대한 분석과 기획은 덮어둔 채, 이런 식의 방송보도는 뉴스의 성찰적 기능에도 위배될 뿐 아니라 수용자들을 냄비 수용자, 수동적 수용자로 만드는 데 일조할 뿐이다.[2]

케네디 형제들의 잇단 암살, 그로 인한 가족의 비통함을 보도한 뉴스를 놓고 미국의 방송 저널리스트들간에 논의가 오간 적이 있었다. 그중 하나가 두 아들을 암살사건으로 잃은 로즈 케네디를 취재하면서 한 뉴스가 그녀의 슬픔을 포착하기 위해 클로즈업으로 얼굴을 잡은 것이 문제가 되었다. 이는 슬픔에 가득 찬 그녀의 눈을 드러내 위대한 정치가들을 잃었음을 실감하게 만들었다는 점에서 뉴스의 객관성을 잃어버렸다는 논란을 일으켰다. 로즈 케네디를 촬영한 이는 "가장 미국적인 어머니를 재현해내기 위해" 클로즈업을 이용했다고 말했다. 이미 뉴스 카메라는 사건을 보여주는 기계가 아니라 사건을 해석하고 결론을 내려

---

2) 원용진, ≪성찰적 사회와 방송 저널리즘≫.

주는 이야기 기계가 되어 있었던 것이다. 방송 저널리스트들은 이것이 "뉴스는 보여주고 해석해주는 역할을 넘어 제작 코드를 이용, 일정 틀에 가두어 해석해주는 권력제도"임을 드러냈다고 입을 모았다.[3]

최근 뉴스 안에는 과도한 모더니스틱한 기법들이 범람하고 있고, 코소보사태에서도 예외는 아니다. 특히 난민보도를 보고 있노라면 너무 감상 일변도로 가는 것이 아닌가 하는 생각마저 든다. 물론 보도 멘트 자체에선 그런 이미지를 읽기 어려울 수도 있지만, 텔레비전 뉴스가 영상이 주를 이루는 보도임을 감안한다면 문제는 달라진다. 국제뉴스 편성 비중에서도 난민에 대한 보도는 상당 부분을 차지하고 있음에도 불구하고 세르비아 난민에 대한 보도는 단 한 건도 없었다. 이런 면만 보더라도 수용자들은 "세르비아계는 정말 나쁘다"라는 상대적 선입관을 가질 수 있다. 이런데다 난민에 대한 보도의 내용이 모더니즘적이라면 이것은 우리의 인식을 왜곡시킬 우려가 있다.

왜냐하면 아무리 평범한 대상일지라도 앵글카메라의 각도, 피사체의 크기, 숏, 편집 등 다양한 영상의 기본 요소로 만들어지고 왜곡될 수 있기 때문이다. 즉 제작자의 관점에 따라 위의 요소들이 배합되어 현실을 반영한 (혹은 무관한) 어떤 메시지로 제작될 수 있기 때문이다.[4]

사실 우리가 보는 텔레비전 뉴스의 영상은 어느 정도 모더니스틱하게 될 수밖에 없을지도 모른다. 왜냐하면 영상물 자체가 현실에다 카메라나 편집, 조명과도 같은 '표상과 이데올로기'라는 이중의 단계를 거쳐서야 우리의 눈에 들어오기 때문이다. 그러나 이것이 문제시되는 것은 그것의 사회적 효과 때문이다. 뉴스를 해석적 재현으로 받아들이지 않고 현실의 드라마틱한 면으로 받아들여 그 자명함을 받아들일 가능성, 현실을 해석적으로 재현해내는 뉴스를 우리의 대의자로 인정해버릴 가능성, 그리고 무엇보다도 화려하지 않은 것을 뉴스로 받아들이

---

3) 원용진, 「모더니즘적 뉴스의 함정」, ≪신문과 방송≫ 2월호, 1999.
4) 최영묵, ≪방송 바로보기≫.

지 않는 습관 형성의 가능성 때문이다.[5]

이러한 영상은 역사를 구성하게 된다. 미디어는 더 이상 사실을 영상화해서 기록하는 것이 아니다. 영상을 사용해서 사실을 만들고 역사를 창조해나가는 것이다. 그곳에는 영상이 성립하기 위한 '상황'이 있고, 그 상황하에서 영상을 보는 사람들의 기대나 욕망을 충족시키기 위한 '이야기'가 있다. 그리고 이야기를 따라가는 영상이 고정된 하나의 '인상'에 수렴되어 사실이 형성되고 역사가 창조되는 것이다. 이와 같은 과정을 거쳐 영상 미디어는 세계 속에서 기능하고 있다. 냉전시대에 세계의 반을 지배하고 있던 말에 의한 이데올로기는 그 효력을 잃고, 이처럼 대단히 복잡한 구조를 가진 영상문화가 현대의 세계를 에워싸고 있는 것이다.[6] 코소보사태 보도는 이런 면에서 볼 때, 전쟁이라는 특수한 '상황'이 주어졌을 때 위성시대에 들어선 텔레비전 미디어 영상이 어떤 구조를 가지면서 '이야기'와 '인상'을 형성해가는가를 보여준 사건이었다고도 할 수 있을 것이다.

편파보도와 정보흐름의 불균형

코소보사태는 세르비아계나 알바니아계 어느 한쪽만을 두둔할 수 없는 공정한 시각이 요구되는 사건이다. 그렇다면 방송에서 보여지는 시각은 어떠한가. 공정한 입장에서 보도되고 있는 것인가. 대답은 NO다. 보도 자체에서도 나토측의 입장, 코소보 난민에 대한 상황만이 중점적으로 보도될 뿐이고 세르비아측 입장은 거의 고려되지 않고 있다. 편성에서뿐 아니라 앵커 멘트나 기사내용에서도 세르비아계는 가해자, 알바니아계는 피해자라는 식의 단정적 뉘앙스가 주를 이루고 있다. 방

---

5) 원용진, 앞의 글.
6) 이마무라 요이치, 앞의 책.

송뉴스가 서방 언론의 대변자가 아닌데도, 언론은 마치 이를 자처하는 양 한쪽만을 일방적으로 편드는 경향을 보이고 있다.

예컨대 4월 15일 보도된 KBS의 '난민행렬 폭격' 기사는 베이컨 미국방부 대변인의 말을 그대로 인용해 이것이 나토의 공격이 아닌 유고측에 의해 유도된 것으로 보도했으며, 앵커 멘트에까지 삽입시켰다. 이는 다분히 가치가 개입된 매우 주관적인 보도이며 유고측을 무조건 나쁜 쪽으로만 보는 일방적 시각에 근거한 것이다. 이 보도내용이 문제가 있다는 것은 같은 날 <뉴스데스크> 보도와 비교하면 쉽게 알 수 있다. 뉴스데스크측은 이날 보도에서 베이컨 미국방부 대변인의 말은 그대로 인용하지도 않았고 추측성 내용도 담지 않았다.

선입견이란 것은 대상에 대한 정보가 부족할 경우 더욱 왜곡될 가능성이 농후하다. 이번 코소보사태의 보도에서도 서방측 보도내용에다 그것을 인용한 기자의 가치관이라는 두 가지 면이 서로 혼합되어 편파성을 더욱 부추겼는지도 모른다. 그러나 이런 식의 추측성 보도는 나중에 사실이 밝혀질 때, 보도 주체를 우습게 만들 뿐이며 방송의 모더니즘화와 더불어 신뢰성에 치명타를 입힐 수도 있다.

텔레비전은 그 속성상 한 꼭지에서 풍기는 뉘앙스가 다음의 관련 보도에도 영향을 미칠 뿐 아니라, 수용자들에게도 연관된 카테고리를 형성하게 하여 나름의 스토리를 만들게 할 위험이 있다. 이런 것을 보면 '저 사람은 ……이니까 ……이겠지'라는 식의 단정적 보도는 뉴스 수용자들에게 생각할 수 있는 기회를 주는 것이 아니라, 오히려 어떠한 특정 사고만을 주입하는 프라이밍(priming)적 기능만을 한다는 것을 알 수 있다.

뉴스는 사실만을 보도하고 가치를 개입시키지 않는다는 것은 기본적 명제다. 그러나 이번 코소보사태 뉴스보도를 보면, 뉴스는 다분히 가치지향적이며 그것도 한쪽 편만 드는 매우 '불건전한' 가치다. 방송 보도자들은 이번 사태를 보는 기준이 인도주의적 견지라고 말할지도

<뉴스데스크>

모른다. 그러나 인도주의적인라면 왜 세르비아계 피해와 그들의 입장은 외면한 채 그들을 나쁜 쪽으로만 몰고가는 것인가.

이것에 대한 답은 아마도 '정보의 문제'로 귀결될 것이다. 우선 유고측 피해상황을 파악할 수 있는 객관적 창구가 없다는 점, 그리고 국제 정보유통의 구조적 측면에서 볼 때, 전쟁소식을 서방 언론에 의지할 수밖에 없다는 것이다. 그런데 이러한 보도행태에서 문제는 인용하는 외신보도, 즉 나토측 보도가 조작이나 오보일 수도 있다는 것이다. 또한 한쪽의 정보만을 일방적으로 수용, 보도함으로써 유고 정부에 대한 그릇된 인식을 심어줄 수 있다는 것이 문제다.

한 예로 <뉴스데스크>는 3월 30일 '공습강화 대화모색', '곳곳에 난민물결'이라는 제목의 기사에서 유고가 페임아가미를 처형했다는 나토측 발표를 두 번이나 인용보도했다, 그러나 4월 1일 ≪뉴욕타임스≫나 AFP 통신은 이것이 거짓이라 전하면서 나토가 공습을 정당화하기 위해 확인되지도 않은 정보를 마구 발표한다는 의혹을 사고 있다고 전했다. 이렇듯 신뢰성이 의심스러운 나토측 보도를 우리의 방송은 검증 없이 편파적으로 보내고 있다.

선입견의 문제니 편파성의 문제니 하는 것은 이번 코소보사태 보도에서 전반적 추세라 할 수 있다. 아무리 객관적으로 되려고 할지라도 먼저 사건을 해석하고 추측해서 전세계로 내보내는 서방 언론들의 메시지를 우리가 계속 받고 있는 한, 이것은 피할 수 없는 현실일지도 모른다. 사실상 이같은 구조적 문제는 비단 이번 코소보사태뿐 아니라 우리 국제뉴스 전반의 문제라 할 수 있을 것이다. 이렇듯 국제뉴스가 일방적일 수밖에 없는 것은 우선 국제통신사들이 정보를 좌지우지하고 있고, 다음으로 우리 내부에 이를 검증할 만한 기구나 전문가가 없다는 사실일 게다.

방송 미디어는 우리와 바깥 세계를 연결시키는 통로인 동시에 그에 대한 인식과 가치관을 정립시키는 도구적 기능을 한다. 이것은 역사사료의 기능과도 일맥상통하는 것이다. 역사연구 방법론에서 이제는 '아래로부터의 역사찾기'에 대한 논의가 활발히 진행되고 있는 시점이다. 이에 따라 역사사료에 대한 정의 역시 전문적인 역사서술가들에 의한 것뿐 아니라 일반인들의 사소한 일기마저도 나름의 가치를 인정받고 있다. 현대인들의 역사인식과 역사관 정립의 창구는 아마도 매스 미디어, 특히 방송뉴스가 아닌가 한다. 이런 관점에서 본다면 방송뉴스는 나름의 역사적 의의를 지니는 가치 있는 것으로 평가될 수 있을 것이다. 언뜻 보면 역사와는 무관할 것 같지만 미디어, 특히 이를 통한 뉴스보도는 대중에게 역사적 인식을 널리 유포시킴과 동시에 숨겨진 쟁점을 부각시키기도 한다.

AFP 통신은 얼마 전 '클린턴 섹스 스캔들'을 20세기 10대 뉴스의 하나로 선정했다. 이는 20세기가 '섹스의 시대'이며 그것의 정점이자 대표적 실례가 클린턴의 섹스 스캔들이란 의미로도 해석될 수 있을 것이다. 그러나 이것은 이면에 좀더 깊은 뜻을 내포하고 있는 사건이기도 하다. 사실 케네디나 아이젠하워 등 미국의 20세기에 생존했던 대통령들 모두 나름대로 복잡한 여자관계를 가지고 있었다. 그런데도 이들의 문제는 그리 유포되지도 않았고 사회의 중요한 어젠더로 부각되지도 않았다. 클린턴의 문제만 유독 부각된 것은 미국인들이 더욱 청교도화되거나 도덕주의자가 되었기에 그런 것이 절대 아니다. 미디어의 역량이 이 사건을 20세기 최대 역사적 사건 중 하나로 만든 것이다. 즉 24시간 텔레비전 생중계와 즉시정보성의 인터넷이란 매체 때문에 이 문제가 일파만파로 퍼진 것이고, 이에 따라 예전에는 문제도 되지 않았을 일이 새로운 역사적 의제로 떠오른 것이다. 이렇게 보면 방송뉴스는 역사적 사실을 단순히 보여주는 차원을 떠나 역사적 어젠더를 만드는 역할까지도 한다고 볼 수 있다. 역사를 굳이 '역사가가 기술한 그 무엇'으로 정의하지 않는다면, 방송뉴스는 일반인들에게 역사적 사실에 대해 보고하고 해석하는 사료적 역할을 한다고도 볼 수 있다. 이것을 메커니즘화한다면 방송뉴스는 역사사료 자체의 의미뿐 아니라 역사 주체인 일반인들의 가치관 정립에도 영향을 미치는 중요한 역할 수행의 임무를 맡고 있기도 한 것이다.

방송뉴스는 이런 이유로 단순한 정보전달에의 기능에 멈추는 것이 아니며 일회적 순간의 것으로 치부해버릴 수 없는 것이다. 그렇다면 텔레비전 뉴스에서 보도된 '코소보사태'란 역사적 사실에 대해 방송뉴스는 '역사적 인식의 창'으로서의 기능을 제대로 했는가.

방송뉴스가 역사사료의 가치를 지니고 있다면 그것은 역사학의 그것과 같이 객관주의적 견지와 주관주의적 입장으로 양립할 수 있을 것이다. 그런데 사료가 주관화로 빠질 때 사료로서의 의의를 저버리고, 그것을 접하는 이들의 역사관을 흩뜨리는 오류를 범할 수도 있는 것과 같이 방송뉴스도 오보 내지는 편파보도를 통해 이같은 실수를 할 수 있을 것이다. 즉 잘못된 해석으로 인해 수용자의 역사인식의 틀을 그릇되게 형성할 수도 있다는 것이다.

이처럼 진실과 사실의 사료적 역할을 해야 할 방송뉴스는 그 책임을 다하지 못하고 있다. 앞에서 보여지는 것처럼 방송은 텔레비전의 태생적 속성 내지 한계라는 미명하에 성찰 없는 뉴스를 계속 내보내고 있으며, 영상기술이라는 고도의 테크닉을 이용해 수용자들의 인식 수립에 혼란을 주고 있다. 그리고 가장 중요한 사실은 특정 국가나 지역의 정보독점으로 인해 갇힌 틀 아래서 일방적 인식을 우리 모두가 주입받고 있다는 사실이다. 이를 보면 우리가 여태껏 서구 중심의 세계관과 역사주의라 비판했던 문제는 방송 미디어라는 21세기 주도적 인식도구에서도 여지없이 적용되는 듯하다. 그렇다면 방송뉴스는 이런 현존 세계를 뒷받침하는 도구적 역할밖에 하지 못하는 것인가. 역사인식을 주체의 입장이 아닌 객체의 입장으로만 주입받을 것인가. 이러한 방송뉴스의 한계는 어찌 보면 서구주의적인 역사인식을 장기화하는 데 일익을 담당하고 있다고 해도 과언이 아닐 게다.

세계화 자본주의 체제가 시대의 화두로 떠오르고 있는 이 시점에서 앞으로의 생산양식에서 문화의 비중이 점차 더 커지리란 전망이다. 이에 그 전파역할을 담당하는 매체의 식민화는 우려할 만한 현실이 아닐 수 없다. '식민화'라는 다소 직선적인 표현을 쓰긴 했지만, 현재 우리 국제뉴스보도는 매체 식민화의 소산이라 해도 과언이 아닐 것이다. 사람들의 사상과 신념 그리고 인식의 창인 매체, 특히 방송의 이러한 종속은 정신세계의 식민화로까지 이어질 수 있는 것이다. 이 시대 우리 사회 의사소통 구조의 핵심은 매체다. 이것이 통신사나 서구 중심의 자본주의체제 속으로 식민화되어가고 있는 것이 오늘의 현실이다. 이는 더 나아가 문화가 식민화된다는 것, 즉 문화제국주의 현상의 한 단면이기도 하다. 사실 이것에 대한 현실적 대안은 없는 것 같다. 어찌 보면 당위적이기까지하다.

방송 미디어가 가지는 중요한 사료적 기능에 대해 한번쯤 생각해보고 그것이 이후 세대에 미칠 영향을 생각해보는 것, 자주적 인식 성립이 방송전달자나 수용자 모두에게 이루어질 때 앞에서 지적한 문제들이 확산되어 미디어제국주의, 문화제국주의, 더 나아가 역사적 가치관에 대한 오류로 확산되는 것을 막을 수 있을 것이라 생각하는 바이다.

가작

드라마에서 나타나는 주인공들의 죽음

김은경(학원강사)

2000년 1월 1일을 21세기의 처음으로 할 것인가, 아니면 2001년 1월 1일을 21세기의 처음으로 할 것인가에 대한 논란이 분분한 요즈음, 방송계에서는 이미 전자 쪽으로 결론을 내린 듯하다.

사회·정치·경제·문화 등 전반에 걸친, 20세기 정리를 위한 특집방송을 방송사 여기저기서 앞다투어 내보내고 있기도 하고, 앞으로 다가올 21세기를 보다 알차게 맞이하기 위해 밀레니엄 특집방송을 마련하고 있기도 하다. 특히 한 세기를 정리하는 작업에서는 그 특성상 대부분이 교양 프로그램에 집중되어 있는 것이 사실이지만 보다 많은, 보다 폭넓은 시청자를 확보하고 있는 드라마에서 또한 예외일 수는 없는 모양이다.

90년대 들어 젊은이들의 기호에 맞게 감성보다는 감각을, 인생보다는 사랑을 중시하는 트렌디 드라마가 많이 제작되어왔고 그렇게 제작된 드라마들이 시청률면에서도 많은 성공을 거두었던 게 사실이다. 또한 90년대 중반부터 불기 시작한 시트콤의 유행으로 젊은 드라마와 함께 일회성에 그치는 단순 오락적 성격이 강한 드라마들이 우후죽순 격으로 생겨나 많은 시청자들의 사랑을 받고 있다. 하지만 20세기의 마지막에 서 있기 때문인지 90년대 후반, 특히 1999년에 들어서는 이러한 천편일률적인 드라마 성향에서 벗어나 감각보다는 감성을, 사랑보다는 인생을 애기하고자 하는 드라마들이 많이 양산되고 있다는 점이 특기할 만하다 하겠다.

드라마에서 한 세기를 정리하는 것은 다름아닌 지나온 인생의 발자취를 잔잔하게 되돌아볼 수 있는 정리의 기회를 극적 구성을 통해 부여한다는 데 있다. 그리고 이러한 방법은 주인공의 죽음을 통해 보다 설득력 있게 실현될 수 있다.

물론 이전에도 주인공의 죽음으로 결론을 맺는 드라마들이 많이 있었던 게 사실이다. 보통 드라마에서 등장인물을 죽음이라는 극한 상황에까지 몰고가는 것은 배우들의 갑작스런 중도하차나 갈등해소를 위한 장치로밖에 사용되지 않았던 이전의 것과는 달리, 요즘 보이고 있는 죽음은 처음부터 그렇게 설정해놓고 죽음을 장치가 아닌 삶의 과정 중 하나로 인식하게끔, 그리고 살아남은 자들이 삶 자체를 소중히 여길 수 있게끔 치열하고 진지하게 그려내고 있다는 점에서 차별성을 보이고 있다고 할 수 있다.

특히 90년대 후반 들어 주인공을 죽음이라는 극한 상황으로 몰고가는 경우가 다수 보여지고 있는데 이렇게 드라마 속에서 나타나는 주인공들의 죽음은 어떠한 의미를 지니고 있는지 살펴보도록 하겠다.

우선 이러한 현상은 1998년 봄에 방영되었던 <세상끝까지>에서부터 비롯되고 있다. 이 극의 기획의도를 보면 '고아원 출신으로 파란의 삶을 살아가다 진솔한 사랑을 만나지만 불치병으로 요절한 여자와 그녀의 안구를 이식받으며 끝내 동반자로 남았던 한 남자의 아름다운 사랑을 그린 드라마'라고 밝혔듯이 처음부터 한서희(김희선 분)라는 인물은 죽음을 전제로 설정되고 있다. 극 전반에서는 여자 주인공이 힘든 세상의 풍파를 여린 몸으로 꿋꿋이 헤쳐나가는 모습을 그려내고 있으며, 또한 안타까운 사랑으로 많은 시청자들의 가슴을 촉촉하게 만들었던 작품이기도 했다.

이 극에서의 한서희라는 인물은 착하고 순수하고 여린 캐릭터였다. 세상을 향해 외마디 비명조차 지르지 않는, 모든 것을 참고 견디는 캐릭터의 주인공이었던 한서희라는 인물이 죽음에 맞닥뜨리게 되었을 때 많은 시청자들은 그녀의 삶을 갈망했지만, 결국엔 죽음으로 이끌어나간 것은 그 기획의도에서 밝힌 바와 같이 '사별 후에도 이어지는 아름답고 감동적인 사랑 이야기'에 집착한 때문도 있었을 것이다.

결국 <세상끝까지>에서의 죽음은 인생을 얘기하고 있다기보다는 젊은이들의 보다 순수한 사랑을 주요 모티브로 해서 극을 이끌어갔기에 시청자들이 개인의 인생을 돌아보게 하는 시간을 부여하기에는 조금 미흡한 면이 없지 않았던 게 사실이다. 즉 감동은 있었지만 반성의 기회는 주어지지 않은 작품이었다고 볼 수 있다.

하지만 1999년에 접어들면서 전파를 타기 시작한 작품들은 <세상끝까지>와는 사뭇 다르다. <세상끝까지>에서 주인공의 죽음은 극의 전개상 어쩔 수 없는, 결론을 짓기 위한 도구로 사용되었던 반면, 1999년에 방영된 작품들 <흐르는 것이 세월뿐이랴> <우리가 정말 사랑했을까> <안녕 내사랑>에서의 죽음은 그것을 도구화하지 않고 정면으로 솔직하게 그려나가고 있다는 점이다. 그리고 그 죽음을 통한 주변 상황들과의 화해과정을 전면에 내세우고 있다는 점이 <세상끝까지>와는 차별성을 두고 있다고 볼 수 있다.

<흐르는 것이 세월뿐이랴>에서는 한 가정의 가장이며 한 부인의 남편이자 자식들의 아버지인 박민식(박근형 분)의 죽음을 통해 그의 주변 인물들과 쌓여 있던 오해와 갈등을 풀어나가며 한편으로는 해체 위기에 놓여 있던 가족이 아버지의 죽음을 통해 다시금 하나로 뭉치게

되는 계기를 마련하고 있다. 또한 이 극에서는 박민식의 죽음을 단순히 오해와 갈등을 해결하려는 도구로서 마련한 것이 아님은, 그의 죽음에 이르는 병을 극 초반부터 보여줌으로써 그가 지금껏 살아온 인생을 찬찬히 돌아보는 과정들을 한 폭의 잔잔한 동양화처럼 그려내 보여주었다는 데서 여실히 드러난다.

하지만 8부작으로 진행된 이 드라마는 많은 시청자들을 확보하는 데는 실패했다. 물론 경쟁사의 드라마가 인기몰이를 하고 있던 탓도 있었지만 죽음이라는 것을 정면으로 보여줌으로써, 보는 드라마가 아닌 느끼게 하는 드라마가 시청자들에게 조금 낯설게 다가갔기 때문이 아닌가 한다.

비슷한 시기에 <우리가 정말 사랑했을까>가 방영되어 다시 한번 더 죽음과 인생에 대해 진지한 토론의 장이 마련되었다. 잘못된 야망을 꿈꾸던 한 젊은이의 뒤틀린 시선은 순수한 여성을 만남으로 인해 사랑을 느끼게 되었다. 그 사랑의 힘으로 뒤틀린 시선을 고치게 될 무렵 죽음을 맞이하는 강재호(배용준 분)를 통해 진정으로 인생을 사랑하는 방법은 무엇이며 어떻게 인생을 살아야 하는가에 대해 질문을 던진 극이었다.

강재호는 분명 <흐르는 것이 세월뿐이랴>의 박민식과는 많이 다르다. 박민식은 중년의 나이에 어느 정도 인생의 발자취가 길게 남아 있는 반면, 강재호는 이제 막 인생의 길에 발을 들여놓은 젊은이라는 것이 우선 눈에 띄고, 무엇보다도 강재호는 박민식에 비해 뒤틀린 시선을 갖고 있다는 점을 꼽지 않을 수 없다. 극적인 효과를 누릴 수 있는 것은 <우리가 정말 사랑했을까>의 강재호 캐릭터가 유리하다. 뒤틀린 시선을 갖고 있는 주인공이 죽음이라는 극한 상황 앞에서 어떠한 자세를 보일 것이며, 특히 그 죽음이 한창 뻗어나가야 할 젊은이에 해당하는 것이라면 이는 분명 많은 시청자들의 반향을 불러일으키기에 충분했던 것이다.

하지만 결과적으로 말하면 강재호의 죽음에도 많은 시청자들을 끌어들이진 못했다. '우리가 정말 우리의 인생을 사랑했을까'라는 숨어있는 제목에서도 알 수 있듯이 이 드라마는 처음부터 사랑에 대해 그려내고자 했다기보다는 인생이라는 것에 더욱 큰 무게중심을 두고 있었으며, 그 인생을 좀더 극명하게 그려내기 위해 죽음이란 극한 상황을 설정했고, 그 죽음을 젊고 한때 옳지 못한 사고방식을 갖고 있는 사내에게 주어지게 했다. 하지만 이러한 비극적이면서도 안타까운 주인공의 죽음은 마니아라는 소수를 위한 잔치에 그쳤다는 것이 못내 아쉬울 뿐이다.

몇 달이 지나지 않아 다시 또 주인공이 죽음을 맞이하는 드라마가 전파를 타기 시작했는데 <안녕 내사랑>이 바로 그것이다. 제목에서도 풍기듯이 이 드라마는 사랑하는 사람과의 이별을 얘기하고 있으며, 특히 그것이 영원한 이별이라는 것에서 1999년 한 해 동안의 드라마 동향을 그대로 이어받고 있다고 볼 수 있다. 기획의도에서 밝힌 바와 같이 '불가항력의 운명 앞에서 사랑하는 사람을 남겨두고, 죽음을 수용하는 과정을 통해 사랑의 소중함과 성숙한 사랑의 실체를 보여주고' 있으며, '갑자기 닥친 죽음이라는 문제를 통해 우리에게 사랑할 시간이 많지 않으며, 서로 어떻게 사랑해야 하는가를 생각해볼 수 있는 드라마'로서 시청자들에게 보여주고 느끼게 해주는 단계를 넘어서 '생각하게' 해주는 드라마라고 볼 수 있다.

이 드라마의 주인공 서연주(김희선 분)는 처음부터 죽음이라는 것을 전제로 극을 이끌어나가면서 인생의 소중함을 일깨워준다는 면에서는 <흐르는 것이 세월뿐이랴>의 박민식을 닮아 있으며, 가지지 못한 자신의 처지로 인해 세상을 보는 시선이 삐뚤어져 있다는 점에서는 <우리가 정말 사랑했을까>의 강재호와 닮아 있다고 볼 수 있다.

하지만 박민식, 강재호, 서연주 이 세 사람의 주인공들의 죽음은 드라마를 이끌어가기 위한 하나의 장치만은 아니라는 점에서 이전의 드라마들과 차별을 두어야 할 것이다.

이처럼 죽음이라는 문제를 깊숙한 곳에서부터 진지하게 끌어내려 한 시도는 여태껏 볼 수 없던 현상이다. 더욱이 한번도 아닌 연달아 세 번에 이어 주인공들이 브라운관에서 죽어가는 과정을 지켜보게 된 것도 드문 일이 아닐 수 없다. 그렇다면 왜 이렇게 1999년에 들어서면서부터 부쩍 주인공들을 죽음으로 몰아가기 시작했으며, 그것이 왜 MBC 드라마에 집중되어 있는지 생각해보지 않을 수 없다.

우선 MBC는 공영방송으로서의 위치를 확고히 하기 위해 상업성을 모토로 한 SBS와 차별성을 두려 한 게 아닌가 한다. 말초적이고 자극적인 소재에서 벗어나 가족에게로, 더 나아가 자기 자신에게로 눈을 돌리게끔 하는 소재를 선택함으로 해서 공영방송의 이미지를 심어나가려는 목적도 다분하다고 할 수 있다. 또한 IMF라는 시대적인 상황이

<안녕 내사랑>

위화감을 조성하게 될지도 모르는 상류층 이야기에서 우리의 이야기일 수도, 우리 이웃의 이야기일 수도 있는 서민층으로 옮겨갈 수밖에 없는 사회적인 배경을 마련해주었다고 해도 과언이 아니다. 그리고 그러한 우리 이웃과 가족 구성원 중의 한 명의 죽음을 통해 지금 현재 살아가고 있는 삶의 소중함을 일깨우는 계기와 지금껏 걸어온 삶의 뒤안길을 꼼꼼히 돌아볼 수 있는 계기를 마련하고 있다는 점에서, 한 세기를 정리하는 사회적인 분위기에 맞춰 개인사를 정리할 시간을 제공했다는 점에서 반가운 일이 아닐 수 없다.

그렇다면 시청자들은 이러한 많은 주인공들의 죽음을 통해 지금껏 걸어온 인생의 반성을, 지금 현재 누리고 있는 삶의 소중함을, 앞으로 나아가야 할 길의 희망을 얻었을까? 안타까운 일이지만 꼭 그렇지만은 않은 것 같다.

'죽음'이라는 것이 주요 소재로 등장하는 드라마들은 그 특성상 전체적인 분위기가 무거울 수밖에 없다. 경박하지 않고 진지할 수밖에 없으며 얕기보다는 깊이가 있을 수밖에 없다. 드라마를 보는 것만으로 그치게 하는 것이 아닌, 느끼게 하고 더 나아가 생각하고 반성하게 해야 하는, 조금은 교훈적인 주제인 만큼 딱딱하기도 하기에 시청자들이 쉽게 다가가지 못하는 것만은 사실이다.

그리고 그러한 것은 시청률이라는 숫자가 극명하게 보여주고 있다. <흐르는 것이 세월뿐이랴>는 극 초반부터 그리 높은 시청률을 보이지 못했다. 그럼에도 불구하고 <우리가 정말 사랑했을까>에선 다시 한번 더 주인공을 죽음으로 몰고간다. <흐르는 것이 세월뿐이랴>에서는 스타들이 나오지 않았다는 약점을 파악한 때문인지 <우리가 정말 사랑했을까>에서는 당대 최고의 청춘배우를 기용했음에도 결론적으로 보면 이 드라마 또한 눈에 띌 만한 성과를 거두지는 못했다.

그럼에도 불구하고 몇 달이 지난 후 또다시 <안녕 내사랑>을 들고 주인공의 죽음을 말한다. <안녕 내사랑>에는 확실한 시청률 보증수

표라 할 수 있는 최고의 남녀 배우를 캐스팅하고, 영화에서 대단한 성공을 거둔 시나리오 작가와 이전 드라마에서 보여주었던 화려한 영상미학을 자랑하는 연출가가 모였다. 그렇다면 이 드라마의 시청률은 과연 어땠을까? 역시 실망스러운 수준이다. 이는 물론 상대 방송사에서 방영한 드라마의 영향을 무시할 수 없지만 또 다른 문제가 있지 않을까? 시청자들 스스로가 이런 유의 어두운 드라마들을 외면하고 있는 것이다. 그렇다면 왜 시청자들은 외면하는 것일까?

역설적으로 들릴지도 모르지만 IMF라는 시대적인 상황이 시청자들의 시청행태를 바꾸어놓았다고 할 수 있다. 복잡다단한 생활 가운데서 편안한 휴식처가 되어주는 것이 바로 TV라는 네모난 상자다. 생각하기 위해 TV를 켜기보다는 생각하기 싫어서 TV를 켜는 현대생활인들. 하지만 경제적인 궁핍이 정신적인 궁핍으로까지 이어지게 되고, 복잡한 생활에서 벗어나 TV를 시청하고 있는 동안만큼은 단순명료하며 희망적이고 감각적인 드라마를 통해 어두운 현실을 잊고 싶었던 것이다. 그런 만큼 현실을 직시하게끔 하는, 과거를 돌아보게끔 하는 진지하고도 무거운 분위기의 드라마들이 시청자들에게 외면받은 것은 어쩌면 너무나 자명한 일이 아닌가 한다. 그리고 한 가지 더 덧붙이자면 시트콤의 정착으로 시청자들의 입맛이 짧고 명쾌한 이야기에 길들여졌기 때문이기도 하다는 점이다.

때론 TV가 바보상자라는 오명을 받기도 한다. 하지만 분명 90년대 후반 들어 많은 부분에서 이러한 오명을 벗기기 위한 노력을 각 방송사마다 하고 있음을 볼 수 있다.

시사 프로그램이나 교양 프로그램 등과 같이 우리가 꼭 보아야 할 좋은 프로그램이 있는 것처럼 드라마라고 해서 남녀간의 삼각관계를 다루는 연애문제에 국한되어 있다거나, 단순한 치정에 의한 갈등을 그린 드라마만이 있는 것은 아니다. 특히 1999년 한 해는 특별히 한 세기를 정리하는 기분처럼, 각자에게 주어져 있는 인생을 정리해볼 수 있는 기회를 친숙한 드라마라는 장르를 통해 끊임없이 보여주었음에도 불구하고 시청자들이 외면했다는 것은 이채로운 일이 아닐 수 없다.

　이젠 시청자들의 태도도 변해야 한다. 쉬운 것, 단순한 것, 자극적인 것만 좇는 것이 아닌, 어렵고 복잡하고 진지하게 느끼게 하는 것에도 따스한 시선을 둘 줄 아는 시청자들이 되어야 하지 않을까 싶다. 아무리 방송사에서 좋은 프로그램들을 많이 만들어낸다 하더라도 그것을 받아들이는 시청자들의 자세가 바로 서 있지 않으면 그것 또한 또 다른 의미의 전파낭비이기 때문이다.

<우리가 정말 사랑했을까>

가작

소리 없는 혁명, 마니아 프로그램

박준규(대학생)

가난한 남자와 그가 사랑하는 평범한 여자, 그리고 그를 사랑하는 돈 많은 여자. 한국에서 자본주의가 모든 담론들을 평정하고 지배 이데올로기가 된 60년대 이래로 수없이 반복된 해묵은 이야기 틀이다. 전통과 순수를 대변하는 사랑과, 현대와 물신주의를 대표하는 돈 사이에서 방황하는 주인공은 자본주의적 가치관에 정체성을 잃어버린 우리 자신들의 자화상이었기에 그가 사랑을 택하길 바라면서도 돈을 택하지 않으면 비현실적이라 매도하는 이중적 잣대를 들이대곤 했다. 그런데 이런 진부한 이야기가 1999년 대한민국 안방을 버젓이 침범해왔다. 하지만 재미있는 것은, 이번엔 미적지근한 다수를 몰고온 것이 아니라 사이비 종교의 광신도만큼 열광적인 소수를 거느렸다는 점이다.

MBC 수목 드라마 <우리가 정말 사랑했을까>(이하 <우리가 ……>)가 90년대 문화적 특징의 하나인 마니아를 TV로까지 끌고온 선구적(?) 작품이 되었다는 것은 한 주간지의 기사에 기인한다. <우리가 ……>를 이수일과 심순애의 『장한몽』에 빗대며 낡은 구조와 TV 드라마의 구태의연한 속성을 꼬집은 이 기사는, 이후 일종의 필화(筆話)사건이 될 정도로 무수한 비난에 시달려야 했다. 그리고 이런 작은 소동이 있은 후 <우리가 ……>를 사랑하는 모임이 통신과 인터넷에 여러 개 개설되어 있다는 보도가 있었고, TV 비평에도 마니아라는 개념을 도입한 분석이 제기되었다.

　그렇다면 마니아란 무엇인가. 사전적 의미는 한 가지 일에만 몹시 열중하는 것 또는 그런 사람을 뜻한다. 즉 어떤 것이 너무 좋아서 그것에 열중하고, 정도가 심해지면 이것에 너무 집착한 나머지 대상을 객관적으로 바라보지 못하게 되는 것을 뜻한다. 이런 편집광은 영화, 음악, 미술 등 다른 대부분의 예술분야에서는 이미 존재해왔다. 물론 이전엔 수적인 면에서 극소수였고, 이들 마니아가 나름대로의 이합집산을 통해 모인 시기는 90년대 이후로 보는 것이 타당할 듯싶다. 즉 90년대 대중문화의 수입 용어 중 가장 성공한 것을 '컬트'와 '마니아'로 꼽을 정도로 마니아라는 개념은 이제 나름대로의 의미를 잡아나가게 된 것이다. 이제 대중문화 비평에서 마니아란 용어를 찾기는 어렵지 않고 심지어 상품광고와 마케팅에서도 소수 마니아를 타깃으로 잡는 것이 점차 일반화되고 있다.

　그런데 재미있는 것은 마니아란 개념이 탈이데올로기 시대가 도래하면서 대두된 포스트모더니즘과 그 궤를 같이하고 있다는 것이다. 즉 주류에 편승해 획일화된 유행에 민감한 과거와는 달리, 마니아들은 자신만의 독자영역을 구축하고 개성을 찾는 데 몰두하며, 규칙과 규율에 얽매이는 것에서 과감히 탈피하려는 노력을 기울인다는 것이다. 여기에 인터넷과 개인 휴대통신의 발달로 타인과의 대면접촉보다는 가상 커뮤니케이션을 선호하게 되면서 '나홀로 집에'가 가능하게 되었고, '만들면 팔린다'는 기존 산업사회의 맹신이 '팔릴 만한 것을 만든다'는 패러다임의 이동으로 인한 다품종소량생산 시대의 개막도 이러한 변화에 큰 몫을 차지하게 되었다.

이렇듯 남과 같기보다 다르길 원하면서 자신의 영역을 구축하려는 시도와 그것을 받쳐주는 주변 여건의 변화로 대중문화계에서도 마니아라는 개념이 생성된다. 그리고 이것은 시기만 늦었을 뿐 우리의 TV에서도 받아들일 수밖에 없는 대세가 되어버렸다. 여기서 의문점이 하나 생긴다. 가장 대중적인 매체가 왜 새로운 개념의 도입에서는 가장 뒤처졌는가 하는 것이다. 답은 TV가 가진 대중성에 있다. TV가 대중적이라는 것은 같은 내용을 많은 사람들이 동시에 받아들인다는 것이고, 따라서 TV가 던져준 메시지를 받지 못한 사람은 다수의 대중에게서 소외됨을 의미한다. 대면접촉을 하는 집단이 전부였던 과거엔 싫든 좋든 개인은 주류의 흐름에 편승해야 했다.

그러나 앞에서도 말했듯이 인터넷과 통신의 발전은 가상공간을 만들어냈고 서로 뜻이 맞는 개인들을 규합할 수 있는 매개체가 되었다. 이제 개인은 다름을 용인하지 않는 집단에서 독립을 선언할 수 있게 된 것이다. "수·목에는 다른 드라마를 보고 <우리가 ……>는 녹화해서 본다"던 <우리가 ……> 동호회 한 회원의 이 말은 대면접촉 집단의 폭력에 반기를 든 개인의 모습을 잘 드러내준다. 사실 <우리가 ……>의 경우 50회 분량이 44회로 줄어들 정도로 시청률은 저조했다. 게다가 경쟁사인 SBS의 <청춘의 덫>과 <토마토>의 높은 시청률로 대면접촉 집단에서 <우리가 ……>를 얘기하는 것은 왕따가 되는 지름길이었다. 그러나 소수의 마니아들은 가상공간 내에서 자신들만의 모임을 만들고 이것을 현실로 끌어냈다. 자신의 취향과 맞지 않는 것에 굳이 동화되기보다는 맞는 것을 적극적으로 찾아 나선 결과였다.

이러한 마니아 프로그램의 원류는 얼마 전 5부가 끝난 <X 파일>로 거슬러 올라간다. 세계적으로도 공전의 히트를 기록한 <X 파일>이 1994년 10월 31일 KBS 2TV를 통해 처음 방송되면서 우리나라에도 TV 프로그램에 대한 마니아가 생성되기 시작했다. 초기 <X 파

일>의 경우 컬트적 내용과 난해함으로 인해 기존 소수의 컬트 마니아들을 그대로 흡수했으나, 시리즈가 거듭되고 세기말이 가까워지면서 <X 파일>의 몽환적 분위기는 많은 사람들을 그 틀 안으로 끌어들였다. <X 파일>의 마니아들은 자체 동호회를 만들고 인터넷 사이트를 개설하여, 그 내용에 대해 토론도 하고 관련 정보를 공유해오고 있다.

<X 파일>이 컬트적 분위기와 세기말적 음모론을 바탕으로 세계적 마니아를 거느리고 있는 것과 달리 현재 한국의 TV에서 소리 없는 혁명을 주도하고 있는 마니아 프로그램은 한국 사회와 문화의 특수성을 담고 있다. 그 첫번째 예로 KBS, MBC 두 공영방송의 대표적 음악 프로그램이 된 <이소라의 프로포즈>와 김광민·이현우가 진행하는 <수요 예술무대>의 경우, 대중문화의 주류가 10대 위주인 것에 대한 20~30대의 반발로 볼 수 있다. 사회 의식과 비판으로 무장한 서태지가 힙합과 이미지라는 화두를 90년대 초 가요계에 내놓고, H·O·T와 젝스키스가 비록 의식 없는 이미지만을 계승했으나 이를 대중화함에 따라 한국의 대중문화는 10대 위주로 새 판을 짜야 했다. 각 방송사의 프라임타임대도 10대 위주의 편성이 주류를 이룸에 따라 다른 계층을 타깃으로 한 프로그램은 모두 변경으로 밀려나야 했다.

따라서 <이소라의 프로포즈>나 <수요 예술무대>가 낮은 시청률(사실 밤 시간임을 감안하면 높은 시청률이다)에도 몇 년씩 장수할 수 있는 이유는 상대적 희소성에서 출발했다. 그러나 희소성만으로는 이들 프로그램의 역량을 모두 설명할 수 없다. 이소라나 김광민, 이현우 모두 얄미울 정도로 귀엽고 말 잘하는 10대의 우상들과는 달리 방송진행에는 어울리지 않는 눌변에 외모도 특별히 잘생기지는 않았다. 그러나 이것은 오히려 장점이 되어 그들은 연예인 같지 않은 이미지로 시청자들에게 편안함을 주었다. 또한 앵무새처럼 입만 맞추는 10대 댄스 가수들과 달리 라이브만을 고집하는 실력 있는 가수들이 나왔고, 발라드, 포크에서 록까지 아우르는 음악의 다양성은 어느덧 주류 가요계에

서 소외된 20~30대를 껴안기에 충분했다. 여기에 10대와는 달리 여전히 실질적 구매자로 인정받고 있는 20~30대를 타깃으로 한 광고가 꾸준히 붙으면서 이들 프로그램은 편성이 있을 때마다 시간이 조정될지언정 폐지되지 않는 끈질긴 생명력을 보여주었다.

두번째 예로 MBC <테마게임>과 SBS <순풍산부인과>(이하 <순풍>)는 기존 질서와 공식을 거부하려는 내용의 혁신이 있었다. 우선 <테마게임>은 드라마와 코미디를 결합한 '드라메디'라는 신조어를 탄생시킬 만큼 장르를 파괴한 일종의 실험이었다. 그러나 <테마게임>이라는 실험의 성공 요인은 장르보다는 내용에 있다. <테마게임>의 주인공은 기존 드라마를 이끌어왔던 대학생, 모범생, 슈퍼우먼, 성공한 사업가 등 소위 '잘 나가는' 사람들이 아니라 꼴찌, 삼수생, 왕따, 문제아 등 사회가 소외시킨 부류의 사람들이었다. 그리고 그들의 인생을 다루면서 권선징악과 인과응보의 낡은 틀로만 재단하기보다는 이들의 인생과 고뇌를 보여줌으로써 사회가 그들에게 더욱 따뜻한 시선을 보낼 수 있도록 유도하였다. 이런 노력으로 인해 <테마게임>은 20~30대 주시청층의 호응을 바탕으로 하여 1995년 이후 5년째 방송되고 있다.

<테마게임>

<순풍> 또한 내용에서 기존 시트콤이나 드라마와 차별성을 두면서도 다소 특이함을 가진다. <순풍>의 주된 화두는 '일상'이다. 그런데 그 일상이 너무나 적나라해서 1999년 들어서만 방송위원회로부터 "고스톱, 똥, 방귀 등 저속하고 미풍양속을 해칠 우려가 있는 소재로 웃음을 유발한다"는 이유로 경고를 두 번이나 받았을 정도로 칭찬보다

벌에 익숙하다. 그러나 <순풍>은 두 공영방송의 9시 뉴스가 한참 진
행되고 있는 시간에 편성되어 시청자들의 눈을 SBS로 끌어당기고 있
다. 소위 화장실 유머와 보통 사람들의 치사한 면을 바탕으로 하고 있
지만 <순풍>에 나오는 인물들의 생활이 우리와 별반 다르지 않기에
시청자들은 이 프로그램에 박수를 보낸다. 배경은 분명 서울인데 사는
모습은 딴 세계 같던 기존 드라마들의 전형성을 과감히 탈출하였고,
피곤한 몸을 이끌고 집에 와 짜증나는 소식을 접하기보다 마냥 웃으며
스트레스를 풀고 싶어하는 시청자들의 심리를 정확히 간파했기에 <순
풍>에 열광팬이 몰리고 있는 것이다.

포스트모더니즘의 대두, 10대 위주 프로그램에 대한 반발, 기존 질
서 거부 등으로 만들어진 몇몇 마니아 프로그램은 개인별 시청이 증가
되고 있는 경향에도 힘입었다. 가족들의 활동시간이 제각기 달라 한
자리에 모이기 힘들고, 또 혼자 사는 가구가 증가함에 따라 아버지의
권위에 눌려 채널 선택권을 빼앗겼던 과거와는 달리 내 입맛에 맞는
프로그램을 골라 볼 수 있게 되면서 소외받았던 프로그램들이 고개를
들 수 있는 원인이 되었다.

이러한 마니아 프로그램은 앞으로의 방송환경에 적지 않은 영향을
미칠 것이다. 긍정적인 면에서 가장 반길 만한 것은 프로그램의 다양
화이다. 주시청층이 점차 세분화됨에 따라 획일적이고 모든 것을 비벼
놓은 채 10대에서 60대까지 봐주길 바라는 어정쩡한 프로그램이 점차
퇴출될 것이다. 이에 따라 광고 또한 그 타깃 층을 잡기 용이해질 것이
다. 그리고 시청자들의 참여 여지가 높아질 것이고 방송주권이 원개념
대로 제작자에서 시청자로 전이되는 계기가 될 것이다. 그러나 상대적
으로 취약한 시청률로 인해 현재 비주류의 시간대에서 주류의 위치로
올라가기에는 넘어야 할 산이 많은 것도 사실이다. 이것은 TV가 소수
마니아의 전유물이 아닌 다수 대중을 상대로 한다는 근본적 특성으로
인해 쉽게 해결될 문제는 아니다. 또한 시청자 주권이 강화된다고 했

지만, 시청자들의 입김으로 프로그램의 방향이 뒤틀려 배가 산으로 가는 위험도 발생할 수 있다. 드라마의 결말이 바뀌는 것은 이젠 예삿일이 되었고 제작자의 고유권한인 캐스팅까지도 시청자들의 입김에 좌지우지되고 있기 때문이다.

TV 프로그램은 일회성으로 완결되기보다 하루 또는 주 단위로 이어나가는 특성으로 인해 중독성이 매우 강하다. 중독성이 강하다는 것은 마니아를 만드는 데는 거름과 같은 것이다. 그럼에도 우리 방송에서 마니아란 개념이 다른 분야에 비해 늦게 생성되었다는 것은 기존 방송의 획일성과 전형성을 반증하고 있는 것이다. "볼 만한 프로그램이 없어"에서 "볼 만한 프로그램이 하나 생겼어"라고 외치며 TV와 담을 쌓던 사람들이 TV 앞으로 모여들고 있다. 그들을 불러모은 것은 획일성과 전형성에 찌들은 낡은 프로그램이 아니다. 절대 다수가 아니더라도 주시청층에 맞춰 철저히 계획되고 구성된 프로그램일 것이다. '높은 시청률=많은 광고'라 여기는 방송관계자들의 구시대적 발상은 전환되어야 한다. 광고는 이미 시청자를 분석하여 시청층을 나누고 타깃에 맞는 광고를 시행하고 있다. 이런 경향은 점차 증가할 것이고 방송이 이를 외면한다면 시청자들로부터 왕따를 당할 것이다.

마니아는 탈산업사회가 만들어놓은 새로운 개념으로 아직 소수에 불과하지만 각각 다양성을 내세우며 점차 목소리를 높여나갈 것이다. 그리고 그들의 힘이 지금은 '김찬우'를 '이창훈'으로 바꿨다고 왈가왈부하는 미약한 정도로 인식될 수도 있으나, 분명 앞으로는 기획에서 편성, 제작에 이르기까지 다양한 스펙트럼을 통해 발휘될 것이다. 이 흐름을 하루라도 빨리 읽는 방송사와 프로그램이 앞으로 전개될 치열한 방송환경에서 살아남을 수 있을 것이다.

바람직한 청소년상의 제시

드라마 <카이스트>를 중심으로

심지영(대학생)

드라마 속의 왜곡된 청소년상

우리는 흔히 청소년이라고 하면 중고등학생을 생각한다. 그러나 우리나라 청소년기본법에 따르면 9세부터 24세까지를 청소년으로 규정하고 있어 실제 우리 생각보다 더 높은 연령까지를 청소년으로 규정하고 있음을 알 수 있다. 미국 또한 미국교육정보분배소(ERIC)가 청소년을 규정하면서 18세에서 20세까지를, 미국교육평가기관(NAEP)이 21세부터 25세까지의 나이를 각각 포함시키고 있는 만큼, 우리의 통념과는 달리 20대 역시 중고생들과 더불어 청소년의 연장선상에 있다는 것을 알 수 있다. 즉 10대, 20대 모두 아직은 그들의 이상을 사회 속에서 구체적으로 실현시키기 전으로, 무한한 가능성을 품고 미래를 대비하는 시기에 놓여 있는 세대인 것이다.

그러나 현재 우리 드라마가 그려내는 이들의 현실은 10대 중고생과 20대 대학생으로 엄격히 양분되어 철저히 학생 신분에 국한된 틀로써만 묘사되고 있다. 때문에 드라마를 보고 있노라면 마치 청소년기의 꿈과 목적의 전부가 '학교'를 통해서만 달성될 수 있는 것처럼 느껴진다. 중고생의 경우 힘든 입시를 눈앞에 두고 공부와 공부 이외의 것 사이에서 갈등하는 모습을 보여주는가 하면, 상대적으로 대학생은 목표 달성 이후 누리는 자유의 만끽만을 두드러지게 묘사하고 있어 아직 채 성숙하지 못한 그들이 나아갈 방향을 제시해주지 못하는 실정이다.

특히 90년대 교육의 하향평준화에 의해 대학생 인구가 급증함에 따라 이제는 거의 모든 드라마에서 20대의 직업이 으레 학생으로 그려지고 있다. 심지어 드라마만을 놓고 본다면 마치 우리나라 20대는 대학생만으로 구성된 것처럼 보인다. 아예 MBC <남자셋 여자셋> <점프>, SBS <행진>과 같이 대학생만을 주인공으로 한 시트콤들도 줄줄이 나오고 있는 실정이다. 코믹적인 요소들을 통해 보여지는 그들의 일상은 대개 즐겁기 그지없다. 세상의 걱정은 그들과는 별개의 것이고 간혹 벌어지는 갈등 또한 싱싱한 젊음으로 무마될 수 있을 것만 같다는 태도를 보이는 것이 이들 시트콤에서 보여주는 대학생의 모습이다.

이는 10대로 대변되는 중고교 현실을 그린 드라마와는 사뭇 대조적이다. 입시를 전쟁으로까지 표현하는 한국 사회에서 그들은 늘 '공부와 그 결과인 성적'이란 공통의 문제와 씨름하는 것처럼 묘사된다. 그밖의 내용들―왕따, 체벌, 폭력서클, 연극반, 영화반, 방송반과 같은 동아리 활동―은 극단적으로 말해 모두 그 현실을 도피하기 위한 주변장치 정도에 불과한 것이다.

그렇다면 드라마가 20대 초반 대학생들을 그처럼 여유 있게 즐기는 계층으로 묘사하고 있는 이유는 무엇일까? 이는 일단 그들이 중고교 시절의 최대 과제인 대학입학이란 문제를 해결하는 데 성공한 기득권 계층으로 간주되기 때문이다. 드라마는 교육의 최대 목표가 '대학입학'인 양 인식되어버린 우리 현실을 충실히 반영하다 못해 다소 과분한 의미 부여마저 하여 20대 대학생들에게 지나친 특권과 우월의식을 줌으로써, 그들을 '마냥 행복하기만 한 대학생'에 안주시키고 있는 것이다. 이는 결과적으로 아직은 미성숙한 그들이 꿈을 가지고 목표를 향해 끊임없이 노력하여 진정한 성인으로 거듭날 기회를 박탈하고 있는 실정이다.

고뇌하는 청춘, 진지한 대학생상을 보여주는 드라마 <카이스트>

암울한 저항의 시대였던 70~80년대를 배경으로 한 <모래시계> 등을 통해 보여지는 대학생의 모습은 목적 상실로 인해 방황하는 어두운 것이었다. 이에 비해 앞서 언급했던 시트콤의 대학생들은 소위 신세대라는 명칭에 걸맞게 개성이 뚜렷하고, 자기주장을 당당히 하는 밝은 모습의 90년대 대학생상을 제시하는 것처럼 보인다. 그러나 이는 그 방식면에서 그들에게 지나친 자유를 부여함에 따라, 아직 이를 경험하지 못한 중고교생에게는 대학생활에 대한 지나친 기대감을, 그들 또래의 대학생들에게는 대학생 본연의 과제인 학문연구에 대한 가벼운 자세를, 기성세대들에게는 그러한 대학생들로 구성된 대학 자체에 대한 평가절하를 가져오게 했다.

그렇다면 오늘날 실제 대학의 대학생들이 이처럼 흥청망청 즐기기만 하는가. 우리나라 이공계 최고 두뇌들이 모여 있다는 실제 카이스트를 모델로 한 SBS 시추에이션 드라마 <카이스트>는 기존 드라마의 대학생 묘사와 이러한 면에서 분명하게 차별되는 모습을 보여주고 있다. 기본적으로 이 드라마는 제6회 ‘살리에르의 슬픔’ 등에서 보여주듯 젊은이들이 무언가를 이루기 위해 끊임없이 노력해야만 한다는 당위성을 내포하고 있다는 점에서 여타의 대학생을 다룬 드라마와 다른 면모를 보여준다. 본래 이 또한 시트콤으로 기획되었던 것이고 시트콤을 전문적으로 해온 주병대 프로듀서 연출의 영향 탓일까? 극중 등장인물들―박기훈 교수(안정훈 분), 투캅스 허광복(김보성 분), 대학원생 만수(정성화 분), 마이클(마이클 분)―의 과장된 대사나 행동들이 다소 가볍게 그려지는 면이 없지 않다. 또한 등장인물들이 자주 모이는 배경 설정에서도 학생신분에 보다 걸맞은 도서관이 아닌 <남자셋 여자셋>의 그것처럼 '석학의 집'이란 카페로 하고 있다는 점도 기존의 대학생 시트콤과 다를 것이 뭐가 있냐는 지적을 받을 수 있는 부분이다. 그러나 기본적으로 시청자에게 흥미를 주어야 하는 드라마라는 그릇에 담겨야 하는 특성상 이러한 면모들을 전혀 배제할 수는 없다고 본다. 요는 앞서 언급했듯이 그 그릇에 담긴 중심 내용만이라도 대학생들이 실제 자신의 학문영역에서 끊임없이 노력하는 과정이라는 점에서 청소년 시청자들에게 기존 대학생 드라마에서 보여주지 못했던 참신하면서도 의미 있는 메시지를 전달해줄 수 있다는 것이다.

한편 이 드라마는 그동안 대학생 하면 으레 인문사회계 혹은 예체능계 학생인 것처럼 비추던 드라마 관습의 틀을 깨뜨렸다는 데 또한 의의가 있다. 언뜻 소재면에서 단조롭고 무미건조해 보이는 공학도를 대상으로 그들만의 독특한 특성을 집어내어 청소년 시청자들의 관심의 폭을 넓히고 있다. 이는 그동안 우리 사회의 한 부분을 차지하면서도 우리와는 별개로 여겨지던 과학기술분야에 대한 공감대를 형성하는 데 기여하기도 했다. 예컨대 해커와 크래커, Y2K, 우리별 2호 등과 같이 이미 매스컴을 통해 보편적으로 알려진 사회적 이슈들이지만 기존의 단순한 설명식 보도만으로는 납득할 수 없었던 사실 이면의 내용들까지 평범한 보통 사람들이 이해할 수 있도록 드라마 내용 속에서 매끄럽게 풀어나가고 있는가 하면, 로봇축구대회라는 일반인에게는 다소 생소한 내용도 흥미롭게 소개하고 있다.

그러나 이 또한 다큐멘터리가 아닌 드라마라는 속성상 벌어지는 사실 왜곡의 우려를 그대로 안고 있다. 예컨대 실제 공학도 중 소수를 차지하는 여학생의 비율이 드라마상에서는 거의 절반으로 묘사되고 있는가 하면, 드라마상 인물들의 전공이 순수과학보다는 전산과, 기계과 같은 응용과학에 치중해 있어 과학의 기초라 할 수 있는 순수과학이 외면되는 안타까운 한국 현실 반영의 모습을 보여주고 있기도 하다.

드라마 <카이스트>가 청소년 시청자에게 미친 영향

앞서 <카이스트>란 드라마가 기존의 드라마와 어떻게 다른가를 언급한 바 있다. 그렇다면 실제 이 드라마가 청소년 시청자에게 어떤 형태로 영향을 미치고 있는가를 살펴보고자 한다. PC 통신 천리안의 '카이스트 시청자 모임'[1)과 인터넷의 '드라마 카이스트 공식 홈페이지'[2) 내의 시청소감 게시판에 올라와 있는 약 4,500여 건(1999년 10월 현재)의 내용들을 살펴본 결과, 예상대로 <카이스트>가 주로 10~20대 학생들을 주시청자로 확보하고 있는 것으로 드러났다. 이들의 의견은 특정 인물에 대한 호감도와 같은 단순한 개인적 감정의 표현들로부터 드라마상의 옥의 티, 내용 전개의 문제점, 드라마가 자신에게 미친 영향들과 같은 보다 심도 있는 내용들에 이르기까지 다양했지만, 여기서는 드라마가 10~20대 학생들에게 미친 영향만을 문제삼고자 한다.

먼저 10대 중고생들의 의견을 요약하면, 첫째 "나도 열심히 공부해서 카이스트에 가고 싶다", 둘째 "실제 카이스트에 가려면 어느 정도로 공부를 해야 하는가를 알고 싶다", 셋째 "카이스트에 지원하고자 하는데 드라마 때문에 경쟁률이 올라갈까 봐 두렵다", 넷째 "대학생들이 그들 스스로 노력하여 실질적으로 기계를 조작하고 시험해보는 모습이 멋지게 느껴진다" 등과 같았다. 여기서 첫째, 둘째, 셋째는 결국 일맥상통하는 내용으로 중고생들이 드라마가 묘사해놓은 특정 학교를 선망의 대상으로 올려놓았다는 결과를 보여준다. 이는 드라마의 영향력이 감수성이 예민한 10대에 강하게 미친 결과로 자칫 중고생들에게

---

1) 주소: go dkaist
2) 주소: http://www.kaist.ac.kr/sbsdrama/index.html

무리한 동기 부여를 하지 않았나 하는 우려를 불러일으킨다. 또한 여타 대학생들의 우려도 있었듯이 실제 대학의 이름을 제목으로 한 드라마가 결과적으로 특정 학교를 홍보했다는 점이 부정적으로 해석할 수 있는 면으로 보여지기도 한다. 그러나 넷째의 경우 기존 대학생 드라마가 남녀간의 사랑에 치우쳐 보여주지 못했던 대학생활의 다른 모습들과 더불어 대학생들이 자신의 꿈을 펼치기 위해 노력하는 모습을 보여줌으로써 중고생들에게 정말 대학에 가고 싶은 보다 가치 있고 설득력 있는 이유를 제시해주었다는 데 이 드라마가 긍정적인 기능을 했다고 본다.

다음으로 20대 대학생들의 의견을 요약하면, 첫째 "목적을 갖고 노력하는 주인공들의 모습에서 나 또한 열심히 대학생활을 하고 싶은 충동을 느낀다", 둘째 "내가 미처 몰랐던 공학분야에 대해 알게 되어서 흥미롭다", 셋째 "교수과 학생 간의 미묘한 관계 등 학교생활에서 실제 부딪힐 수 있는 상황 설정에 공감한다", 넷째 "왜 하필 카이스트냐, 드라마가 특정 학교, 그것도 소수 천재집단을 내세운 것은 그렇지 못한 여타 대학생들에게 위화감을 줄 수 있다" 등과 같았다. 여기서 넷째와 같이 특정 학교를 드라마화함으로써 빚어진 문제점을 지적한 경우를 제외하고는 20대의 경우 대체로 이 드라마에 의해 긍정적인 영향을 받고 있음이 드러났다.

특히 20대로부터 얻은 드라마 피드백에서 첫째로 나타났던 '목적을 갖고 노력하는 모습에서 나 또한 열심히 대학생활을 하고 싶은 충동을 느낀다'의 경우가 우리에게 시사해주는 바는 크다. 그동안 드라마가 대학생활을 다루는 데서 주로 초점을 맞췄던 부분은 남녀간의 사랑이었고 그 외의 것들은 대개 양념에 불과했다. 80년대의 <사랑이 꽃피는 나무>, 90년대의 <우리들의 천국> <내일은 사랑>과 같이 제목에서부터 '사랑'과 '천국'과 같이 대학의 낭만의 전부가 마치 연애이고, 자유로움의 만끽인 양 받아들이게 만들었던 것이다. 이는 입시지옥이라는 지독한 고통의 현실로 묘사된 중고생들의 경우와 대비되어 더욱 극대화되었고, 그리하여 그것을 보는 실제 중고생들에게는 대학생활을 핑크빛 미래로, 대학생들에게는 이제는 우리가 당연히 누려야 할 특권의식인 양 아무 비판 없이 받아들이게 했다.

그렇다면 이러한 대학생 묘사가 드라마만의 문제였을까. 보다 더 거슬러 올라가본다면 이는 대학만이 교육의 궁극적인 목표인 양 왜곡된 우리 교육 현실의 반영이기도 하다. 단지 드라마는 이러한 현실 속의 10~20대 청소년들이 수긍하고 타협할 수 있도록 그들의 구미에 맞게 잘 포장하고 있었던 것뿐이다. 즉 왜곡된 현실은 드라마로 하여금 왜곡된 현실 묘사를 낳게 하였고 이러한 양측이 서로 맞물려 우리에게 왜곡된 청소년상을 낳게 하는 악순환을 거듭한 것이다. 그리고 그것을 보는 우리는 우리도 모르게 혹은 알면서도 그냥 어쩔 수 없는 현실로 그것을 받아들여왔다. 이는 결과적으로 정작 대학에 들어온 학생들로 하여금 '대학에 들어온 이유'에 대해 변변한 대답조차 못하게 만들었다. 목적의식도 없으면서, 내가 무엇을 할지도 모르면서 학교에 다니는 대학생, 이들은 장차 우리나라를 짊어질 일꾼이라는 구태의연한 이유가 아니더라도 그들 스스로 삶의 의미를 못 찾고 있는 정체불명의 사회성원이라는 것만으로도 커다란 사회문제가 아닐 수 없다.

이러한 면에서 볼 때 드라마 <카이스트>는 적어도 이처럼 목적이 불분명한 대학생들에게 그들의 진정한 꿈이 무엇인가를 한 번 더 되짚어보게 했다는 데 그 의의가 크다고 볼 수 있다. 아울러 그 목적을 향하여 땀 흘려 노력하는 가치를, 비록 특정한 카이스트 공대생을 통해 보여주기는 했지만 각기의 전공 여부를 떠나 이 시대를 살고 있는 대학생이라면 누구나 공감할 수 있도록 하고 있다. 이러한 결과의 이면에는 <모래시계>의 작가 송지나를 비롯한 4명의 작가들이 PC 통신과 인터넷을 통해 시청자들의 피드백을 충분히 극 내용에 반영하는 '쌍방향 드라마'의 기능을 하고 있었다는 숨은 노력이 작용하기도 했다.

바람직한 청소년상을 심어주는 프로그램에 대한 대안

여기서 한 가지 짚고 넘어가야 할 점은 앞서 <카이스트>에 대한 10대들의 반응이었다. 비록 <카이스트>가 10대 중고생들에게 대학의 진지한 이면을 보여주기는 했으나, 그들에게 보다 매력적으로 다가왔던 것은 대학생들이 몸소 제작한 로봇으로 축구시합을 하는 등과 같은 <카이스트> 자체에 대한 환상적인 미래였을지도 모른다. 이는 어쩌면 중고생들에게 단지 사랑이 아닐 뿐 또 다른 형태의 대학생활에 대한 왜곡된 가치관을 심어줄 우려가 있다. 특히 감수성이 예민한 10대에게는 특정한 분야가 집중적으로 조명될 경우 그 분야에 관심이 쏠리게 마련이기 때문이다.

그렇다면 드라마는 어떻게 바람직한 청소년상을 제시할 수 있을까? 20대 대학생들의 경우 이미 <카이스트>를 통해 그들의 건전한 미래상이 제시된 바 있다. 문제는 10대 중고생들이다. 이들의 경우 드라마의 속뜻을 헤아리기보다는 표면적으로 드러나는 내용들 자체에 더욱 민감하게 반응하여 같은 드라마를 보고도 20대 대학생들과는 다른 반응을 보인 바 있기 때문이다. 무엇보다 이러한 반응의 이면에는 현재의 교육 현실에서 일탈을 꿈꾸는 대다수 학생들의 바람이 작용했는지도 모른다. 실제로 대학생들을 주시청자층으로 겨냥한 이 프로그램이 오히려 10대 중고생들에게 더욱 인기 있는 것도 이러한 추측을 뒷받침해주고 있다.

현재 중고생들을 본격적으로 다루는 공중파 방송 프로그램은 EBS <네 꿈을 펼쳐라>와 KBS 2TV <학교 II> 정도이다. 전자의 경우 연극반을 배경으로 청소년들의 건전한 이성교제 모델을 제시하겠다는 의도로 박건(주상욱 분)과 장유진(이인혜 분)을 정면으로 내세우는 한편, 강민우(김영현 분)와 이정민(김진이 분) 또한 이성교제의 가능성을 암시해왔으나 이들의 관계가 삼각 혹은 사각으로 뒤엉키게 묘사되어 시청자들의 비난을 산 바 있다. 한편 전편의 성공을 등에 업고 등장한 <학교 Ⅱ>의 경우 전편보다 못하다는 초반의 비난과는 달리 현재 학교의 실상을 비교적 사실적으로 묘사해나가고 있다는 평을 듣고 있다.

그러나 이들 두 프로그램이 기본적으로 안고 있는 문제는 잘못된 교육제도의 큰 줄기를 잡기보다는 그로부터 파생된 작은 문제들—체벌, 벌점제도, 왕따, 수행평가, 폭력서클 등—을 들추어냄으로써 학생들의 공감을 얻어내려고 한다는 점이다. 또한 중고생들이 공부 이외의 무언가, 즉 연극반, 영화반, 방송반 등과 같은 것을 통해 자신의 꿈을 키워나가는 모습을 멋지게 묘사함으로써 이들이 실제 생활에서는 해결할 수 없는 욕구를 충족시키려 하고 있다.

그러나 드라마가 아닌 현실로 돌아왔을 때, 과연 한 학교에 연극반이나 영화반 혹은 방송반에 소속된 학생들이 몇 퍼센트나 차지하고 있는가를 생각해볼 문제이다. 다시 말해 학교에는 이처럼 재기발랄한 소수 학생들보다는 그렇지 못한 평범한 학생들이 더 많다는 것이다. 모 청소년 드라마에서도 이미 묘사되었듯, 학교에서 주목받는 학생은 뛰어난 우등생이거나 아니면 문제아들이고 나머지는 관심 밖의 사각지대에 놓여 있다는 현실이 사뭇 드라마에서도 보여지고 있다. 즉 이들 프로그램을 보고 있노라면 어떤 의미에서 공부를 잘하는 학생은 고리타분한 모범생이고 무언가 성격 결함이 있는 것처럼 묘사되어 상대적으로 그렇지 못한 다수의 중고생 시청자층을 확보하는 것처럼 느껴질 정도이다. 만약 드라마가 이런 식의 표현으로 일관한다면, 중고생의 전체 모습이 아닌 모범생 아니면 문제아라는 식의 결코 해결될 수 없는 양 극단의 문제만을 끌어안고 고심하게 될 것이다.

현재의 교육 현실이 섣불리 바뀌기 힘든 상황에서, 이에 대한 나의 생각은 중고생에게 바뀔 수 없는 현실 속에서 그것에 반항하고 도전하려는 모습을 제시함으로써 그들의 욕구를 분출시키는 단기적인 효과를 보여주는 프로그램보다는 그들의 미래에 대한 구체적인 상을 마련해줄 수 있는 장기적 안목의 프로그램을 제시해주는 것이 바람직하다고 본다. 그리고 그러한 예의 하나로 <카이스트>를 들고 싶다. 물론 <카이스트> 하나의 프로그램만으로 소기의 목적을 달성하기는 어려울 것이다. 앞서와 같이 10대에게 자신의 꿈을 공학만으로 한정하는 왜곡된 가치관을 심어줄 수도 있기 때문이다. 이러한 문제는 앞으로 <카이스트>와 맥을 같이하는 보다 다양한 형태의 드라마가 나오는 것을 통해 해결될 수 있다고 본다.

실제로 <카이스트>를 벤치마킹한 드라마로 전문대 광고동아리를 중심으로 다룬 KBS 2TV <광끼>가 있다. 비록 <카이스트>에는 과학이 있는 반면, <광끼>에는 광고가 없다는 비난이 있기도 하지만, 이 또한 그동안 드라마에서 소홀히 다루던 전문대생의 특정 학과를 다루고 있어 청소년들에게 보다 다양한 삶을 모색하게 한다는 점에서 그 의의가 있다고 할 수 있다. 비단 대학생을 다룬 프로그램이 아니더라도 그들에게 삶의 진지한 목적을 갖고 꾸준히 노력하는 삶이 아름답다는 메시지를 줄 수 있는 프로그램이라면, 납득하기 어렵고 모순으로 가득한 교육 현실 속에서, 그럼에도 불구하고 꿈꿀 수 있는 우리의 청소년이 되지 않을까 하는 생각이 든다. <카이스트>의 진정한 가치 또한 바로 여기에 있는 것이다.

<성공시대>와 성공의 의미

오지명(대학생)

시대에 따라 성공의 의미도 많이 변하고 성공한 사람에 대한 세상의 평가 역시 일치하지 않는다. 그러나 어느 분야에서든 정상에 오른 사람들에게는 보통 사람들에게 없는 특별한 무언가가 있다. 이러한 성공한 사람들이 걸어온 발자취를 더듬어보며 현대사회의 화두가 된 '성공'의 의미와 비결을 집중 탐구하고자 기획된 MBC 다큐멘터리 <성공시대>는 어려운 상황에 있는 사람들에게는 그 상황을 극복할 수 있는 힘을 주고, 배움의 입장에 있는 사람들에게는 미래를 밝혀주는 프로그램으로 자리잡았다. <성공시대>는 1997년 11월 23일 처음 방송되었는데, 방송 한 달 만에 우리나라는 IMF 구제 체제에 들어가게 되었고 실의에 빠진 사람들 속에서 <성공시대>는 더욱 그 진가를 발휘하게 된다.

<성공시대>는 대부분의 출연자들이 가난해서 배움, 추위, 배고픔에 허덕일 때가 있었으나 그것을 잘 극복하여, 결국에는 빛나는 성공을 이룸을 보여준다. 그럼으로써 지금의 우리의 어려움은 어찌 보면

<표 1> 1997.11.23~1999.10.10까지의 <성공시대> 출연자 리스트

회/ 날짜	직업 및 직위	이름
1/ 1997.11.23	현대그룹 회장	정주영
2/ 1997.11.30	LG 그룹 회장	구자경
3/ 1997.12. 7	영화감독	임권택
4/ 1997.12.14	프로 바둑기사	조훈현
5/ 1997.12.21	영동대 총장	김재규
6/ 1998. 1. 4	IOC 위원	김운용
7/ 1998. 1.11	교육부장관	이명현
8/ 1998. 1.18	중소기업 중앙회장	박상희
9/ 1998. 1.25	거평그룹 회장	나승렬
10/ 1998. 2. 1	삼애실업 사장	정덕
11/ 1998. 2. 8	비트컴퓨터 사장	조현정
12/ 1998. 2.15	애경그룹 회장	장영신
13/ 1998. 2.22	명창	박동진
14/ 1998. 3. 8	바이러스 의학박사	이호왕
15/ 1998. 3.15	미래산업 사장	정문술
16/ 1998. 3.22	전 국무총리	고건
17/ 1998. 3.29	동아일보 사장	오명
18/ 1998. 4. 5	참존화장품 사장	김광석
19/ 1998. 4.12	아주대학교 총장	김덕중
20/ 1998. 4.19	변호사	박은수
21/ 1998. 4.26	만화가	이현세
22/ 1998. 5. 3	아남그룹 회장	김향수
23/ 1998. 5.10	허브 사업가	이상수
24/ 1998. 5.17	한겨레신문 사장	권근술
25/ 1998. 5.24	유기농업가	원경선
26/ 1998. 5.31	화백	이상원
27/ 1998. 6. 7	의료인	이길녀
28/ 1998. 6.14	(주) 잠뱅이 사장	김종석
29/ 1998. 6.21	전 유한킴벌리 사장	이종대
30/ 1998. 6.28	해태 타이거즈 감독	김응룡
31/ 1998. 7. 5	영동조립개발 사장	이상진
32/ 1998. 7.12	테너, 교수	임웅균
33/ 1998. 7.19	동시통역사	최정화
34/ 1998. 7.26	광동제약 회장	최수부
35/ 1998. 8. 2	코리아나화장품 사장	유상옥
36/ 1998. 8. 9	서울지방 노동위원회 위원장	김송자
37/ 1998. 8.16	심장전문의	송명근
38/ 1998. 8.23	미국 오리건 주 상원의원	임용근

<표 1> 계속

회/ 날짜	직업 및 직위	이름
40/ 1998. 9. 6	남해군수	김두관
41/ 1998. 9.13	주식회사 놀부 대표	오진권
42/ 1998. 9.20	사진 저널리스트	김희중
43/ 1998. 9.27	성주 인터내셔널 대표	김성주
44/ 1998.10.11	시사만화가	박재동
45/ 1998.10.18	SDS 이사	주혜경
46/ 1998.10.25	부산국제영화제 집행위원장	김동호
47/ 1998.11. 1	연극연출가	이윤택
48/ 1998.11. 8	(주) 대성금속 사장	김형규
49/ 1998.11.15	(주) 국순당 회장	배상면
50/ 1998.11.22	(주) 리더데코 사장	천호균
51/ 1998.11.29	(주) 하림 사장	김홍국
52/ 1998.12. 6	서양화가	김홍수
53/ 1998.12.13	애니메이터	신능균
54/ 1998.12.20	홍진 크라운 회장	홍완기
55/ 1998.12.27	한복 디자이너	이영희
56/ 1999. 1. 3	고홍주 미 인권담당 차관보 어머니	전혜성
57/ 1999. 1.10	사물놀이	김덕수
58/ 1999. 1.17	마라톤 감독	정봉수
59/ 1999. 1.24	유한양행 이사장	연만희
60/ 1999. 1.31	(주) 서울 샤프중공업 회장	이근우
61/ 1999. 2. 7	오페라 가수	김자경
62/ 1999. 2.14	전통 도예가	신정희
63/ 1999. 2.21	궁중음식 기능 보유자	황혜성
64/ 1999. 2.28	인권변호사	이돈명
65/ 1999. 3. 7	건축모형 제작자	기홍성
66/ 1999. 3.14	(주) 에넥스 회장	박유재
67/ 1999. 3.21	전통건축가	신응수
68/ 1999. 3.28	여성 경찰서장	김강자
69/ 1999. 4. 4	국립경주박물관장	강우방
70/ 1999. 4.11	(주)디자인하우스 사장	이영혜
71/ 1999. 4.18	둘리나라 대표, 만화가	김수정
72/ 1999. 4.25	맹인교수	이익섭
73/ 1999. 5. 2	『태백산맥』 저자	조정래
74/ 1999. 5. 9	인성정보 사장	원종윤
75/ 1999. 5.16	영화감독	강제규
76/ 1999. 5.23	경주 코오롱호텔 사장	오문환
77/ 1999. 5.30	헤어 디자이너	박준

<표 1> 계속

회/ 날짜	직업 및 직위	이름
78/ 1999. 6. 6	간 전문 박사	이종수
79/ 1999. 6.13	(주) 로만손 사장	김기문
80/ 1999. 6.20	오순절 평화의 마을 신부	오수영
81/ 1999. 6.27	(주) 이레전자산업 사장	정문식
82/ 1999. 7. 4	미 태권도협회 회장	이행웅
83/ 1999. 7.11	식품명인 1호, 청매실농원 회장	홍쌍리
84/ 1999. 8. 8	(주) 라프드래프트코리아 사장	박경숙
85/ 1999. 8.15	옥수수 박사	김순권
86/ 1999. 8.29	명창	안숙선
87/ 1999. 9. 5	축산인	김무웅
88/ 1999. 9.12	외도해상공원 주인	이창호·최효숙
89/ 1999. 9.19	연극연출가	윤호진
90/ 1999.10. 3	신라호텔 조리이사	후덕죽
91/ 1999.10.10	SK 케미칼 약학 박사	김대기

'성공을 밟기 위한 당연한 수순' 혹은 '성공을 준비하는 시대(시절)'란 자위를 갖게 하며, 어려움을 이겨낼 용기와 힘이 생기게 한다. 그러나 방송 100회를 향해가는 요즈음, 그 포맷이나 인물선정 등에 식상함을 느끼게 된다. 그리고 무엇보다도 방송 초기부터 논란이 되어왔던 '성공의 기준'에 대해 정리가 되지 않으면, 당초 프로그램의 기획의도와 다르게 흘러갈 여지를 갖고 있으므로 그에 대한 정리를 해보고자 한다.

성공의 기준은 무엇인가?

지금까지 <성공시대>에서 조명한 성공은 경제적 성공이나 사회적 성공에 치중된, 편협한 의미의 성공이었다. 이러한 사실은 지금까지 <성공시대>에서 방송한 총 91회(1997년 11월 23일부터 1999년 10월 10일까지)에 출연했던 인물들의 직업 및 직위와 성공분야를 분석해 보면 알 수 있다.

<표 2> 출연자의 성공분야

	회사 (사장·회장·대표·이사)	문화계	정부기관	서비스업계
출연 횟수	30번	25번	8번	6번
비율	33%	27.5%	8.8%	6.6%
	의·약학계	농·축업	교육계	기타 (변호사·언론계·사회복지 등)
출연 횟수	5번	5번	3번	9번
비율	5.5%	5.5%	3.3%	9.9%

<표 2>에서 알 수 있듯, 지금까지 <성공시대>에 출연한 인물들은 경제적·사회적 성공을 이룬 인물들이 대부분이다. 그러나 개개인의 가치관에 따라 그 성공의 기준은 달라지게 마련이다. 어떤 사람은 인격적으로 남들에게 존경받는 사람을 성공했다고 말할 것이고, 어떤 사람은 많은 돈을 벌고 자신의 이름을 드날리는 사람을 성공했다고 말할 것이다. 또한 어떤 사람은 평범하게 생각될지라도 자신의 가치관을 정당하게 실천하는 사람을 성공했다고 말할 것이고, 어떤 사람은 그늘에서 소신을 갖고 사회를 위해 열심히 사는 사람을 성공했다고 말할 것이다. 이렇게 많은 성공의 기준들이 있고 그것은 나름대로 의미 있는 것이기에 <성공시대>가 방송이라는 힘으로 한 가지 측면의 성공을 시청자들에게 강요할 수는 없다.

그러나 공영방송으로서 적어도 시청자들에게 바람직한 성공의 모습을 제시할 수는 있다고 생각한다. 즉 개인의 영달을 위해서가 아니라 사회와 같이 호흡하려는 마음을 갖고 노력하여 주위에서 인정받는 사람의 모습을 제시할 수 있다고 생각한다. 한국 사회의 오늘의 시련이 지도자나 구성원들 모두가 개인적 생존과 출세에 몰두하며, 공동체를 위하지 못한 이기적 행태에서 비롯되었기 때문이다.

진정 방송에서 찾아 소개해주고 존경받게 해야 할 인물들은 자기 중심적 출세자들보다 공동체를 위해 헌신하고 있고 자신을 낮추는 인물들이어야 한다고 생각한다. 방송매체들이 이러한 사람들을 경시하고 개인적 출세자들을 부각시킬 때, 우리 사회의 가치관은 어느새 자기중심적 출세 위주로 흘러가게 될 것이다. 각 개인이 자기 자신을 위하고 자신의 생존을 위해 노력하며 세상의 성공을 바란다는 것은 기본적 욕구에 속하는 것이다. 그 욕구조차 채우기 어려운 시대가 요즈음이기에 그 욕구를 크게 충족시킨, 즉 성공한 사람들을 소개하는 것도 좌절하고 있는 우리 사회에 다시 활력을 불어넣어주리라 생각한다. 그러나 우리 사회를 위하여 자신을 헌신하는 사람들을 찾아 소개함으로써, 진정한 성공의 의미가 무엇인지 일깨워주는 것이 방송의 할 일이라고 생각한다. 개인의 입신을 위해 고군분투하는 사람들은 지천에 흔하지만, 우리 공동체를 위해 자신을 헌신하는 사람들은 귀한 시대이기에 더욱 그러하다.

<성공시대>는 어떻게 구성되어 있는가?

<성공시대>는 먼저 그 회 주인공의 성공을 집약적으로 드러내는 편집화면으로 시작한다. 편집화면과 함께 내레이터가 주인공의 업적을 간략하게 이야기하고, 진취적이고 활기찬 음악이 배경으로 흐른다. 이러한 '편집화면＋내레이터＋음악'의 조화로 시청자들은 무의식적으로 '아, 저 사람 대단한 사람인가 보다' 하고 생각하게 되고, '어떻게 저렇게 성공했을까?' 하는 궁금증을 갖게 된다.

다음 화면은 스튜디오이다. 스튜디오 장면은 MC인 변창립 아나운서가 등장하면서 시작하는데, 그는 특유의 자신에 찬 진행과 겸손함으로 <성공시대>에 잘 맞는 MC라는 평가를 받고 있다. 그는 등장하면서 시청자들에게 주인공에 적절한 화두를 던지고 그에 대해 간단히 소개

한다. 그리고 "주인공이 성공한 비결이 무엇일까"라는 질문을 던지며 프로그램의 본론인 성공비결들을 소개한다.

각 성공비결은 주인공의 과거를 재연하는 드라마 형식이 주가 되고 본인의 인터뷰 여러 개와 배우자나 동료의 인터뷰 한두 개, 그리고 작업현장의 ENG 장면으로 구성된다. 재연상황은 내레이터의 목소리와 함께 진행되는데, 내레이터는 재연상황의 배경을 설명하는 역할을 한다. 그리고 본인의 인터뷰에서는 성공비결을 드러낼 수 있는 일화소개, 상황설명, 가치관 등을 다루고, 주변인물의 인터뷰에서는 상황을 설명하는 등 깊이 없는 내용이 대부분이다. 또한 주인공이 일하는 곳의 ENG와 일상생활의 ENG가 덧붙여진다. 이 장면에서는 주인공의 일에 대한 사랑 등을 보여주며 부수적으로는 그 직업·직장에 대한 홍보효과도 얻고 있다.

몇 가지 성공비결을 모두 소개한 후에는 스튜디오에서 변창립 아나운서가 주인공에 대한 정리 멘트를 하고 의미 있는 질문(반성을 유도하는 질문)을 던지며 끝을 맺는다.

<성공시대>의 진행자 변창립

이와 같이 프로그램의 구성이 이루어져 있는데, <성공시대>에서
문제점은 프로그램 구성 자체보다 프로그램의 밑바탕이 되는 의식이
라고 생각한다.

<성공시대>의 문제점과 앞으로 나아가야 할 방향은 무엇인가?

<성공시대>의 문제점은 앞에서도 지적했듯이, 첫째 편협한 의미의
성공을 조명함으로써 성공에 대한 잘못된 인식을 심어줄 수 있다는 점
이다. <성공시대>는 지금까지 주로 경제적·사회적으로 성공한 인물
들을 다루었다. 그러나 경제적·사회적 성공의 대명사라 할 수 있는 회
사의 사장·회장·대표·이사의 출연 횟수를 각 20회씩 묶어서 비교해보
면, 1~20회에 9명, 21~40회에 7명, 41~60회에 9명, 61~80회에 4
명, 81~91회에 2명으로 최근 들어서 그 수가 현저하게 줄어들고 있음
을 알 수 있다. 그 분야도 다양해서 '건축모형 제작가 기홍성', '경복궁
도편수 신응수', '만화가 김수정', '맹인교수 이익섭', '영원한 호텔맨,
코오롱호텔 사장 오문환', '오순절 평화의 마을 오수영 신부' 등이 성
공모델로 방송되었다. 이러한 변화는 <성공시대>측이 다양한 분야의
성공인물들을 방송해달라는 시청자들의 요구를 받아들이기 시작했다
는 것을 알 수 있게 한다. 그러나 그 분야만 조금 더 다양해졌지 진정
한 성공의 의미, 즉 개인보다는 공동체를 위해 헌신하는 인물들의 모
습을 담아내고 있지는 않다고 생각한다.
누구나 다 느끼는 성공의 모델보다는 우리가 추구해야 하는 성공의
다양한 모델들을 제시해주는 것에 보다 많은 이들이 공감할 수 있을
것이다. 그것을 위해 우리 주위에서 발견할 수 있는 보통 사람의 성공
을 다루는 것도 큰 의미가 있다고 생각한다. 청렴결백한 공무원, 평생
김밥을 팔아서 번 돈을 장학금으로 내놓으시는 할머니, 교육적 확신을

갖고 교단에 서 계시는 선생님 등은 사회적으로나 경제적으로 크게 성공은 하지 못했지만 인생의 성공을 이룬 분들이라고 생각한다. 우리는 크게 성공한 사람들의 성공담을 보고 '아, 저렇게 해서 성공을 했구나. 나도 저렇게 한번 해봐야지' 하고 생각은 하지만, 그들이 이룩해놓은 자리가 너무나 높고 멀어서 깊게 공감할 수 없다. 그것보다는 내 주위에 있지만 남과 달라 보이는 그 사람을 조명함으로써, 우리도 얼마든지 그들처럼 성공할 수 있다고 스스로에게 말할 수 있게 되는 것이다.

그렇다고 <성공시대>의 모든 출연자들을 일반인들로 하자는 주장은 아니다. 큰 경제적·사회적 성공을 이룬 사람들에게도 배울 무언가가 분명히 있기 때문이다. 따라서 지금까지 <성공시대>에서 조명한 성공 이야기에, 보통 사람들의 작은 성공 이야기가 덧붙여져 조화를 이루었으면 하는 바람이다.

둘째, 출연자들의 성공의 측면을 너무 강조하다보니 미화되었다는 인상을 주고, 주로 출연자 본인의 말에 의존하다보니 객관성이 떨어진다. <성공시대>에는 유난히 '~최고, ~최대, 최연소~, 단번에~, ~수석' 등의 수식어가 많이 등장한다. 이러한 수식어들을 붙임으로써 시청자들이 그 인물에 대한 어떤 판단을 내리기도 전에 '대단한 사람'으로 인식하게 된다. 또한 세세한 검증 없이 최고, 최대 등의 수식어를 붙여 동종업계에서 성공한 다른 인물들로부터 항의를 받기도 한다.

그리고 출연자가 말하는 성공비결을 극적으로 재연하는 과정에서 그 대본은 출연자 자신이 말하는 것을 바탕으로 하고, 중간중간에 본인의 인터뷰를 넣는데, 이것은 프로그램의 객관성을 떨어뜨린다고 볼 수 있다. <성공시대>는 다큐멘터리이고 다큐멘터리는 진실성·사실성이 생명이라고 생각한다. 그러므로 무분별한 수식어를 줄여서 성공의 거품을 빼고, 출연자를 객관적인 입장에서 볼 수 있는 인물의 인터뷰를 넣어서 시청자들이 판단할 수 있는 기회를 주어야 한다.

셋째, 출연자들의 자격 등 인물에 대한 사전검토가 부족해서, 방송

후 진실을 알고 있는 사람들의 많은 비난을 받았다. 대표적인 예로 19회에 방송되었던 '아주대학교 총장 김덕중' 편을 들 수 있다. <성공시대>는 그가 아주대학교를 2년 만에 대학평가에서 상위권에 오르는 학교로 바꾸어놓고, 한국의 대학이 가야 할 방향을 제시하고 있다고 방송했었다. 그러나 아주대학교가 표면적으로 그렇게 '성공'할 수 있었던 것은 김덕중 총장의 동생이 회장으로 있는 대우그룹에서 엄청난 돈을 투자했기 때문이지, 당시 김덕중 총장이 총장으로서의 능력이 뛰어나서가 아니었다. 그리고 그가 학교의 중심은 학생이라는 신념으로 학생과 교수를 위한 학교로 변화시켰다고 방송했으나, 당시 아주대학교에서는 김덕중 총장과 학생들 사이의 갈등이 대단했었다. 교수와 학생들을 배제한 채 '한국 최초의 학부제 도입'이란 간판을 달아, 표면적으로는 훌륭한 총장으로 비추어졌을지 모르나, 충분한 검증 없이 도입된 학부제로 인한 학생과 교수들의 고통은 이루 말할 수 없는 것이었다.

또한 그는 그 후에도 '대단히 성공'하여 교육부장관이 되었으나, 사립재단의 이익을 도모한 교육법 개정을 단행함에 따라 학생들과 교수들, 시민단체들이 곳곳에서 "김덕중 장관은 물러나라"는 구호를 외치게 만들었다. 이렇듯 아주대학교 총장시절에도 학생들에게 존경은커녕 비난을 받던 그를 <성공시대>에서 촉망받는 총장으로 그림에 따라 상황을 잘 모르는 시청자들을 우롱했고, 아주대학교 교수들과 학생들의 엄청난 비난을 받았다.

또 다른 예는 '거평그룹의 나승렬 회장' 편을 들 수 있다. 나 회장은 1999년 4월, 계열사의 부도를 사전에 예상하고 차명계좌를 통해 보유주식을 매각하는 방법으로 10억 원대의 재산손실을 몰래 피해간 혐의로 고발되었다. 이 경우에는 <성공시대>가 점쟁이가 아니고서야, 또는 재계에 깊이 관여하는 조직이 아닌 바에야 알 수 없던 일이라고 말할 수도 있다. 그러나 이밖에도 현재 경영난을 유발한 다른 여러 재벌 총수들의 출연은 국민정서를 생각해서 자제해야 하지 않았나 생각한다.

이 모든 것은 그 인물이 경제적·사회적으로 성공했기에 그것에 초점을 맞추어 프로그램을 구성하다보니, 성공과정에서 도덕적·법적으로 수단과 방법을 가리지 않은 것을 염두에 두지 않아서 생긴 문제라고 본다. 앞에서도 언급했듯이 <성공시대>는 다큐멘터리로서 무엇보다도 인물의 진실성, 성공의 진실성이 중요시되어야 한다고 생각한다. 시청자들이 그 인물이 진실되지 않았음을, 그의 성공이 거짓된 성공이었음을 알게 될 때, 그리고 그것이 반복될 때 시청자들은 더 이상 <성공시대>를 보며 꿈과 희망을 맛보지 않게 될 것이다. 또한 시청자들은 <성공시대>가 경제적·사회적 성공을 이룬 사람들의 홍보 프로그램이며, 우리 사회에서 성공이란 수단과 방법을 가리지 않아야 이룰 수 있는 것이라는 생각을 하게 될 것이다.

물론 <성공시대>에 출연했던 인물들이 모두 부도덕하고 불법을 행한 사람들은 분명히 아니다. 그러나 방영되었던 몇몇 기업인들과 기타 몇 사람들 때문에 진정 사회적으로 존경받아 마땅한 인물까지 같은 부류의 인물로 취급받게 될까 두렵다. <성공시대>는 인물을 선정할 때 '방송거리가 되겠는가'가 아닌 '가치 있는 성공인가'를 우선에 두어야 할 것이다.

넷째, 성공한 여성 전문인의 출연이 남성에 비해 두드러지게 적다. 실제로 부부가 주인공이었던 88회분을 제외하면 총 90회 중 남성은 75회, 여성은 15회 출연했다. 즉 5 : 1의 비율인 것이다. 현실적으로 여성이 성공하기 힘든 사회 분위기와 구조이고, 그렇기 때문에 성공한 여성들이 남성들보다 적은 것은 사실이다. 그러나 여성이라는 이유로

<표 3> 성별에 따른 출연 횟수

성별	남성 출연	여성 출연	총계
횟수(%)	75회(86.3%)	15회(16.7%)	90회(100%)

차별받는 사회 속에서 남성들보다 두 배로 노력하여 그것을 극복하고 성공한 여성들이야말로 <성공시대>의 주인공이 되어야 하지 않을까 생각한다.

그리고 성공한 여성들을 찾기 힘들었던 것은 편협한 의미의 성공에서 그들을 바라보았기 때문일 것이다. 편견을 버리고 좀더 큰 눈으로 그들을 본다면 남성 못지않은 훌륭한 여성들을 찾을 수 있을 것이다. 여성들이 강세인 분야에서 대상을 찾아보는 것도 하나의 방법이 될 수도 있다. 그리고 점차 여성들이 사회에 진출하기 쉬워지는 추세에 발맞추어 성공한 전문 여성들을 찾아보아도 좋을 것이다. 미래의 꿈을 키워주는 <성공시대>에서조차 여성을 소외시킨다면, 미래 우리 사회에서는 여성 전문가들이 존재하지 않을지도 모른다.

다섯째, <성공시대>는 주로 예전에 성공한 인물들을 다룸으로써 시대를 반영하지 않고 있다. 우리나라가 21세기에 기술선진국, 정보선진국으로 도약하기 위해서는 60~70년대에 성공했던 인물들의 성공비결을 듣는 것보다 기술·정보분야에서 성공해가는 기업들의 이야기를 듣는 것이 더 도움이 된다고 생각한다. 이렇게 발빠르게 돌아가고 개성과 기술로 승부되는 사회에서 과거 산업화사회에서 성공했던 사람들의 성공지략이 얼마나 도움이 될까 의문스럽다. 물론 그들이 성공비결로 꼽는 성실성, 끈기, 신뢰감 등은 시대가 바뀌어도 바뀌지 않겠지만, 90회 동안 반복되는 비슷한 얘기에 식상한 느낌이 든다. 벤처기업에 대한 관심이 높아지는 요즈음, 성공한 벤처기업을 다루는 것도 그 식상함을 탈피하는 데 도움을 줄 것이라고 생각한다.

여섯째, 드라마형식으로 진행되고 성공비결에 치중하다보니 인물의 사상이나 업적에 깊이 다가갈 수 없다. 대표적인 예로 전혜성 박사를 조명하는 데 중요한 것은 그녀의 교육철학이었음에도 불구하고, '어떻게 자녀들 모두를 그렇게 성공하게 만들었는가, 그 비결이 무엇인가'에 초점을 맞추다보니, 수박 겉핥기식이 되어 전혜성 박사의 깊은 철학이 시청자들에게 전달되지 않았다는 느낌이 들었다.

그러므로 앞으로 <성공시대>에서는 모든 인물을 '성공비결'이라는 틀에 맞추려 하지 말고, 인물에 따라 다른 포맷으로 접근하는 개방적인 사고를 가져야 할 것이다. 또한 그 인물이 자라온 환경이나 일화 등에 치중할 것이 아니라 그들의 가치관이나 성공하면서 아쉬웠던 점, 미래의 계획 등을 묻는 시간도 많이 마련해야 할 것이다.

마지막으로, 방송시간이 너무 늦다는 것을 꼽을 수 있다. <성공시대>의 주시청자들은 청소년들이나 젊은이들 또는 가족이다. 교사에 따라 이 프로그램을 보고 느낌을 적어오라는 숙제를 내줄 만큼, <성공시대>에 대한 교사들의 관심 또한 높다. <성공시대>가 멀티 미디어 세대인 그들에게 흥미롭게 다가갈 수 있는 '미디어 위인전'의 역할을 할 수 있다고 믿기 때문이다.

그러나 일요일 밤 10시 35분에서 11시 30분까지의 시간은 다음날 아침 일찍 등교·출근준비를 해야 하는 그들에게 부담스러운 시간이다. 이 프로그램을 주말 프라임타임대에 편성하는 것이 시청률면에서 부담스럽다면, 평일 프라임타임대는 어떨까. 혹은 지금 그대로 방영하되 토요일이나 일요일 낮에 재방송을 하는 방법도 좋을 듯하다. 한때 토요일 낮에 재방송을 했었으나 시청률에서 밀렸는지 지금은 하지 않아 시청자들의 아쉬움을 사고 있다.

아직은 완전하다고 말할 수 없지만 앞에서 지적한 문제점들을 시정해나간다면, <성공시대>는 젊은이들 혹은 어려운 상황에 있는 사람들에게 더없이 좋은 프로그램이 될 것이라고 확신한다.

맺으며

현대사회에서 방송은 속도·범위의 측면에서 그 사회적 영향력이 엄청나다. 되풀이되는 방송 프로그램을 보며 무의식적으로 그 프로그램이 품은 가치관을 따라가게 되기 때문이다. 그러하기에 좋은 프로그램 하나를 만드는 데는 많은 고민과 노력이 뒤따르게 마련이다. 그러나 불행하게도 요즈음 방송 프로그램은 그러한 고민과 노력이 많이 부족한 것 같다. 그들은 '어떻게 하면 시청자들의 눈과 귀를 TV 앞에 끌어당길 수 있을까', '어떻게 하면 좀더 오래 앉아 있게 할까'에만 혈안이 되어 '좋은 프로그램'이 아닌 '시청률 높은 프로그램'을 만들어내고 있는 것 같다.

그런 면에서 다큐멘터리 <성공시대>는 그래도 희망이 보이는 프로그램이다. 물론 첫 출발부터 좋았던 것은 아니다. 많은 시청자들이 "꿈과 희망을 주는 프로그램이다"라고 칭찬할 때도 "대체 성공의 기준이 뭐냐", "제대로 알고 방송해라", "좀더 다양한 분야의 인물을 방송하라" 등의 따가운 질책을 받았다. 그렇지만 회가 거듭될수록 그러한 시청자들의 비난과 요구를 받아들여가는 모습이 보인다. 받아들이는 척을 하는 것인지, 진정으로 받아들이는 것인지는 앞으로 더 지켜봐야 하겠지만, 적어도 표면적으로 보기에는 그러한 고민과 노력이 보여 다행이다.

그러나 <성공시대>가 놓치고 있는 가장 중요한 것이 있다. 바로 성공의 진정한 의미다. 개인의 입신을 위한 성공이 아닌, 다함께 잘사는 사회를 만드는, 공동체를 위한 성공을 담는 것이다. 또한 결과의 성공이 아닌, 과정의 성공을 담는 것이다. <성공시대>가 더 많은 고민과 노력으로 이러한 진정한 성공의 의미를 담아낸다면 앞으로 우리 사회에서는 더 이상 개인의 생존과 출세를 위해 공동체를 저버리는 이기적인 모습은 사라지게 될 것이다. 이것이 바로 방송의 역할이다.

방송의 신화와 그 해석

김도형(대학생)

신화의 탄생

아침 8시 30분, 화면 가득히 고여 있는 애절함에 나의 눈물샘이 자극을 받는다. 마음 한구석에 응어리진 가슴을 안고 얼마나 많은 세월을 울고 또 울어야 했던가. 그러나 이제 그들은 세월의 커다란 다리를 건너 만났다. 이제 정작 웃어야 하건만 그들은 지금까지보다도 더 큰 한을 토해낸다. 그리고 그냥 영영 떨어져버릴 것 같았던 세월의 끈을 다시 맺어준 방송 앞에 연신 감사하고 또 감사한다. 바로 KBS 1TV의 <아침마당>의 헤어졌던 가족을 다시 만나게 해주는 코너 이야기다. 수십 년을 찾고 또 찾았건만 찾지 못했던 걸 단 며칠, 단 몇 시간, 아니 이제 화면에 얼굴만 나오면 단 몇 초 만에도 찾을 수 있다. 실로 놀라운 위력이다. 이것은 가히 신적이다. 마치 이것은 오디세이의 일거수일투족을 지켜보며 그의 삶에 시시 때때로 개입할 수 있었던 올림포스산의 신들의 모습을 떠올리게 한다.

이것은 커뮤니케이션 혁명의 놀라운 결과이다 이제 더 이상 우리는 커뮤니케이션을 하는 데서 시간과 장소에 구애를 받을 필요가 없어졌다. 텔레비전이 없던 시절 어느 누가 감히 이러한 꿈을 꿀 수 있었겠는가! 아니 어쩌면 그런 것은 생각지도 않았다. 모든 것이 운명이려니 받아들이며 그렇게 살아갈 뿐이었을 것이다.

그때 텔레비전이 우리 앞에 갑자기 등장하게 된다. 그의 등장은 우리가 지금까지 가지지 못했던 완전히 다른 종류의 희망을 가지게 만들어주었다. 물론 그것이 <아침마당>의 경우처럼 이 놀라운 혁명적인 모습으로 우리의 삶을 윤택하게 하고 우리에게 깜짝 놀랄 만한 일을 해주는 긍정적인 모습으로 다가오기도 한다. 그것이 이 놀라운 물건(텔레비전)의 목적일 수도 있기 때문이다. 그러나 때론 그것은 아주 유혹적이다. 그리고 그는 원하는 것이면 무엇이든 들어주겠다던 알라딘의 마술램프의 요정처럼 우리에게 속삭인다. 그리고 때로는 그러한 것을 넘어서 자신의 힘을 과시하며 월권을 행하기도 한다.

시간의 흐름은 우리로 하여금 원래의 목적에서 멀어지게 만드는 힘

<아침마당>

이 있다. 그것은 서서히 왜곡될 수도 있다는 것이다. 만약 그 힘을 적절히 조절하지 않는다면 그 옛날 천사 루시퍼가 하늘에서 쫓겨난 것처럼 대중들로부터 외면당할 수도 있을 것이다.

앞서 말했듯이 방송－여기서는 TV에 한정하기로 한다－은 분명 힘과 위력에서 우리 일반 백성들과는 분명히 비교가 되지 않는다. 결국 그것을 움직이는 힘도 우리에게서 나온 것이기는 하지만 그 새로운 혁명은 분명 무언가 놀랄 만한 힘으로 증폭되었다. 여기에서 우리는 그의 힘을 적절히 조절할 것인가 과신할 것인가 선택의 기로에 서게 된다.

<아침마당>은 커다란 방송의 힘을 힘없는 백성에게 적절히 분배한 예가 될 것이다. 물론 여기에서도 보이지 않는 손은 작용한다. 하지만 여기에서는 그러한 것들을 구조적으로 필수불가결한 요소로 간주하자. 따라서 자본, 시청자의 욕구충족, 무엇보다도 당사자들의 맺힌 한을 풀어주는 이 세 가지가 아주 적절한 조화를 이루었다고 할 수 있다. 다만 안타까운 것은 그러한 신의 혜택(?)을 받는 사람이 소수라는 것이다. 물론 방송이란 것이 모두를 만족시킬 수는 없는 건 사실이다. 그리고 시청자들도 무수히 대기하고 있는 사람들, 즉 신의 선택(?)을 기다리는 사람들에 대해서는 별로 신경을 쓰지 않는다. 보이는 화면에 의해서 그리고 거기에서 물밀듯 밀려오는 감동들은 그 이면의 어떤 것도 덮어버릴 수 있기 때문이다. 굉장히 원론적인 이야기가 될 수도 있겠지만 결국은 방송의 대중에 대한 애정과 배려이다. 막연히 우리가 할 수 있는 한계는 이것이다라고 말하며 우리도 어쩔 수 없다는 식은 옳지 않다. 설사 시청자가 그 이면을 볼 수 없다 해도 힘있는 자로서 그들에 대한 측은히 여기는 마음은 아끼지 말아야 할 것이다.

다시 말하지만 시간의 흐름은 우리의 많은 것을 변질시키는 것 같다. 그것은 어쩌면 돈의 흐름과도 연관된다. 그 막강한 돈의 흐름은 결국 방송의 목을 죄어오게 되어 있다. 이 시점이 제작자의 양심 문제라고 할 수 있다. 무엇보다도 중요한 것은 본질을 잊어선 안된다는 것이다.

처음에 공익으로 시작했으면, 즉 수많은 백성에게 베풀고자 시작했으면 원래 의도를 저버리지 않고 그 안에서 아이디어를 생산해내야 한다.

요즘 많은 방송들이 이러한 방송의 힘을 이용한 프로그램을 만들고 있다. 그러나 이들은 무언가 본질에서 멀어지고 있는 느낌을 가지게 한다. 주객이 뒤바뀌고 있는 것이다. 텔레비전은 분명 우리에게 매우 가깝게, 그리고 친근하게 다가왔지만 분명 멀어지고 있다. 이러한 느낌은 우리가 그것을 보며 과도하게 웃을 때도 마찬가지이다. 분명 반짝이는 아이디어를 내놓았고 모두가 웃고 즐겼지만 우리는 심한 이질감을 느낀다. 이것은 분명 무언가 결핍되었다.

이브의 성에 들어가는 자는 진정 행복한가?

이제 자본의 힘과 맞물린 방송의 힘이 오용되고 있는 프로그램들이 있다. MBC의 <이브의 성>이 대표적인 예이다. 평소 자신이 짝사랑하던 사람에게 TV란 매체를 통해 자신의 마음을 고백하고 상대방은 그것을 선택한다. 그 결정의 순간은 실로 순간이다. 단 몇 초 만에 상대방의 마음을 받아주든지 아니면 거절하든지가 결정된다. SBS의 <이휘재·남희석의 멋진 만남>의 '청춘의 찜'에서도 내용은 비슷하다. 자신의 힘으로 참으로 하기 어려운 것들을 올림포스산의 신의 힘을 빌리듯이 그들은 방송의 힘을 빌려보는 것이다. 방송은 참으로 오만하게도 이제 인간의 애정문제에 뛰어들고 있다. 프로그램의 신청자들은 단 몇 초 안에 판단을 받고 싶어한다. 그것이 방송이기 때문에 그들은 그러한 힘을 기대하는 것이다. 이것은 왜곡된 현실을 조장한다. 설사 그것이 성공적으로 맺어졌다 할지라도 그것은 성공이라 할 수 없다. 신화는 굴절된 것이라 할 수 있다. 방송에 비친 자신의 모습은 분명 원래 자신의 모습은 아니다. 방송을 통해서 굴절된 제3의 인물이라는 것이다.

이제 이 오만한(?) 방송과 어떤 큰 힘을 기대하는 사람 사이에서 무엇이든 결과물이 수면 위로 부상한다. 그러나 시청자들에게는 어떤 결과를 낳든 둘 다 재미일 뿐이다. 상황은 웃지 않아야 할 상황인데 우리는 웃을 수밖에 없다. 설사 주인공이 슬픈 표정을 짓는다 할지라도 우리에게는 그저 재미일 뿐이다. 이것은 처음부터 웃음을 위해 제조되었기 때문이다. 소위 '몰래카메라'라 불리는 훔쳐보기 프로그램에서 당황하고 때론 노하기까지 하는 모습을 보고 우리가 웃음을 참지 못하는 이유와 비슷하다 하겠다.

약 60분간 보여지는 모든 화면은 우리의 사고에서 방송의 그 이면을 덮어버리기에 충분하다. 이것은 제작자가 의도했든 안했든 출연자가 단지 방송의 도구로 전락될 수도 있다는 것이다. SBS의 <기분 좋은 밤>에서 '결혼할까요' 코너는 방송의 힘이 실로 위력적으로 발휘된다. 물론 이 프로그램은 방송의 힘을 이용하는 면에서 긍정적이라 할 수도 있다. 앞의 두 프로그램이 실질적·가시적 결과물이 없기 때문에 가볍게 웃는 정도에 그친 것이라면 이 프로그램은 결혼이라는 실질적인 목표가 주어진다. 그리하여 이 땅의 노총각, 노처녀들을 백년해로하게 하는 것이 이들의 사명이다. 하지만 거기에서 보여지는 방송만이 할 수 있는 위력적인 모습들은 꼭 진실이라 하기에는 위험성이 따른다. 방송은 그 이후에 벌어지는 일들에는 책임이 없다. 그때 보여지는 것으로 그들의 임무는 끝이 난다. 신화에서 깨어난 출연자들의 모습은 우리는 어디에서도 찾아볼 수 없다. 그리고 시청자는 그러한 것을 아주 당연하게 받아들인다. 그리고 그 짧은 만남이 우리가 결혼하기 위한 전부로 받아들여지기 쉽다. 어쩌면 그것은 극히 일부분이 될 수도 있는데 말이다. 결국 그 출연자들의 결혼을 위한 갖은 몸부림은 방송을 위한 쇼에 그칠 수 있다는 위험성을 초래할 수도 있을 것이다. 방송은 분명 부분을 가지고 전체를 판단하게 하는 힘이 있다. 여기에 우리가 함정에 빠질 위험이 있는 것이다.

IMF가 낳은 신화 '신동엽의 신장개업'

방송의 특별한 힘은 분명 우리 생활에 아주 가깝게 다가왔다. 근래에 들어서는 더욱 더 연예인이 아닌 일반인이 방송에 출연을 많이 하는 것을 보면 분명 그렇다. MBC의 '신동엽의 신장개업' 또한 방송이 그저 먼 나라 임금이 아닌 가까이 있는 친구처럼 다가오게 하는 프로그램이다. 여러 가지 이유로 인해 고전을 면치 못하는 가난한 소형점포의 주인들에게 각계의 전문가들이 동원돼 다시 재기하도록 하는 모습이 참 고맙기도 하고 가슴 뿌듯하다. 특히 업주들이 재기하려고 노력하는 모습은 눈물겹기까지하다.

그러나 이곳에도 신화는 있다. 전문가는 서비스나 환경의 개선이 성공의 비결이라고 주장한다. 물론 그것은 사실이다. 그러나 그것은 상담소에나 있는 일이다. 이것이 방송에 오면 성공하게 하는 힘은 사실은 방송의 힘이다. 이들은 마치 우리 전래 동화의 도깨비 방망이나 제비가 흥부에게 가져다준 박씨와 같다. 눈 깜짝할 사이에 이들은 성공해 있다. 시청자들은 이들의 엄청나게 빠른 속도에 정신없어하면서 마치 자신이 성공한 것처럼 박수를 보낸다. 이것은 그들이 말하는 이론이 주요한 것이 아니라 거기에 출연하는 신동엽과 각계의 전문가 그리고 방송이라는 3박자가 맞아떨어졌기 때문에 가능한 것이다.

그런데 문제는 이러한 것에 은혜(?)를 입는 사람이 극히 소수라는 것이다. 이것은 방송이 신화적으로 될 수 있는 중요한 요소가 되었다. 물론 당사자들에게는 너무나도 고맙고 고마운 일이 되고, 심지어 구사일생으로 살아난 기분까지 들 것이다. 그러나 이렇게 우리에게 가깝게 다가왔지만 더욱 멀게 느껴지는 것은 방송이 가지고 있는 이러한 신적 모습 때문일 것이다. 결국 남아 있는 것은 방송의 위력과 위대함뿐이기 때문이다. 그 축복의 반열에 들지 못하는 수많은 다른 업주들은 언젠가 자신에게도 서광이 비치리라는 희망을 가지고 입맛을 다실 수밖에 없다. 시청자들도 지금은 마치 자신의 일인 줄 착각하고 모두가 기뻐하기만 할지도 모르지만 언젠가 정신이 들었을 때는 그것이 신화에 지나지 않았다는 생각이 들 것이다. 방송은 분명 인간 개개인이 할 수 없는 뛰어난 힘을 가지고 있다. 여기에서 방송은 이제 신화적인 것에만 치중해서는 안된다. 그것을 돈벌이에만 이용해서는 안된다는 것이다. 물론 이 프로그램의 기본 의도가 빗나갔다고 말하는 것은 아니다. 그리고 앞의 비판이 너무 혹독할 수도 있겠다. 그럼에도 불구하고 문제는 힘의 조절과 분배이다. 어디에 치중할 것인가는 제작자의 의도와 관련이 있다. 만약 제작자가 방송의 힘의 과시에 치중하고 그리고 그로 인한 시청률을 더욱 많이 의식해서 일반인을 단순히 도구로 사용한다면 언젠가는 문제가 발생한다. 결국 시청자들도 이런 것을 알아챌 수 있을 것이다. 더욱 멀게 느껴지는 것에 가깝게 다가갈 수 있는 것을 고민해볼 일이다.

더 나음을 기대하며

방송의 탄생 자체가 그러했듯이 방송은 대단히 경이로운 커뮤니케이션 도구이다. 그래서 때론 인간이 그 위력 앞에 대단히 무기력해 보이기까지하다. 그 힘도 날이 갈수록 증폭되어왔고 증폭되어가고 있다(이 열기는 앞으로도 식지 않을 것이다). 어쩌면 그것은 우리에게 무엇이든 할 수 있다는 막연한 희망을 심어주기도 한다. 여기에 함정이 생길 수 있다. 소원을 이룰 수 있지만 인간 자신이 소외될 수도 있기 때문이다. 따라서 수용자세도 중요하지만 제작자도 이 힘에 대해서 잘 알아야 한다. 방송은 그 자체의 특성 때문에 시시각각 굴절된다. 이것을 바로잡는 일은 누구보다도 만드는 사람들의 몫이 될 것이다. 그리고 굴절되어서 우리가 볼 수 없는 그 이면에 가려진 측면에 관심을 가지는 일도 올바른 방송을 위해서 반드시 필요할 것이다.

또한 제작자는 이러한 혁명적 커뮤니케이션 도구의 힘, 즉 영상의 힘은 영상기술의 문제가 아니라 그 힘의 기본이 되는 텍스트의 힘이라는 것을 알아야 한다. 따라서 더 좋은 영상의 제작을 위해서는 이제 텍스트의 연구로 돌아가야 한다.

공론의 장으로서의 TV 토론 프로그램 진단

김명선(주부)

80년대 후반 사회적인 열기를 반영하듯 시작된 TV 토론 프로그램이 1999년 봄 개편으로 활발해졌는데, 가을 개편에서도 역시 10여 년 전과 같은 토론 프로그램에 관한 사회적 관심을 실감하게 할 정도로 그 수가 늘었다. 가을 개편에서 케이블 TV뿐만 아니라 공중파 TV는 토론 프로그램의 편성을 늘렸으며 일부의 기존 토론 프로그램은 다른 토론 프로그램과 차별화되도록 형식과 내용에서 특색을 지니기도 했다.

여기에서는 비록 일부의 프로그램이지만 최근 발생된 일련의 상황, 즉 정부의 외압설이 제기됐던 경우나 언론개혁을 다룬 토론의 파행 등의 상황에 처할 정도로 활발해진 TV 토론 프로그램들의 특징과 이들 프로그램에서 시정되어야 할 과제를 짚어보기로 한다. 그리고 이를 통해 정치·경제·사회·문화적 공론의 장인 TV 토론의 발전방향을 제시하고자 한다.

수적으로 늘어난 시사 토론 프로그램

　가을 개편 이전 KBS를 비롯해 MBC, SBS, EBS 등 공중파 방송사에서 정규 편성한 성인 대상 토론 프로그램은 총 여섯 개였다. KBS 1TV는 <길종섭의 쟁점 토론>, <생방송 심야 토론>, <일요 진단>으로 모두 세 개 프로그램을 편성했고, MBC는 <터놓고 말해봅시다>, SBS는 <갑론을박 동서남북>, EBS는 <생방송 난상 토론>을 방송했다. 그러나 1999년 10월 18일 단행된 가을 개편 이후로 MBC는 <터놓고 말해봅시다>를 폐지하고 대신 국가적 의제나 시사 핵심 이슈를 다루는 <정운영의 100분 토론>을 신설, 방영했으며, SBS는 <갑론을박 동서남북>을 폐지하고 정부의 외압설이 제기됐던 <오늘과 내일>을 편성해 토론 프로그램에 무게를 두었다. EBS는 <미래토크 2000>과 더불어 청소년 대상 토론 프로그램인 <일요 토크 게임>을 편성, 방송하였다. 또한 KBS 1TV의 <일요 진단>은 각부 장관을 초대하여 정부 정책 등을 토론하는 프로그램으로 특색지어졌다.

　개편으로 더욱 비중 있게 재편성된 공중파 방송 3사의 토론 프로그램의 공통적 경향은 시사 토론 프로그램이라는 점이다. 이런 면은 전통적으로 취약한 방송의 저널리즘적 성격을 강화하는 측면에서 방송이 사회문제를 자연스럽게 개진하고 여론화하는 공론의 장으로서의 역할을 해야 한다는 당위성과도 관련이 있다고 하겠다.

　먼저 이들 프로그램 대부분은 사회자와 함께 찬반양론으로 분류된 토론자 2~4명 혹은 6명에 의해 1시간 이상 진행되며, 시사적인 문제를 주제로 삼아 쌍방 커뮤니케이션의 토론을 벌이는 형식을 취하고 있다. 또한 시청자의 참여를 유도하는 여러 방법들을 마련하고 있다.

　이번에 신설된 <정운영의 100분 토론>과 <오늘과 내일>은 모두 심야 시간대에 주제별 토론 형식으로 사회 주요 현안과 쟁점을 중심으로 토론을 진행하는 프로그램들이다. 지금까지는 공영방송인 KBS에서만 사회 주요 현안과 쟁점을 대상으로 시사 토론을 벌이는 프로그램을 방송해왔는데, 이번 개편으로 시청자 입장에서는 상업방송에서도 좀더 많은 토론 프로그램을 접할 수 있는 기회를 갖게 돼 긍정적이라고 할 수 있겠다. 그러나 개편 전부터 외압 논란이 있었고 개편 후에도 첫 방송부터 토론 파행이라는 지적을 받았을 정도로 신설된 MBC와 SBS의 토론 프로그램은 세인의 관심을 끌게 되었다.

순기능적인 역할의 토론 프로그램

TV 토론 프로그램은 시청자에게 사회적으로 문제가 되는 사안들을 시의적절하게 다루면서 해당 사안에 대한 올바른 정보와 관점을 제공

<정운영의 100분 토론>

함으로써 시청자들의 지적 갈증을 해소해주고 더 나아가 여론을 환기시키는 역할을 한다. 이것은 사회문화적인 공론의 장으로서의 텔레비전의 중요한 역할과 기능을 말하기도 한다. 그러나 경우에 따라 토론 프로그램은 정치적으로 특정한 입장만을 대변하여 언로를 왜곡하거나 상업주의의 영향으로 선정적이며 소모적인 말장난만으로 그치는 경우도 있었다.

토론 프로그램은 민주 사회에서 국정이나 국민 생활의 중요 사안을 국민들에게 전문가적인 견해로 정리해주고 정보를 제공하며 민감한 사회적 이슈에 대해 여론을 환기시키는 중요한 역할을 담당해왔다. 반복되는 수재에 대한 원인과 대책을 짚어본다거나 조세개혁의 내용과 문제점을 토론하는 등 몇몇 주제는 시청자의 관심과 호응을 불러일으키기에 충분했다.

또한 이들 프로그램에서는 사회적으로 이슈가 되거나 중요하게 논의되는 문제에 대해 정확한 정보를 전달하고 시청자가 토론과정을 통해 판단할 수 있도록 주요 사회문제를 시의적절하고도 과감하게 다루어 시청자의 관심을 유지시키고 있다. 재벌의 제2금융권 지배나 조세개혁, 특별검사제 도입 문제, 통합방송법안 문제, 도로통행세, 원전문제, 단군상 설립, 골프 대중화와 생태계 보존, 박정희 재평가, 언론개혁, 국가보안법 개정 문제 등 토론 주제는 비교적 시의적절한 아이템이었다.

더불어 다른 장르보다도 시청자의 참여가 보장되는 일면이 있다. 이들 프로그램은 전화나 팩스, PC 통신, 인터넷 등을 통해 시청자들이 직접 토론에 참여하거나 시청자의 의견을 개진할 수 있는 장치를 운용하고 있다. 토론 진행 중간중간에 시청자와의 전화통화를 삽입하고 PC 통신의 의견이나 그밖의 전화 내용을 간략히 요약해주기도 하며 혹은 방청객의 의견을 직접 접할 수도 있다. 특히 <길종섭의 쟁점 토론>은 토론중에 시청자를 대상으로 한 ARS 설문조사 집계를 실시, 다양한 결과를 도표로 보여주고 있어 다른 프로그램과 차별화된 특징을 갖고 있다. <오늘과 내일>은 현장 인터뷰도 삽입하기도 하고, <정운영의 100분 토론>은 2회분 방송부터 인터넷 천리안 설문조사를 실시하기도 했다. 전화와 팩스, PC 통신을 적극 활용함으로써 토론의 긴장감을 유지하기도 하지만 무엇보다도 토론장과 시청자 사이의 간격을 줄이려는 방송사의 노력이 돋보였다.

원론적인 논의와 핵심을 벗어난 흐름

토론 프로그램은 인간과 사회의 다양한 국면을 일상적인 대화의 틀로 살펴보되, 소재의 탄력성을 취하고 세심한 주의와 고도의 세련성이 뒷받침되어야 하는 장르이다. 또한 사회적인 문제의식을 높이고 좀더 나은 방향으로 해결책을 도모하는 데 중점을 두는 프로그램이다. 그러나 토론 프로그램은 그 사회적 기능에 비해 몇 가지 한계점을 갖고 있다.

먼저 대부분의 토론 프로그램에서는 토론이 집중적이고 구체적인 논의보다는 원론적인 논의로만 진행되어 문제의 핵심에 대한 접근이 아쉬웠다. 몇몇 토론에서는 세부적인 문제를 짚어가기보다는 전반적인 사안을 논의하는 등 원론적인 지적으로 일관해 핵심을 지적하지 못했다.

실례로 <생방송 심야 토론>의 8월 21일자 방송 '조세개혁, 이제는 실현될 것인가?'에서는 토론된 조세개혁의 문제와 개혁방안이 "원론적인 수준에 머무는 것 같다"는 시청자의 전화 지적이 있기도 했다. 또 같은 프로그램의 9월 4일자 방송 '요즘 언론, 어떻게 볼 것인가?'에서는 최근 발생된 옷로비 청문회를 다룬 언론의 보도 태도를 문제삼으면서 한국 언론의 특징과 문제점을 토론했다. 그러나 언론의 문제점을 구조적 측면에서 보면서 재벌의 언론 소유를 지적하고 그 대책을 논의한 후 언론개혁을 토론하는 전과정이 몇몇 사항에 대해 심도 있게 다루기보다는 단순히 여러 문제를 열거하는 나열식 토론이 되었다. 나열된 언론의 문제에 대한 실효성 없는 대안을 제시하기도 해 표피만 건드리고 핵심을 건드리지 못한 사례가 되었다.

또한 <정운영의 100분 토론> 10월 21일자 방송 '무엇이 언론개혁인가'에서는 최근 발생된 중앙일보 홍석현 사장 구속이 정당한 법집행이냐 혹은 언론탄압이냐의 논란을 일으키고 있는 중앙일보 사태를 통한 언론개혁을 집중 토론했다. 그러나 중앙일보측 토론자가 배제된 토론자 선정에서의 실수와 편파적인 토론 진행이라는 큰 문제점을 가진 채 진행되어, 첫 방송부터 공정성에 대한 시비가 있었고 문제의 핵심에도 접근하지 못했다. 또한 언론개혁 방안에서도 정기간행물법 개정이나 언론의 자율 개혁, 비판적 언론교육의 필요, 편집권 독립, 권력화된 신문사 사주에 대한 정부의 제재 등 이미 오래 전부터 논의되었던 실현성이 적고 원론적인 내용을 지적하는 토론이었다.

특히 <정운영의 100분 토론>의 사회자가 10월 21일 첫 방송을 앞두고 일간지 ≪중앙일보≫(10월 21일자 신문)에서 "다소 편파적이었던 일부 시사 토론 프로그램과는 달리 각 토론자에게 공정한 기회를 주어 생산적인 논쟁을 이끌겠다"고 밝힌 바 있었다. 그러나 그 사회자는 인터뷰한 해당 신문사 사태를 다루면서 처음부터 그것을 실행하지 못했는데 이를 통해 시청자와의 약속과 보이지 않는 압력 속에서 갈등하는 토론 프로그램의 모습을 보는 것 같았다.

<길종섭의 쟁점 토론>과 <오늘과 내일>은 한 시간이라는 제한된 시간 내에서 찬반이라는 대립적 견지에서 토론을 하다보니, 심지어 <오늘과 내일>은 짧은 시간에 두 가지 주제를 함께 토론해 깊이 있는 토론이 되지 못하고 반론의 여지도 없이 조급하게 진행되어 충분한 토론이 되지 못했다.

그러므로 시청자의 관심을 적절하게 반영한 토론 주제를 적당한 갈등적 토론과 대화를 통해 세부적으로 심도 있게 다루어야 시청자들의 궁금증을 해소하면서 프로그램을 통해 사회적 핫이슈를 공론화하는 토론 프로그램의 역할을 제대로 수행한다고 할 수 있다.

사회자의 역할

토론 프로그램이 제대로 역할을 다할 수 있기 위해서는 사회자의 역할이 중요하다. 다른 장르와 달리 토론 프로그램은 사회자의 정확한 판단력과 순발력이 결정적인 역할을 한다. 여기에서 사회자는 주어진 주제에 따라 프로그램을 진행하는 교통순경의 역할을 수행한다.

현재 방영되고 있는 토론 프로그램의 사회자를 보면 사회자가 토론자의 논쟁에 비교적 적극적으로 개입하여 활발한 논쟁을 유도하는 긍정적인 측면이 있다. 반면에 논쟁이 되고 있는 문제에 대해서 어느 한 쪽으로 몰고 가는 경우나 토론중에 자신의 견해를 불필요하게 피력하는 경우도 있어 문제가 되기도 했다.

<생방송 심야 토론>에서는 8월 7일자 방송 '반복되는 수재, 근본 대책은 없는가?'와 같은 달 28일자 방송 '재벌개혁, 어떻게 이룰 것인가?'에서 사회자가 정리하는 결론 등에서는 토론된 전체 의견을 반영, 정리하기보다는 정부측을 대변한 특정인의 의견으로 결론을 지었거나 사회자 자신의 주관적 논평을 덧붙이기도 했다. 물론 방송 초기이기도 하지만 <정운영의 100분 토론>에서는 때론 사회자가 교통정리를 하기보다는 토론자들의 자율적인 토론에 맞기는 경향이 강한데 간혹 토론자에게 끌려다니기도 하고 방관하는 듯 토론자의 토론을 지켜보는 느낌을 주기도 했다.

대부분의 사회자는 언론계에서 오랫동안 활동해온 역량 있는 인물

이거나 변호사 혹은 대학 교수로서 개인적인 능력과 탁월한 진행을 보이고 있지만, 때에 따라서는 사회자라는 위치를 벗어난 채 토론에서 자신의 견해를 밝히거나 정부측의 입장 표명에 할애를 많이 해주거나 했으며 혹은 토론이 흘러가는 동안에 중심을 잡아주는 역할에 미흡하기도 했다. 이런 경우는 정부의 정책을 주제로 삼은 후 정부 대변자가 토론에 참가했을 때 종종 발생했다. 또한 토론과정에서 전혀 예기치 못한 진행상의 방해 요소가 발생했을 때 혹은 때때로 예상 밖의 시청자 전화가 있을 때 이를 원활히 해결해 매끄러운 토론의 흐름을 유도하는 데 부족함이 있기도 했다.

따라서 사회자는 참여자들에게 균형 있는 대화기회를 분배해주고 토론이 잘못된 방향으로 흘러가지 않도록 하며, 토론이 공정하고 활발하게 진행되도록 중심을 잡아주는 역할을 담당해야 한다. 다음 토론으로 넘어갈 때는 앞에 나온 토론자의 의견이 다음 토론자와 잘 연결되도록 논점을 찾아 연결하는 징검다리 구실을 더욱 충실히 해야 할 것이다.

토론자 구성

사회자 못지않게 토론자의 구성은 토론 프로그램이 사회적 공론의 장이 되는 데 중요한 요소이다. 토론자는 자기의사는 정확히 표현하고 남의 의사는 신중하게 경청하는 합리적인 자세를 취해야 하고, 시청자의 의견을 충분히 대변해야 한다.

토론 프로그램에 참가하는 토론자를 분석해보면 대부분 교수, 변호사 등이 차지하며 사안에 따라서는 정부측의 입장을 대표하는 공무원이나 정치가, 언론인, 시민단체의 대표 등이 참여한다. 그런 경우 일반적인 이야기나 자기가 속한 단체의 입장을 대변하기 십상이기 때문에 일반 시민의 실생활과 밀접한 주제를 토론할 때는 본질에 접근하기 어려워 시청자의 공감을 쉽게 얻을 수 없었다. 정부의 정책이나 시책 직후 관련 사안을 토론 주제로 삼을 경우 정부의 정책이나 시책을 전달하고 설명하는 기회를 마련하는 토론의 장이 되기 일쑤다. 즉 대국민 홍보용 토론이라고 해도 무색하지 않을 정도였다. 경우에 따라서는 토론자들이 텔레비전 프로그램이라는 점을 의식해 자신의 생각이나 의견과 달리 시청자를 의식한 발언을 해 신랄한 비판과 논쟁보다는 신중한 태도를 보이기도 했다.

토론자들은 어떤 단체나 조합, 정당, 직업 등과 관련된 사람들이다. 따라서 그들은 자기 의견보다는 일반적인 것이나 혹은 소속 집단의 평균적인 입장을 대변할 수 있다. 그러니 이미 언론에서 전달한 내용 이상의 것이 논의되지 않거나 철저한 문제 진단을 못하기도 했다. 일반 시민의 실생활과 밀접한 주제를 토론할 때는 제작자는 본질에 접근한 토론을 할 수 있고 시청자의 공감을 얻을 수 있는 토론자를 선정하는 데 더욱 심열을 기울여야 할 것이다.

<길종섭의 쟁점 토론>의 8월 26일자 방송 '청문회 이대로 좋은가'에서 토론자로 나온 정당측 대변자가 자기가 속한 당의 당리당략에 입각한 주장만 계속해 토론 분위기가 경직될 정도였으며, 이날 토론자로 참가한 다른 변호사는 칼날 같은 질문 공세로 시청자에게 대리만족을 줄 만큼 신랄한 토론을 유도해내 귀감이 되기도 했다.

특히 최근 가을 개편에서 상업방송에 비중 있는 시사 토론 프로그램이 두 개나 신설되면서, 특히 <오늘과 내일>이라는 토론 프로그램이 "정권 핵심부의 압력에 의해 긴급 편성됐다며 갑자기 편성된 이 프로그램이 총선을 앞두고 있는 정부 여당에 유리한 국정홍보성 내용으로 채워질 수 있다"는 SBS 노조의 외압 주장이 제기되는 것도 이러한 토론자의 역할이 그런 의혹을 불러일으키는 이유가 될 수 있기 때문이다. 또한 <정운영의 100분 토론>의 토론 파행에서도 당사자격인 중앙일

보측 토론자 배제 문제를 두고 정부측의 입김에 대한 의혹을 갖게 했는데, 때마침 중앙일보측 토론자의 전화가 없었다면 시청자들은 아무도 토론자 선정 문제에서의 공정성 시비를 명확히 염두에 두지 못했을 것이다. 이때 출연했던 어느 교수는 타방송사의 시사 비평 프로그램에도 나와 중앙일보 사태에 대한 같은 견지의 주장을 하기도 했다.

일련의 발생된 사태에 대한 시시비비를 떠나 SBS와 MBC의 이런 사태가 빚어진 것은 가을 개편 후 생긴 시사 토론 프로그램들이 앞으로 당면하게 될 방송의 공정성과 형평성, 신뢰성과 관련된 심각한 문제라고 생각할 수 있다. 공적인 장이라는 토론 프로그램의 근간이 의심받을 수 있기 때문이다.

차별화된 편성과 밀도 있는 토론으로 재미를 주는 토론 프로그램

사회발전의 바탕이 될 수 있도록 시청자들에게 참여의 장을 제공하면서 사회적 쟁점을 공론화하는 기능을 하는 토론 프로그램이 성공적으로 정착하기 위해서 주제 및 방송 포맷 개발 등이 지속적으로 필요하다.

토론 주제에서 정치, 경제, 사회 문제뿐만 아니라 교육이나 문화, 예술, 환경, 과학 등 다양한 소재를 택해 해당 주제에 대한 구체적이고 밀도 있는 진행이 돼야 한다. 형식면에서는 영상토론 형식으로 지역이나 국외를 연결하거나 주제를 쉽게 이해할 수 있도록 다양한 영상 미디어와 그래픽을 활용하는 방안을 고려해봐야 할 것이다. 폭넓은 소재가 이용된다면 시청자들이 변화하는 상황에 적응하는 데 많은 도움을 줄 수 있을 것이다.

토론을 정치, 경제 등 딱딱한 주제로 일정한 포맷에서 진행하다보면 지루한 감이 있기 십상이다. 의견나열이나 의견교환 수준의 좌담회나

간담회 형식을 지양하고 서로의 논박을 통해 토론을 활성화함으로써 재미와 흥미를 주도록 해야 한다. 토론에서 토론자간의 극렬한 논쟁은 프로그램을 지루하게 하지는 않는다. 큰 쟁점이 되는 주제에서 쌍방 커뮤니케이션이 이루어지도록 토론을 활성화하는 토론자 구성과 사회자 역할이 있다면 생동감 있는 프로그램이 될 것이다.

더불어 천편일률적인 무대 세팅에서 변화를 가져와 토론 분위기의 지루함을 없애고 부드러운 토론 분위기를 만드는 노력도 필요하다. 토론장의 분위기가 대부분 엄숙하고 딱딱한데 경우에 따라서는 이것이 토론의 분위기를 자칫 경직되게 하여 토론자들이 자연스럽게 자신들의 생각이나 의견을 주장하기 힘들게 할 우려가 있으므로 무대 세팅에서의 변화를 고려해볼 만하지 않을까 싶다.

또한 토론 참가자의 다양화와 시청자의 진정한 참여가 보장되어야 한다. 특정 대학의 교수나 변호사, 특정 단체의 대표자뿐만 아니라 시민단체에 속하지 않으면서 해당 주제에 대해 민감한 영향을 받는 일반인도 직접 참여할 수 있도록 토론자의 선정 범위를 넓혀야 한다. 물론 방송에서 토론을 잘할 만한 일반인을 섭외하기는 쉽지 않겠지만, 일반 시민의 참여가 딱딱한 분위기를 깨는 역할을 할 수도 있으므로 다각적인 시청자 참여 방법을 늘리는 것도 연구되어야 할 것이다. 재미있게 시청할 수 있는 토론 프로그램의 개발은 무엇보다도 토론장과 시청자 사이의 간격을 줄이는 노력에 달린 것이다.

무엇보다도 토론 프로그램을 통해 해당 문제에 대한 명확한 규명, 구체적인 대안이나 해결책 등이 나오지 않는 경우가 대부분이어서 구체적이고 명확한 것을 원하는 시청자 입장에서 아쉬운 점이 있다. 물론 늘 구체적인 해결책이 나와야 함을 주장할 수는 없다. 사안에 따라서는 전문가적인 견해를 제공하고 해당 현안에 대한 여론 환기 자체만으로도 만족할 수는 있다. 그러나 되도록 구체적인 결과물이 생산되기를 기대하는 것이 시청자, 즉 국민의 바람일 것이다. 우리나라의 정치적·사회적 상황이 점차 다변화되고 개방적이며 자율적이고 참여적인 방향으로 바뀌고 있다. 제작자들은 토론 프로그램을 통해 이러한 시청자들의 가려운 부분을 재빨리 알아내고 이를 시원하게 긁어줄 수 있어야 할 것이다.

그러므로 차별화된 편성, 밀도 있는 구성과 진행을 통해 탁상공론적 토론에서 탈피하면서 구체적인 대안이나 해결책을 제시하는 공론의 장으로서의 큰 몫을 하는 토론 프로그램이야말로 시청자에게 흡인력 있는 프로그램이 될 것이다.

<테마게임>에 관한 비평문

김민경(대학생)

주말 저녁 인생으로의 초대

한 주간의 소란스러운 일상에 치여 있던 시청자들은 피곤하면서도 편안한 마음으로 TV 앞에 앉게 된다. 타방송국의 동시간대 TV 편성이 시끌벅적한 쇼 프로그램과 폭력이 난무하는 외화 프로그램에 치중하는 동안 MBC TV 프로그램 <테마게임>은 이러한 시청자들에게 제대로 어필하여 벌써 햇수로 4년째 방영되고 있는 장수 프로그램이 되었다.

<테마게임>이라는 프로그램 타이틀에서 알 수 있듯 인생사를 한 판의 게임에 비유, 시청자들이 일주일간의 치열한 인생게임을 잠시 접고 또 다른 하나의 게임, 즉 극중 등장인물의 인생게임을 간접적으로 접하게 하고, 몰입하게 해주는 점이 바로 <테마게임>의 매력이다.

대부분의 주말 프로그램들이 10대 위주의 시청자들에게 초점을 맞추다보니 그들만의 스타들이 만들어내는 소비지향적인 풍조, 현란한 몸짓과 장난스러운 말투, 가학적이면서 작위성 짙은 삼류 웃음 따위의 것들을 양산해온 것이 사실이다. 하지만 보는 이로 하여금 인생에 대

하여 무엇인가를 생각할 수 있는 거리를 주고 박장대소는 아닐지라도 입가에 잔잔한 미소를 머금을 수 있게 하는 <테마게임>이 다른 프로그램에 비해 돋보이는 것은 당연한 일이 아닌가 싶다.

종래 프로그램들과의 차별성

지금까지 방영되었던 드라마나 지금 현재 방영되고 있는 드라마들이 그동안 시청자들에게 크게 식상함을 주었던 것이 사실이다. 항상 극의 주연급은 당대 최고의 인기를 자랑하는 미남, 미녀 스타들이 도맡았고, 그들은 대개 우연에 이은 우연으로 만나서 서로를 향한 감정을 발전시켜간다. 직업 역시 선망의 대상이 될 만한 의사, 프리랜서, 광고업종, 디자이너, 모델, 방송직 등의 직함을 꿰차고 또래의 시청자들에게 다소 벅찰 수 있는 넓은 집에 좋은 자동차를 소유하고 있다. 그리고는 값비싸고 인테리어 멋진 카페, 음식점 등에 내 집 드나들듯 한다. 극중 주인공들이 소유한 사회적 지위와 역할에 걸맞지 않을 정도로 그들의 언행과 사고 체계는 지극히 유아적이다.

그에 반해 <테마게임>에서는 평범한 소시민들의 이야기는 물론이고 사회주변부, 그간 TV라는 전달매체에서조차 등한시되어왔던 이들 —꼴찌, 삼수생, 문제아, 왕따학생, 실업자—의 이야기까지 담아내고 있다. 물론 이들의 테마를 다루는 데서의 강도, 진지함 등은 조금 미흡하지만 일단은 사회주변부에 머물고 있던 이들의 입장을 대신 표명해주고 사회의 안쪽으로 이끌고자 시도한 점은 높이 평가할 만하다.

<테마게임>이라는 프로그램이 차용하고 있는 형식의 전체적인 근간은 드라마이다. 매주 하나의 테마를 정해놓고 드라마의 형식을 빌려 시청자들에게 제작진이 전하고자 하는 메시지를 던지는 것이다. 하지만 이쯤해서 끝난다면 <테마게임>은 평범한 여타 범작들과 하등 다

를 바 없다. 제작진은 드라마적인 극의 형식에 코미디언들에게 역할을 주어 드라마의 흐름중에 이들이 해결할 수 있는 '웃음'이라는 요소를 덧붙였다. <테마게임>만의 이러한 형식상의 두드러짐은 작게는 본 프로그램의 인기와 시청률 확보에 일조하였고 나아가서 동시대의 일반적인 코미디, 드라마 프로그램이 지니고 있던 단점을 어느 정도까지 극복하게 하였다고도 볼 수 있다. 그러나 <테마게임>만의 이러한 구성상의 특징은 뒤집어 이야기해서 드라마가 가질 수 있는 전개 구조상의 진부함, 소재의 식상함과 코미디가 지닌 질 낮은 삼류 코미디 생산, 건강한 웃음을 가장한 천박함 등의 딜레마에 빠질 가능성도 내재해 있음을 상기시키고 싶다.

인기요인과 지속성 여부

<테마게임>은 김국진(지금은 하차했지만), 김용만, 서경석, 김진수, 이윤석, 홍기훈, 김효진 외에 다수의 MBC 코미디언들이 매회 고정출연하면서 프로그램을 이끌어가고 있다. 프로그램 특성상 매주 다른 테마를 다루기 때문에 고정출연 코미디언들은 계속 다른 캐릭터를 창조해야 한다. 캐릭터들의 사회적 지위, 학력, 경제력, 연령, 시대적·공간적인 배경이 매번 바뀌는 데도 전문 연기자가 아닌 이들은 캐릭터의 변신을 제법 잘해내고 있다. 고정출연자들의 연기력에 더불어 작가의 참신한 구성도 프로그램의 인기 행보에 한몫을 해주고 있다. 극중 인물간의 갈등양상과 그 주의 테마가 다루는 범위를 벗어나지 않는 사건의 인과관계는 단순하지 않으면서 지나치게 복잡하지도 않다. 그야말로 주말 저녁 온 가족이 둘러앉아 볼 수 있는 프로그램인 것이다. 하지만 방영 초기보다 많은 인기를 업고 훌쩍 인기스타로 커버린 출연자들이 문젯거리가 될 수 있다. <테마게임>에 출연하고 있는 연기자들은

이제는 각자 자기 자신만의 고유한 이미지도 굳어졌고 확실한 웃음을 보장받는 나름대로의 유행어라는 무기도 갖추고 있다. 이러한 사항들은 제작진이 프로그램을 제작하는 데도 여러 가지로 제약을 가할 것이 사실이다. 그리고 드라마 구성상의 기발함이나 극 자체에서 유도하는 자연스러운 웃음이 아니라 출연 코미디언들에 의한(상황에 걸맞지 않은 유행어 따위의 남발로 인해 유발되는) 부자연스러운 일회적인 웃음에 그칠 수 있다.

<테마게임>의 출연진들이 전문 연기자들이 아니라는 점도 프로그램의 인기 지속에 영향력을 행사할 수 있다. 지금까지 200회를 넘는 방영기간 동안의 출연자들의 연기력에 대해 흠잡을 생각은 없다. 하지만 전문 연기자들조차도 버거워하는, 예를 들어 모든 것을 버리고 세상을 등져야 하는 시한부인생, <모래시계>에서 박상원이 연기했던 살인자 친구를 형장으로 보내야만 하는 검사역, 영화 <정사>의 이미숙이 맡았던 여동생의 남편될 연하의 남성에게 자신도 모르게 이끌리는 위기의 유부녀 배역 등에 필요한 미묘하면서도 섬세한 심리묘사를 <테마게임>의 출연자들이 연기할 수 있으리라는 생각엔 의구심을 품게 된다. 게다가 방영기간이 200회를 넘기는 장수 프로그램이 되다보니(요즈음엔 워낙 시류에 영합하는 단명의 프로그램이 많다보니 200회 이상이면 정말 대단한 롱런 기록이다. 그것도 코미디 성향의 프로그램으로서 말이다) 소재가 거의 고갈되었다 해도 과언이 아니다. 다루지 않았던 주제가 없고 이미 몇 가지의 소재는 중복방영되기도 하였다.

소재의 고갈은 당연히 작가의 드라마 구성력에 막대한 영향을 미칠 수밖에 없다. 극의 구성력이 떨어지게 되면 당연히 주제를 향한 응집력이 떨어지고 이는 곧바로 시청률, 인기의 하락으로 이어진다. <테마게임> 같은 장기 방영 프로그램들이 종국에 도달하는 문제점이 바로 소재의 고갈이다. 이를 보면 <테마게임>도 이제는 방영한계에 다다르지 않았나 싶다. 그러나 어쨌든 <테마게임> 제작의 측면에서 볼 때

현재 작가체제 내에서 생산되는 탄탄한 드라마의 구성을 언제까지 지속적으로 보장받을 수 있는가 또한 얼마나 역량 있고 신선한 신인작가들을 잡을 것인가 하는 문제해결의 결과에 따라서 <테마게임>의 존멸 여부가 결정될 것이라고 생각한다.

산만한 분위기의 특별출연, 카메오 연기자

초창기의 <테마게임>은 당시 방영되던 타드라마들이 인기 탤런트 일색의 캐스팅이었던 것에 반해 평소에 시청자들에게 다소 장난스러운 캐릭터로 다가와 있던 코미디언들을 주연배우로 발탁하고 이들로 하여금 때로는 전혀 어울릴 것 같지 않은 진지한 연기도 선보이게 해서 조금은 낯선, 그렇지만 매우 신선한 느낌이었다. 하지만 4년 여의

<테마게임> 촬영 모습

세월이 흐르고 그동안 코미디언과 전문 연기자의 영역이 많이 혼재되었고 코미디언들의 시트콤, 정통 드라마로의 진출이 활발해지면서, 또 매회 보게 되는 배우가 그 얼굴이 그 얼굴이라 <테마게임>에서 배어 나오던 신선함이 어느덧 식상함으로 변해버렸다.

현재 유지되고 있는 전문 연기자들의 특별출연, 카메오 출연은 그런 의미에서 식상함을 조금이라고 가시게 하기 위한 몸부림 이상으로는 보이지 않는다. 이런 전문 연기자들을 매회 억지로라도 극의 흐름에 투입시킴으로써 드라마 구성상에 과부하를 초래하게 되고, 극의 완성도 차원에서 의문이 제기될 수밖에 없는 것이다. 이는 다시 말해 결국엔 시청자들의 발길을 옮기게 하는 빌미가 되는 것이고 나무는 보되 숲은 보지 못하는 식의 우매한 발상인 것이다.

특별출연, 카메오 연기자들을 선정하는 기준에도 문제점을 지적하고 싶다. <테마게임>에 특별출연하는 연기자들은 대부분 여자 연기자이다. 그것도 방영 당시에 소위 '잘 나간다' 하는 젊은 여자 연기자(김소연, 유혜정, 김선아, 박진희 …… 등) 전문 연기자들을 매회 영입해 프로그램에 식상한 느낌을 지우고 활력을 불어넣기 위한 것이 제작진의 의도라면 그것이 반드시 여성이어야만 할 필요는 없어진다. 행여 필요에 의해 여성 연기자가 제작진의 소명을 받고 출연한다고 할지라도 그것이 꼭 젊고 예쁜 연기자일 필요는 더더욱이 없다. 사실 <테마게임>의 여러 가지 매력들 중의 하나가 극중 등장인물들이 묘사되는 모습이 오늘을 살아가는 우리들의 자화상 같기 때문에 오는 동질감이다. 돈과 명예를 추종하고 남부럽지 않은 직업과 좋은 차, 좋은 집을 지향하지만 한편으로는 가족의 포근함과 사랑의 따스함을 아는 극중인물들, 그들은 현실적이면서 소박한 전형적인 소시민의 모습이다. 그런데 이러한 소시민들의 이야기를 다루는 극에 값비싼 의상과 튀는 외모를 앞세운 눈요깃거리식의 젊은 여자 연기자들의 개입은 오히려 드라마의 매력을 반감시킬 뿐이다.

테마 선택의 차별화와 결말에 대한 아쉬움

<테마게임>이라는 프로그램 타이틀에서도 알 수 있듯 <테마게임>에 절대적으로 필요한 아이템은 두말할 나위 없이 '테마'이다. 일단 제작진이 시청자들에게 보여준 테마 선택의 차별성과 그것을 그려냈던 기술적·방법론적 퀄리티는 우수했다. 사실 코미디 성향의 프로그램이 사회적으로 민감한 성격의 문제를 다뤄보려고 시도한 적은 여러 차례 있었다. 하지만 그때마다 시청자들이 "쟤네들 갑자기 왜 저렇게 진지한 척하는 거야"라는 식의 냉담한 반응을 보인 것이 사실이다. 이런 식의 반응을 받은 프로그램들의 전체적인 공통점은 시청자들을 웃겨야 하는 코미디 프로그램인데도 불구하고 필요 이상으로 깊고 진지하게 시안을 다루려 했다는 점이다. 이런 실패한 선례들에 힘입어서인지 <테마게임>은 두 마리의 토끼를 잡긴 잡되 오히려 역으로 시청자들을 사로잡았다. 다시 말해 극 자체가 사회적인 문제를 포함하긴 포함하되 가볍게 터치하는 느낌으로 다루고 시청자들에게 테마에 관해 무언가 생각해볼 수 있는 진지한 웃음을 유발하는 방법을 택한 것이다.

테마 역시 다분히 사회적이고 시의성을 띤, 예를 들어 왕따문제, 처세술, 실업문제, 체벌교사, 문제학생, 해외입양아문제, 남아선호사상, 유산상속문제, 성감별 낙태, 방송의 상업성문제 같은 코미디 성향 프로그램에서 소화하기 힘든 문제를 선택하여 편안한 방식으로 접근하였다. 앞에서도 언급했듯이 일단 <테마게임>이 주제의 선택이나 접근방법에서는 탁월했다는 점은 인정한다. 하지만 그토록 신선한 테마 선별이나 효율적이었던 접근방법에 비하여 제작진들이 제시하는 테마의 해결은 보는 이로 하여금 너무나 맥이 빠지게 만든다.

극에서 풀어놓는 이야기는 상당히 현실적이고 이성적인데 막상 드라마의 후반부에는 대개 희망, 사랑, 꿈, 용기 따위의 낭만적이고 허울 좋은 '포장지'로 작품을 추상적·포괄적으로 매듭지어 시청자들에게 내놓기 일쑤이다. 문제 상황에 대한 진지한 검토를 거친 후에 보다 현실적인 대안을 내놓는 게 바람직하다. 또한 최근 <테마게임>을 보면 남녀간의 사랑이 지나치게 개입되어서 프로그램의 전체적인 완성도와 참신함을 떨어뜨리는 것 같다.

갈수록 희석되는 실험정신

대부분의 시청자들이 기억할지 모르겠지만 정말 초창기의 <테마게임>은 코미디언들이 나오지 않던 정통 드라마 형식의 단막극이었다(필자는 이때 '개'를 다루었던 한 작품을 보고 당시의 그 쇼킹한 느낌을 아직까지도 지울 수 없다). 그 이후 한동안 임백천의 진행과 출연 코미디언들이 함께 자리하던 토크쇼식의 <테마게임>이 있었고 그 다음으로 갖추게 된 형식이 두 가지의 단막극이 직렬하는 현재의 형태이다. <테마게임>의 전체적인 틀의 변천을 살펴볼 때 잠깐 토크쇼의 형식을 빌려 프로그램을 방영하던 때의 모습이 눈에 띈다. 초창기에 운영되던 토크쇼식 진행은 당시 어떠한 프로그램에서도 찾을 수 없던 참신함 그 자체였다. 물론 다소 산만한 듯한 사회자의 진행과 장난스러운 출연자들의 자세가 토크를 잡담, 농담 따먹기식으로 훌러가게 하여 거슬리는 점도 없진 않았지만 방송을 시청하는 시청자들에게 나름대로 인생에 대해 생각할 수 있는 여지를 마련해주는 시간이었던 것 같아 좋았다.

하지만 자사 옴부즈맨 프로그램 <TV 속에 TV>에 나온 담당 프로듀서의 이 부분에 관한 설명은 연출상의 작위적인 모습을 드러내는 게 사실이고, 구성상의 어려움, 그리고 몇 년이나 계속되다보니 신선함이 떨어지기 때문에 변화를 준 것이라고 한 바 있다. 필자는 <테마게임>이 가질 수 있는 최대의 매력은 특유의 신선함과 실험적인 면모라고 생각하고 있다. 그런데 신선함을 위해서 신선한 요소를 없애는 게 신선하다는 식의 발상은 어불성설인 것 같다.

맺으며

좋은 방송이라 함은 공공성, 건전성, 작품성 등의 요소를 두루 갖추고 있어야 하겠지만 여기에 빠뜨려서는 안될 것이 있다. 바로 '재미'다. 아무리 프로그램의 내용이 건전하고 수준 있다 할지라도 재미가 보장되지 못하면 방송이 마땅히 수행해야 할 메시지 전달의 임무가 효과적으로 이루어질 수 없다. 요컨대 재미가 없는 프로그램은 좋은 작품은 될 수 있을지언정 '좋은 방송'은 될 수 없다. <테마게임>은 다양한 소재를 통해 잘 짜여진 구성에다 재미라는 요소가 조화를 이루어 시청자들에게 전달력이 높은 것이, 보는 이들은 물론 전문가들에게도 좋은 평가를 받고 있는 요인이라고 생각한다. <테마게임>은 단지 재미있기 때문에 시청자들이 좋아하는 것은 아니라는 점을 상기시키고 싶다.

그리고 지금까지의 <테마게임>이 참신함과 소박함에 초점을 맞추었다면 이제는 작품 자체의 완숙함과 진지함, 즉 프로그램의 완성도를 보다 높이는 데 주력해야 할 것이다.

더 나아지는 이야기쇼를 위하여

김영숙(주부)

사람의 삶을 나누며 살 수 있다는 것은 매우 따뜻한 일이다. 사람이 한 생을 살면서 자신의 고뇌와 역경, 그리고 그것을 이겨냈던 지혜, 기쁨과 환희, 감동, 그 모든 삶의 여정들을 나누어 다른 사람들과 함께 공유하고 그것을 즐기며 행복해할 수 있다면 그보다 더 따뜻한 일이 또 있을 수 있을까? 아니 그렇게 거창하지 않더라도 아주 사소한 삶의 지혜들을 다른 사람들의 삶의 모습을 통해서 얻을 수만 있다면 그것은 이미 사소한 일에 머물러 있지 않을 것이다. 어쩌면 방송이 존재하고 방송이 유지되는 이유가 그것일지도 모르겠다. 삶을 나누는 것, 그것이 방송이다.

오늘날 방송의 여러 장르들 중에 이야기쇼가 바로 그런 일의 최전방에 서 있을 것이다. 진행자의 인도에 따라 출연자의 삶이 자연스럽게 나누어지고 그런 방송을 보면서 시청자들은 자신의 삶을 비교해보기도 하고 웃기도 했다가 울기도 한다. 그리고 그것이 나쁜 경우이든 좋은 경우이든 그 속에서 새로운 지혜들을 터득한다. 어떤 논평이나 연설, 설교를 통해 직접적으로 전해지는 교훈이라기보다는 자연스럽게 우리 맘에 스며드는 교훈, 그리고 그 감동들이 바로 이야기쇼의 참된 매력이라고 할 수 있을 것이다.

이러한 측면에서 본다면 이야기쇼는 그저 웃고 즐기는 하나의 방송이라기보다는 오늘을 살아가는 시청자들의 삶에 지대한 영향을 끼치고 있으면서 사람들이 생각하지도 않는 사이에 우리의 의식을 조정하는 또 하나의 힘이 될 수 있다. 여기서 이야기쇼의 중요성이 밝게 드러날 것이다.

그렇다면 이렇게 중요한 이야기쇼가 오늘의 방송에서는 어떻게 그려지고 있을까. 바른 방향 가운데 서 있는 것일까. 혹 어떤 문제점을 가지고 있지는 않을까. 있다면 그 문제는 어떻게 해소되고 어떤 방향으로 나아갈 수 있을까. 이러한 질문들이 필자가 이 글을 쓰려고 하는 이유가 될 것이다. 이런 이유하에 필자는 프로그램이 가지고 있는 몇 가지 문제점을 긍정적인 면과 부정적인 면으로 나누어 정리해보고, 또 시청자의 문제점들을 지적하면서 더 나아지는 이야기쇼를 소망해보고자 한다.

프로그램의 문제

연예인 지향주의

언제부터인가 연예인들은 우리 사회 곳곳에서 매우 중요한 인사가 되었다. 많은 청소년들은 자신의 모든 희망을 그 일에 걸고 매진하며, 각 정당들은 선거 때마다 연예인 모시기 경쟁을 하고, 종교계 인사가 선포하는 메시지보다는 연예인의 지나가는 한마디 말이 우리의 의식에 더 많은 영향을 끼친다. 연예인의 역할은 자신이 속한 한 분야에 국한되지 않고 정치, 경제, 윤리, 사회 전반에 걸쳐 그 모습을 나타낸다. 그에 따라 시청자들의 관심은 연예인의 삶에 집중될 수밖에 없다.

이야기쇼는 이러한 사회 전체의 흐름에 충실하다. 시청자가 요구하는 것이 무엇인지를 빠르게 찾아내고 그것들을 충족시키려 노력한다. 따라서 현재 방송되는 대부분의 이야기쇼는 연예인의 삶에 집중하고 있다. 연예인이 결혼을 하고, 연예인이 이혼을 하고, 연예인이 아기를 낳고, 연예인이 요즘 어떤 일을 하고 있고, 연예인이 무슨 계획을 갖고 있고 등등의 문제가 이야기쇼의 중요한 맥이 되고 있는 것이다.

이것의 긍정적인 면은 있다. 앞서 말했듯이 시청자가 요구하는 방송이라는 것이 가장 기본적이다. 시청자가 궁금해하는 것을 풀어주고, 시청자가 보고자 하는 사람을 보여주고, 시청자가 듣고자 하는 것을 말해준다. 시청자가 원치 않는 소재를 방송하는 것은 어쩌면 벽을 향해 외치는 것과 다를 바가 없을 것이다. 따라서 시청자의 요구에 충실한 이야기쇼는 방송 본분의 역할을 다한 것이 된다.

다음은 연예인을 우리의 삶과 동일한 지점에 갖다놓은 것이다. 너무나 달라서 특별할 것 같은 연예인, 우리의 삶과는 전혀 동떨어진 삶을 상상하는 시청자들에게 그들도 우리와 똑같은 인간의 삶을 사는 그저 사람이라는 것을 우리에게 인식시켜주었다. 그리고 그들의 삶 속에도 동일한 절망과 슬픔 또 희망과 기쁨이 있다는 것을 우리에게 알게 해주었다. 그것은 매우 중요하다. 만약 전혀 다른 모양으로 사는 연예인의 신비만이 시청자에게 전해진다면 그것은 과장된 거짓이지 참된 방송이 될 수 없다.

그러나 이에 반한 부정적인 면도 없지 않다. 먼저는 반복되는 이야기라는 것이다. 각 방송사마다 재담꾼 연예인을 모시려고 안달이다. 그렇게 시간들을 교환해가면서 연예인들은 이곳저곳에서 동일한 이야기를 반복한다. 특히 오전 동일한 시간대에 볼 수 있는 방송 3사의 이야기쇼에는 한 번은 여기서 또 한 번은 저기서 똑같은 이야기를 해댄다.

연애, 결혼 스토리, 아기 낳은 이야기, 이혼의 아픔 등을 몇 번이나 반복해서 듣는다. 어제 본 사람을 내일이나 모레에는 다른 방송사 이야기쇼에서 보게 된다. 그 정도에 이르면 시청자는 도대체 방송에 저렇게 할 것이 없나 하는 생각을 하지 않을 수 없는 것이다.

다음은 연예인 신변 알기에 모든 관심이 집중되어 있다는 것이다. 연예인이 가지고 있는 삶에 대한 어떤 통찰이나 가치관을 깊이 있게 나누기보다는 그 연예인이 요즘 무슨 일을 하고 있는지, 어떤 옷을 입는지, 어떤 화장을 하는지, 어떤 식사를 하는지 등 대개 이런 식의 나눔에 머무른다. 신변의 변화나 하는 일에 대한 정보 등은 연예정보 방송에서 충분히 다룰 수 있고, 짧은 시간을 투자해서도 확인할 수 있는 일이다. 적어도 정보 프로그램보다 더 많은 시간을 할애하는 이야기쇼라면 좀더 깊이 있는 나눔이 필요하리라 생각된다.

이러한 이야기쇼의 연예인 지향주의는 각 방송사의 시청률 경쟁을 부추기기도 한다. 속된 말로 뜨는 연예인을 모셔야 그 이야기쇼는 뜬다. 따라서 뜨는 연예인들을 모시려고 방송사들은 분주하다. 그러나 삶이 나누어지는 이야기쇼라면 연예인의 뜨는 여부에 프로그램의 생사를 걸어서는 안될 것이다. 오히려 그것에 역행해 연예인의 삶의 가려진 부분을 더 많이 다루어야 하지 않을까? 며칠 전 어느 신문에서 요즘 선정성, 외설성의 문제에 오른 서모 연예인을 각 방송사 이야기쇼에 모시려고 야단이라는 글을 읽은 적이 있다. 사람들의 궁금함이 원초적인 데 집중되었을 때 그것으로 시청률을 잡겠다는 식의 논리가 엿보인 것 같아 좀 씁쓸했다. 물론 왜 그런 일이 가능했는지 궁금해하는 시청자와 그것을 말하고 싶어하는 연예인을 연결해주는 것은 방송의 본분일 것이다. 그러나 모시기 경쟁이라는 말에서 느껴지듯 그러한 경쟁이 서로를 소모하는 소모전이 되지 않을까 하는 염려가 된다.

연예인 지향주의의 가장 중요한 문제는 시청자들을 꿈과 환상의 세계에 모셔놓는다는 것이다. 이것은 앞서 말한 긍정적인 면의 또 다른 일면이다. 연예인을 우리의 삶에 갖다놓은 것은 사실이지만 화면에 보이는 것만이 전부라 생각하는 여러 시청자들에게 그대로 살아야만 될 것 같은 꿈과 환상을 심어준다는 것이다. 그렇게 살아야만 사람이 사는 것 같은 느낌, 연예인 가정의 행복하고 찬란하며 풍요하고 따뜻한 느낌에 내 삶을 비교하며 씁쓸해했던 경험이 내게도 있다. 물론 모든 연예인의 경우가 아니다. 그리고 이야기쇼에서 그런 면을 애써 강조한 것도 아니다. 오히려 더 서민의 삶에 친근한 것으로 보이기 위해 노력한 흔적이 역력했다. 그런데도 상대적 자기비하의 시청자가 없을 수는 없다. 일반 서민들 가운데 그들과 동일한 삶의 여건이 가능한 사람이 몇이나 될까. 연예인의 일상과 일반 서민의 일상은 다를 수밖에 없다. 그들은 어쩌면 영원히 중산계층일 뿐 서민이 될 수는 없을 것이다. 어쩌면 이것이 서민 자신의 극단적 자격지심이라 할지라도 이야기쇼가 이러한 연예인 지향주의를 지양하지 않고 계속 나아간다면 소외된 사람들을 더욱더 소외되게 만드는 데 큰 역할을 한 것으로 간주될 것이다.

이런 의식들이 더 많아지자 지난 봄 개편 때 MBC 방송사의 오전 이야기쇼는 그 방향을 조금 바꾸었다. 연예인의 출연을 완전히 배제한 것은 아니지만 일반 서민도, 그리고 사회 제반적인 문제에도 관심을 가지면서 좀더 다양한 출연자들이 이야기쇼에 등장했다. 짧은 시간 깊이 있는 문제를 다루기가 힘들어 진행자들도 힘들어 보였지만 그럼에도 불구하고 시청률 경쟁보다는 이야기쇼의 질을 높이기 위해 용기를 낸 것으로 보여서 참 감사한 느낌이었다. 이러한 용기가 방송의 용기가 아닐까 싶다.

웃음 지향주의

언제나 웃음은 좋은 것이다. 누군가가 세상을 살면서 쌓인 자신의 스트레스를 완화시켜주고 웃게 해준다면 그보다 고마운 일이 있을까. 우리의 가장 가까이에, 가장 손쉬운 곳에 있는 방송이 그런 역할을 한다면 더욱 좋을 것이다. 그러나 방송이 내용이나 깊이에 상관없이 그저 웃게만 한다면, 웃고 모든 생각을 없애주는 바보상자의 역할만 한다면 그때도 언제나 웃음은 좋은 것이라고 말할 수 있을는지 의심스럽다.

현재 방송되는 여러 이야기쇼에서 웃음은 상당히 중요한 목적이다. 시청자들이 이야기쇼를 보면서 자신의 고민이나 어려운 문제를 잠시 잊고 웃으며, 또 웃으면서 행복해한다면 이야기쇼는 그 존재 목적의 적어도 50% 정도는 이루었다고 생각할 것이다. 그러나 필자는 이야기쇼를 보면서 어쩌면 저 이야기쇼의 목적은 오로지 웃기는 것이라는 생각을 할 때가 있다. '웃기면 모든 것이 좋다. 어떻게든 시청자를 웃겨야 한다. 웃길 수만 있다면 다른 모든 문제는 조금 뒷전으로 밀려나도 좋다.' 이런 의식이 진행자나 초대 손님 모두에게 존재하는 것 같다. 따라서 이야기 소재의 무게는 무시되고 단지 가벼운 웃음만이 존재한다. 어쩌다 진행자가 다소 진지한 질문을 해도 초대 손님은 전혀 엉뚱한 대답으로 방청객과 시청자를 웃긴다. 그러면 다시 분위기가 반전되고 서로 농담을 주고받는 식의 이야기쇼가 이어진다. 물론 앞서 말했듯이 웃음은 중요하다. 그리고 웃음은 좋다. 그러나 어느 순간의 문제이지 매순간 모두가 시청자를 웃기려고만 한다면 시청자가 왜 이야기쇼를 볼 것인가. 차라리 코미디 프로그램를 보는 것이 낫지 않을까.

웃음이 이야기쇼의 중요한 목적을 차지하면서 이야기쇼의 예절이나 예의는 다소 상실되었다. 실례로 SBS의 오전 이야기쇼 진행자인 한모 씨에 대해 통신상에 진행자의 예의 없음이 몇 차례 지적되기도 했다. 따뜻하고 이웃집 사람들의 대화 같은 정감 있는 이야기쇼가 진행되려면 물론 가식 없는 대화나 단어, 문장의 사용이 필요하다. 그러나 그렇다고 해서 모든 예절이나 예의가 무시되어도 좋다는 면죄부는 아닐 것이다. 방송을 보는 이들이 거부감을 느낄 정도의 친근함(?)은 오히려 그 이야기쇼를 가치 없게 만드는 요소가 될 것이다.

또 잘못된 이야기나 비교육적인 이야기가 단지 웃긴다는 것만으로 그대로 방송되는 예도 없지 않다. 이 점은 특히 밤 늦은 시간대에 방송되는 이야기쇼에서 두드러진다. 1999년 10월 12일 방송된 <서세원 쇼> '토크박스'에서는 한 출연자가 자신의 경험을 이야기하고 그 이야기의 교훈이 뭐냐는 진행자의 말에 전혀 앞뒤가 맞지 않는 교훈을 내세웠다. 그러나 그 엉뚱한 대답이 방청객과 출연진들 그리고 시청자까지 웃겼기 때문에 그 말은 타당성을 인정받았다. 누구나 보아도 말도 안되는 얘기였음에도 말이다. 물론 밤 시간대에 있는 프로그램이라 꼭 교육적인 시선을 고집해야 할 필요는 없다. 그러나 어느 정도의 규칙이나 절제는 이야기쇼 자체가 가지고 있어야 하지 않을까. 단지 웃긴다는 이유만으로 상스런 언어나 태도, 비교육적인 이야기가 그대로 여과 없이 방송되어서는 안되는 것이 아닐까.

요즘 들어 이야기쇼에 자주 등장하는 웃음의 순위 매김의 문제는 이러한 경향을 더욱 부추기고 있다. 더 웃긴 이야기를 한 출연자에게 1위를 준다거나 더 큰 선물을 준다거나 그 순위로 개그맨이나 코미디언의 능력을 평가하는 식의 이야기쇼 진행은 출연자들을 더욱 상스러워지도록, 더 말초신경을 자극하는 얘기로, 더 저질스러운 이야기로 나아가도록 부추기고 있는 것이다. 따라서 출연자들의 이야기는 더욱 과장되고 소위 말하는 '오버'되고 있다. 이것은 이야기쇼 전체의 흐름이 얼마나 가벼워지고 있는지를 보여주는 것이다.

웃음은 이야기쇼 전체의 목적이 될 수 없다. 웃음은 이야기쇼의 작은 목적이요, 과정에서 파생되는 부산물일 것이다. 웃음이 이야기쇼의 전체 목적이 된다면 그것은 이미 이야기쇼가 아니라 코미디 프로그램이나 오락 프로그램일 것이다.

제한된 소재

카메라가 다른 것을 비추지 않고 끊임없이 진행자와 출연자를 오가면서 그들의 이야기만이 방송의 모든 것이 된다면 그 방송을 만드는 제작진에게 얼마나 많은 준비와 생각을 하게 하는지, 특히 작가에게는 얼마나 가중한 부담을 주는 일인지 충분히 짐작이 가고도 남음이 있다. 따라서 그 대화의 소재를 찾고 그 소재에 대하여 이야기를 풀어가는 것은 여간 힘든 일이 아닐 것이다.

그 어려움 때문인지 현재 방송되는 이야기쇼의 소재는 매우 제한되어 있다. 그 소재의 대부분은 연예인 엿보기이다. 시시콜콜 연예인의 별로 알고 싶지 않은 사생활까지 마치 어떤 비밀스러운 정보인 양 까발리고 그것이 이야기쇼의 전부가 될 때는 제작진의 의욕까지 의심되기도 한다. 조금 더 소재를 개발하고 그 소재에 대한 접근방법을 다양화할 필요성이 있다.

또 출연자를 연예인 중심으로 구성하다보니 이야기의 소재가 드라마나, 영화 혹은 새로 나온 음반 소개에 집중할 경우가 있다. 때로 그것이 지나친 경우를 볼 수 있는데, 간단히 내용의 소개나 장르의 소개에 그치지 않고, 마치 예고편을 보듯이 전체 화면을 내보내면서 그 일에 많은 시간을 할애한다. 특히 자사의 드라마나 시트콤의 경우는 더욱 노골적이다. 시청률이 얼마를 확보했다느니, 타사의 같은 시간대 드라마에 비추어 성공했다느니 등의 말들이 여과 없이 방송되고, 시청률 경쟁에서의 승리가 마치 드라마의 완성도인 것처럼 부추긴다.

특히 새로 방송되거나 상영되는 드라마, 영화, 새로운 음반, 뮤지컬 공연 등의 주인공들은 꼭 지나쳐야 할 통과의례처럼 이야기쇼에 나와서 자신의 새로운 방송 프로그램을 선전하기에 급급하다. 출연자의 주변을 소개하기 위하여 이야기되는 드라마나 영화 혹은 다른 프로그램의 소개가 아니라 그것이 주목적이 된 듯한 주객전도의 모습은 지양되어야 한다.

다음으로 현재 방송되는 이야기쇼가 새로이 거듭나기 위해서는 우선 서민적 취향의 소재 개발이 절대 필요하다. IMF 시대를 살아가고 있는 현재, 경제적·사회적으로 각종 스트레스에 시달리고 있는 서민들의 긴장을 좀더 건전한 방법으로 풀어주기 위한 논의가 먼저 있어야 한다. 그리하여서 일반 서민들의 진솔한 삶이 이야기쇼를 통해 나누어지고, 그 속에서 시청자가 동병상련의 위치에서 교훈을 얻을 수 있는 이야기쇼의 소재가 필요하다.

또 이야기쇼라고 해서 다소 무거운 소재인 시사문제를 애써 회피할 필요는 없다. 지구촌 곳곳에서 일어나는 새로운 사건들, 그 사건들에 직면하여 치열하게 삶을 살아내는 사람들을 초대 손님으로 모시고 그러한 삶을 나누는 것도 좋은 소재가 될 수 있을 것이다. 5·18을 살아낸 사람들, 동티모르의 인권유린을 눈으로 확인한 사람들, 대만의 지진 한복판에 서 있었던 사람들, 인도네시아 정권교체기에 그곳에서 투표현장을 목격한 사람들 등의 제목을 가지고 여러 국내외적 시사문제에 대하여 나누는 것도 좋은 소재가 될 것이다. 이제까지 이러한 시도가 모든 이야기쇼에서 배제되었다는 것은 아니다. 이러한 소재의 적극적인 활용이 눈에 띄게 늘어난다면 좀더 나은 이야기쇼의 소망은 더 가까이 이루어질 것이다.

여성 취향만의 이야기쇼 소재도 조금은 지양되어야 할 문제이다. 물론 오전 이야기쇼 시간대의 경우 시청자가 대부분 주부들이라는 것을 감안할 때 그것은 당연하다. 그러나 그 외의 시간에도 이야기쇼의 소재는 다소 여성적이다. 물론 이야기쇼의 시청자가 대부분 여성이기 때문이라는 이유도 무시할 수 없다. 그러나 그것 외에는 다른 이야기쇼가 없다는 것이 문제이다. 메이크업 강의라든지, 피부관리 강의, 헤어스타일의 변화·유행 등의 소재는 이미 시청자의 테두리에서 남성을 배제한 것이나 마찬가지일 것이다. 남성들도 함께 참여하고 함께 나눌 수 있는 이야기쇼의 소재 개발이 필요하고, 오히려 남성 중심의 이야기쇼를 개발해서 남성 시청자를 확보할 수 있다면 이보다 더 좋은 일은 없을 것이다.

시청자의 문제

지난 방송의 역사 가운데서 방송의 장르는 더욱 다양해지고 복잡해졌지만 오늘의 방송이 이전보다 확연히 좋아지기만 했을까? 만약 더 나빠진 부분이 있다면, 그래서 그 책임을 누군가에게 물어야 한다면 그것은 방송을 만드는 제작진만의 몫은 아닐 것이다. 어떠한 프로그램이든지 그것을 시청하는 시청자가 없다면 그것은 이미 방송의 의미를 잃은 것이다. 따라서 프로그램의 형성과 소멸 그 곳곳에는 시청자의 숨결이 없을 수 없다.

그렇다면 이야기쇼를 시청하는 시청자의 책임은 어떤 것일까? 필자가 가장 먼저 지적하고 싶은 시청자의 문제는 가벼움이다. 힘든 시대를 살아가고 있는 시청자들은 손쉬운 곳에서 더 쉽게 웃음을 사기를 원하고 있다. 눈에 보이는 웃음 외에는 관심이 없다. 깊은 생각도 거부한다. 그러나 참된 웃음은 어떤 것일까? 상스러운 말이나 저질스러운 농담 속에서 발생하는 웃음은 그저 침묵을 깨는 소리로 끝나버린다. 참된 웃음은 모든 상황이 끝난 뒤에도 우리를 자연스럽게 기분 좋게 만드는 힘을 가지고 있다. 시청자가 요구해야 하는 웃음은 이것이 아닐까. 지금 당장 웃겨야만 시청률이 확보되는 이야기쇼의 가벼움은 좀 더 진지한 시청자의 자세를 통해서 지양될 수 있다.

또 시청자는 그저 한 프로그램을 보고 즐기는 시청자로 끝나서는 안 된다. 방송의 나아갈 방향이 시청자에 의해 제시된다면 그보다 더 책임적 존재는 없을 것이다. 그런 의미에서 시청자는 미래를 만드는 책임적 자세로 이야기쇼를 보아야 한다. 우리의 아이들이 보아야 할 미래의 방송 비전을 맡은 자로서의 시청 자세가 필요한 것이다.

맺으며

오늘날 이야기쇼의 가장 큰 문제는 소실된 목적의식이다. 이야기쇼의 가장 중요한 목적은 무엇인가? 정보제공인가? 웃음유발인가? 필자는 그 가장 중요한 목적을 진솔한 삶의 나눔이라고 생각한다. 잔잔하게 스며드는 삶의 교훈들, 물론 방송을 통해 무조건적으로 교훈을 받아야만 한다고 외치는 극단은 아니다. 그러나 적어도 삶이 나누어지는 이야기쇼라면 시청자 입장에서 아주 사소한 것이라도 자신의 삶에 적용하여 얻을 수 있는 교훈을 목적으로 하지 않을까.

우리는 쇼 오락 프로그램 등을 보면서 자신의 쌓여진 스트레스를 풀 수 있다. 시원한 웃음을 통해서 그것들을 순간이나마 잊을 수도 있다. 그것이 방송의 중요한 부분임을 간과하자는 것은 아니다. 물론 이야기쇼도 그럴 수 있다. 잔잔한 웃음을 통해 그러한 목적을 이룰 수도 있다. 그러나 그것이 주목적이 되어서는 안될 것이다. 그것은 부수적인 것이다. 요즘은 쇼 오락 프로그램의 대부분이 토크 중심으로 진행된다. 따라서 다소 무거운 아나운서나 명 MC들의 진행보다는 재담 있는 연예인들의 진행이 두드러지게 많다. 따라서 이야기쇼가 쇼 오락 프로그램과 다른 나름의 정체성을 확보하기 위해서는 단지 웃음을 목적으로 해서는 절대 안된다. 오락 프로그램과 다른 무엇! 그 정체성을 찾는 것이 오늘 이야기쇼가 직면한 당면 과제이다.

가을 개편을 두고 많은 이들이 시청률 경쟁에서 좀더 자유로워진 방송을 보기를 원했다. 그리고 실제로 그런 시도들을 보여주었다. 그러나 단지 제목의 변경이라는 비난도 적지 않다. 살기 힘든 시대일수록 방

송은 더욱 가벼워진다고 했던가. 개편 방송의 일부를 보면서 그 말에
수긍이 갔다. 그러나 사람의 삶이 아주 진솔하게 그려지고 그러한 나
눔들이 있기를 바라는 이야기쇼라면 적어도 그러한 가벼움 대신에 삶
의 무게만큼의 진지함이 그 속에 함께 있어야 한다는 생각을 해본다.
진솔하게 나누어지는 이야기들 가운데 웃음도 있고, 시청률도 있고, 미
래도 있는 것이 아닐까. 더 나아지는 이야기쇼를 위하여 이러한 소망
들을 조심스레 내 보인다.

심야 토크쇼에 대한 '토크'

심야 토크쇼에 대해 생각해보아야 할 몇 가지

김원제(월간지 기자)

토크쇼 인기의 이유

토크쇼가 인기다. 특히 심야에 방송되는 토크쇼는 다른 오락 프로그램을 제치고 시청률 상위권을 차지하고 있다. 1999년 10월 현재 KBS의 <서세원 쇼> <시사터치 코미디파일>, MBC의 <백지연의 백야>, SBS의 <김혜수 플러스유>, iTV의 <김형곤 쇼> 등이 정통 심야 토크쇼로 자리하고 있고 그밖에도 많은 프로그램들이 토크쇼 형식을 가미하고 있다.

국내 토크쇼의 시작은 10여 년 전의 <쟈니윤 쇼>로 보는 게 정설이다. 이후 <이홍렬 쇼>가 등장하면서 하나의 주류 프로그램으로 자리잡기 시작해 최근엔 인기 프로그램의 위상을 확보하고 있다. 밤 11시대 프로그램인 <김혜수 플러스유>는 한때 30%대의 시청률을 기록했고, <서세원 쇼>는 2년 이상 장수 프로그램으로 주가를 올리고 있는 형편이다.

사회문화적으로 보면 토크쇼 인기의 밑바탕에는 일상의 친밀한 대화의 결핍이라는 사회적 조류가 자리하고 있다. TV가 가족간 대화를 대신하는 것이다. 특히 심야 토크쇼는 혼자 있을 수 있는 내밀한 시간에 출연자들의 내밀한 얘기를 들을 수 있다는 장점이 있다. 심야 시청자들은 그 특성상 20~30대의 여성층이 대다수이다. 이들이 원하는 것은 연예인들의 또 다른 모습이다. 시청자들은 다른 세계에 살고 있는 것만 같았던 스타들의 일상의 고민을 들으며 동질감을 느낀다.

최근 토크쇼의 인기는 애드립이 사회적으로 용인되기 시작하면서부터다. 대본에 쓰여진 대로 하는 대사형이 아닌 현장성과 순발력을 요구하는 대화형이 늘어나면서부터다. 식상한 이야기들, 속이 너무 뻔히 들여다보이는 방송용 멘트들, 인공적이고 부자연스러운 얘기만이 가득한 토크쇼 대신에 기발한 질문, 재치 있는 응답, 솔직한 반응, 자연스러운 대화들이 토크쇼의 진수를 보여주고 있는 것이다. 여기에 각종 차트, 적절한 자막, 열혈관객들이 어우러져 절정을 이룬다.

최근 토크쇼의 성패는 출연자에 크게 의존하는 것으로 보인다. 말을 다루는 데 능숙한 연예인의 등장이 시청률을 좌우한다. 예전에는 인기 있는 연예인들이 토크쇼의 단골 게스트였지만, 이제는 오히려 토크쇼에 자주 나오는 연예인들이 인기를 끌고 있는 추세이다. 그래서 <서세원 쇼>에서는 인기연예인보다는 말 잘하는 연예인이 자주 초대된다.

토크쇼에 대해 생각해보아야 할 것들

토크쇼가 범람하다보니 이러저러한 이유로 비판의 대상이 되고 있다. 토크쇼에서 문제가 되는 점들을 살펴봄으로써 토크쇼의 나아갈 방향을 정리해볼 수 있겠다.

연예인들의 신변잡기와 말잔치

토크쇼에 대한 지적 중 가장 빈번히 얘기되는 문제는 토크쇼가 지나치게 연예인들에게 집중되어 있고, 그 내용 역시 그네들의 신변잡기에 대한 '말잔치' 수준이라는 점이다.

물론 토크쇼의 대화란 어떤 합의나 결론에 이르기 위한 합리적이고 계몽적인 과정의 그것은 아니다. 오히려 수다와 개그, 보기에 따라서는 소음과 무의미에 가까운 말들의 왕복에 다름아닐지 모른다. 그러나 이런 식의 대화가 말 그대로 무의미한 것은 아니다. 토크쇼의 말들은 자기 속내 이야기서부터 가까운 동료들의 험담까지 오고가는 사사로운 자리에서의 언어이다. 이런 언어를 TV라는 공공영역 속에 풀어놓은 것이다. 그러다보니 토크쇼에서는 이른바 방송용 멘트의 수위를 넘게 되는 경우가 자주 발생한다.

문제는 스타들의 치열한 예술정신을 비추기보다는 이들의 신변잡기를 노리개 삼아 시청률을 올리는 도구로 활용하는 데 있다. 그릇된 스타의 화려한 허상이미지를 시청자에게 심어주는 것이다. 이런 내용은 시청자의 다양한 삶과 거리가 있을 뿐만 아니라 획일화된 모습을 반복 재생하는 것이다. 연예인들의 사생활 일변도로 대화의 주제를 삼는 것은 공중파의 사유화에 다름아니다.

시청자는 연예인의 생활을 필요 이상으로 많이 알게 된다. 출연자들 대부분의 인생은 성공한 행복한 삶으로 그려지는데, 이는 다양한 스펙트럼을 갖고 있는 일반 시청자들의 삶을 반영하지 못하고 있다. 시청자는 연예인을 부러워하며 상대적 소외감을 느끼거나 '행복한 사람'이라는 이미지와 자신을 동일시하며 현실과 상관없이 위안을 얻을 것이다. 결국 출연 연예인은 부러움의 대상이자 프로그램의 주인공이며 시청자들은 연예인을 향해 자신을 비추어볼 뿐이다.

지나친 선정성의 문제

"이런 직업으로 돈 벌려면 원칙이 있어요. 올리자 매상, 나가자 2차, 키우지 말자 기둥서방(호스티스)", "10대는 확 불이 붙었다가 곧 꺼지는 성냥불, 20대는 천천히 타고 오래가는 장작불 …… 50대는 불도 아닌 게 불인 척하는 반딧불(섹시걸)" <김형곤 쇼>에서 내뱉는 거침없는 소리들이다. 얘기뿐이 아니다. 야한 의상을 입은 '주제걸'의 야릇한 춤은 보는 이의 낯을 화끈거리게 하고, 단상 위의 미녀들이 흐느적거리는 몸짓과 혓바닥을 내미는 등 야릇한 포즈를 짓는다. 성인용 토크쇼를 표방한 이 프로그램은 청소년 보호에 목소리를 높이는 시청자를 위해 화면에 표시를 하고 있지만, 이게 오히려 청소년 호객의 기호처럼 보인다. 이 프로그램은 급기야 1999년 10월 13일 방송위원회로부터 '시청자에 대한 사과'와 '연출정지 3개월'이라는 강력한 징계를 받았다.

토크쇼 진행자의 자질 문제, 그리고 제작사와 방송사의 무성의

토크쇼 진행자는 카리스마, 순발력, 원만한 진행능력, 호감도 등을 두루 갖추어야 한다. 이를 갖춘 인물로 방송가에서는 이홍렬, 이경규, 서세원 등이 최고로 꼽힌다. 방송가에서는 이들을 '모시기' 위해 혈안이다. 이는 한마디로 수요와 공급의 차이 때문이다. 임기응변에 능한 이들을 얼굴마담으로 쓰려는 프로그램이 꾸준히 늘어난 탓이다. 이러한 현상의 밑바탕에는 인재양성에 게으른 방송사의 자책이 깔려 있다.

기존 토크쇼와 차원을 달리한 토크쇼를 펼치겠다고 선언을 했던 <백지연의 백야>는 '굉장히 자연스러우면서도 어색한 분위기(출연자 최화정의 표현)'와 백지연의 사생활 때문에 문을 닫고 말았다. 그간 보조 진행자 이영자가 너무 튀어 '이영자의 백야'가 아닌지 의문이 들게 하고, 출연자보다 진행자를 치켜세움으로써 출연자보다 진행자가 주인

<백지연의 백야>

이 되어버리는 상황이 계속 연출되고, 진행자의 진행과정이나 표정이 아직도 뉴스앵커의 그것에 머물러 있어 자연스럽지 못하다는 지적을 받아왔다(이 프로그램의 종영은 이유야 어찌 되었건 인기인만 내세우면 토크쇼는 무조건 성공할 수 있다는 방송사의 무성의함에 대한 경고사례로 충분하다).

역시 진행자의 자질이 문제다. 다양한 대화를 이끌어내려는 노력이나 출연자의 개성에 착안한 대화보다는 틀에 박힌 질문으로 일관하고 있다. 작가와 진행자 모두 출연자에 대한 사항이나 대화주제를 좀더 고민한다면 적어도 같은 주제로 맴돌진 않을 것이다. 준비소홀은 진행자의 문제에 국한되지 않는다. 오히려 제작사와 방송사의 책임이 더 크다고 볼 수 있다. 토크쇼는 그 구성과 내용에 더욱 성의를 보여야 하고 '토크'로 승부해야 한다. 최근의 토크쇼들은 인기인 위주의 출연자 선정으로 일단의 시청률을 확보한 이후에는 프로그램을 위해 어떤 제작노력을 기울이는지를 발견하기 어렵다. 기껏 준비하는 것은 차트 정도에 불과하다.

자사 프로그램의 홍보 그리고 변호

토크쇼들이 자사 프로그램 출연 연예인들을 불러내고 드라마 촬영 현장 등에 카메라를 들이대며 프로그램 띄우기 창구로 나서고 있다. 방송위원회의 보고서에 따르면, 1999년 6월 한 달간 방송 3사는 오전, 심야 토크쇼 76회분 가운데 25% 정도(19회분)에서 자사 프로그램 관련자를 출연시켰다. 예를 들어 MBC <생방송 임성훈·이영자입니다>는 무려 다섯 차례나 드라마 <왕초>의 배우와 원작자를 출연시켰으며, 백지연과 아침드라마의 주인공도 출연해 프로그램과 관련된 대화를 나누었다.

또 토크쇼가 진행자의 입장을 변호하기 위해 동정심을 유발하는 기회로 활용되기도 한다. <백지연의 백야>에서는 개그맨 김용만의 아이자랑이 펼쳐지면서 방청석에 나와 있는 백지연의 아들 모습을 화면에 내보내 그 의도를 의심스럽게 하는 장면을 연출했다(그녀는 현재 아들의 친자 여부 때문에 곤욕을 치르고 있는 중이다).

자막과 함성의 남발로 잡종영상물화

토크쇼에 자막과 함성이 남발하고 있다. 이른바 '자막, 함성 경쟁시대'이다. 빈번하게 오르내리는 자막은 맞춤법이 틀린 것이 많고 방청객 함성도 지나치다. 프로그램마다 사용빈도가 늘어 프로그램 내내 자막과 애니메이션이 끊이지 않는 추세이고, 방청객과 출연진이 시도 때도 없이 내지르는 고함과 제작진이 가미한 효과음이 더해져 '잡종영상물화'되고 있다.

SBS <이홍렬 쇼>에 자막이 처음 등장할 때는 재치 있는 글과 그림으로 시청자들의 눈을 즐겁게 했다. 기발하고 세련된 모양의 애니메이션까지 더해져 신선한 웃음을 자아냈다. 그러나 최근에는 마구잡이로 사용되고 있다. 간단한 대답 등 설명이 불필요한 경우까지 한글, 한자, 영어가 뒤섞인 자막이 병행되고 있다. 이 과정에서 출연진들의 표정과 상황 등에 대한 유치하고 희화화된 묘사를 일삼아 억지웃음을 유도하고 있다. 맞춤법이 틀린 경우가 허다하고 비속어도 자주 등장한다. 이러한 자막은 시청자들의 관심을 자막으로 유도, 방송내용의 의미를 반감시킨다. 오히려 시청을 방해하기까지 한다. 결국 시청자들의 이해를 도와 공감과 재미를 끌어내기 의한 시도가 오히려 TV 시청을 방해하고 짜증스러울 정도여서 새로운 공해가 되고 있다.

'독한 코미디'의 범람

토크쇼에서 성대모사와 흉내내기가 하나의 경향으로 자리잡고 있다. <시사터치 코미디파일>의 '핫뉴스 스타논평' 코너는 스타를 흉내내는 코미디언들의 장기자랑판이다. <서세원 쇼>나 <김혜수 플러스 유>에는 성대모사가 약방의 감초처럼 없어서는 안될 중요한 장치가 된 지 오래다. 남희석, 최화정 등은 성대모사로 좌중을 웃겨 '재미있는' 스타로 발돋움했고 10대 댄스가수들은 유명인 한두 명 성대모사 내는 걸 기본으로 안다.

성대모사나 흉내내기가 이처럼 인기를 누리는 이유는 아무런 설명 없이도 비슷하기만 하면 곧바로 웃음을 유발할 수 있다는 점 때문이다. 요즘의 시청자들은 아무 생각 없이 TV를 그냥 바라봄으로써 휴식을 취하려 한다. 따라서 상황을 설정하고 인과관계를 따져서 마지막에 웃기는 코미디는 호응을 받지 못한다. 무조건 처음부터 웃겨야 하는 것이다. 최근 인기를 얻고 있는 한 방송사의 개그 프로그램은 이러한 경향을 증명한다. 이 프로그램에서는 과장과 억지스러움을 가진 몸동작, 대본에 구애받지 않는 애드립 등으로 시청자가 생각할 짬을 주지 않는다. 이런 성대모사, 흉내내기를 개그맨들은 '독한 코미디'라고 한다. 아무런 생각이나 고민도 없이 오직 웃기기 위해 독한 마음으로 꺼내는 비상수단이라는 의미인 것이다.

토크쇼의 올바른 자리매김을 위해

그렇다면 한국의 토크쇼를 제대로 자리매김하기 위해 무엇을 해야 하는가. 45년 여 역사를 갖는 미국 토크쇼의 어제와 오늘이 우리에게 많은 것을 시사하고 있다.

미국 토크쇼가 주는 교훈과 시사점

우리나라 토크쇼가 너무 가벼워 탈이라면 미국의 토크쇼는 난무하는 폭력과 섹스 때문에 골머리를 앓고 있다. 제작비가 싸고 만들기 쉽다는 이유로 20여 개의 굵직한 토크쇼가 인기다. 미국의 토크쇼는 54년 NBC의 심야프로인 〈투나잇 쇼〉에서 시작되었다. 당시 연출자인 실베스터 워버는 시청률을 크게 올린 공로로 훗날 NBC의 사장자리에 오르기까지 했다. 이 토크쇼가 인기를 끈 것은 참신한 주제, 대중의 관심을 끄는 출연자 발굴에다 탁월한 진행솜씨로 정보와 흥미를 제공했기 때문이다. 사회자 자니 카슨은 이 프로그램을 1962년부터 꼭 30년 간이나 진행했을 정도다. 미국 TV의 저질 토크쇼는 선정주의로 흘러 사회문제가 된 지 오래다. 혼외정사, 동성애, 근친상간, 남의 약점 폭로하기 등 반사회적이고 비정상적인 내용이 대부분이다. 게다가 연출자 매수, 작위적인 연출 등 부작용도 커 '토크쇼 공해'라는 말까지 나오고 있다.

최근 미시간 주 배심원이 〈제니 존스 쇼〉에 출연한 출연자가 자신에게 동성연애자라는 누명을 씌운 다른 출연자를 권총으로 살해한 사건과 관련해 제작진의 책임을 물어 피살자 유족에게 2,500만 달러의 배상금을 지급하라는 판결을 내린 사건은 '공해'의 심각성을 단적으로 증명한다. 시사성 있는 정책진단이나 정보제공보다는 연예인의 신변잡기 위주로 토크쇼를 제작하는 국내방송계는 이를 눈여겨보아야 할 것이다.

우리 토크쇼의 지향점

<김형곤 쇼>는 우리에게도 <제니 존스 쇼> 같은 사건이 발생할 수 있다는 경고로 받아들여야 할 것이다. 심각한 사회문제로 떠오르기 전에 신중히 생각해보아야 할 문제인 것이다.

토크쇼가 너무 가벼워지고 있다. 질문과 답변이 너무 산만하다. 충분한 시간을 들여 질문을 준비해야 한다. 달콤한 사탕 안에 쓴 약을 숨긴 당의정 기능을 수행해야 한다. 진행자와 출연자를 그냥 풀어놓고 나중에 편집만 하면 된다는 식의 무책임은 안된다. 그러다보니 진행자 개인 순발력에 대한 의존이 지나치고 구성도 떨어진다.

미국 NBC의 <새터데이 나이트 라이브>는 한국의 토크쇼가 나아갈 하나의 힌트를 제공한다. 에미상을 14차례나 수상한 이 프로그램은 신랄한 풍자와 다양한 실험으로 큰 인기를 얻어왔다. 80년대엔 정치인을 비꼬는 내용을 주로 담아 지식인들의 큰 지지를 받았고, 매회 최고의 스타가 게스트로 출연해 코미디 연기를 펼친다. 톰 행크스나 짐 캐리 같은 유명배우뿐 아니라 농구스타 마이클 조던, 뉴욕시장도 포함되어 색다른 즐거움을 준다. 또 데이빗 보위나 로린 힐 같은 뮤지션들의 공연도 이색적인 볼거리를 제공한다. 25년째 장수하고 있는 이 프로그램의 '성역 없는 웃음'과 다양한 시도는 우리에게 시사하는 바가 크다.

결국 문제는 방송사 스스로 만들고 있는 것이다. 시간, 비용, 사람을 줄이면서 재미를 찾다보니까 연예인 일색으로 흐른다. 토크쇼가 자칫 연예인 광고방송으로 변질될 수 있다. 토크쇼에도 분명히 언론기능이 있다. 사회적 영향력에 걸맞게 신중해야 한다. 아직도 우리 국민은 대화에 서툴다. 토크쇼가 예의를 갖춘 편안한 대화기술을 보여주어야 한다.

가장 중요한 것은 토크를 위한 토크가 되어서는 안된다는 점이다. 출연자를 위한, 시청자를 위한 토크가 되어야 한다는 것이다. 개념적이고 교과서적인 시각으로 토크쇼 방송행태를 되돌아볼 필요가 있다. 좋은 토크쇼는 돈이 안된다는 인식부터 버려야 한다.

시청자들도 토크쇼를 웃고 떠들기만 하는 소비적인 프로그램으로만 봐서는 곤란하다. 남들 세상 사는 이야기를 들으며 한번쯤 나를 돌아볼 수 있고 즐거운 대화에 귀를 기울일 수 있는 시간이라고 생각하면 토크쇼는 어떤 프로그램 못지않게 생산적인 프로그램일 수 있다.

단순한 일상을 반영한 시트콤의 웃음이 너무나 버겁다

<순풍산부인과>를 통해서

김현희(직장인)

일상에 지친 하루 일과를 마친 가족들은 옹기종기 텔레비전 앞에 모여 앉아 잠시나마 휴식을 즐긴다. 현대인들이 가장 손쉽게 즐길 수 있는 오락적인 요소는 바로 텔레비전 시청임을 우리는 너무나 잘 알고 있다. 현재 이런 텔레비전 시청에서 시청자들이 아무런 부담 없이 온몸을 맡겨 웃을 수 있는 것은 시트콤(situation comedy)이다. 이런 시트콤은 30분이란 짧은 시간 안에 일상의 삶을 가볍게 풍자하여 우리에게 웃음을 선사해준다.

보통 시트콤은 연속적으로 방영되더라도 하나의 흐름을 가지고 이야기를 이어가기보다는 한 회에 그 사건이 마무리될 수 있도록 사소한 일상의 에피소드를 중심으로 이야기를 이끌어가고 있다. 이러한 시트콤 중에 현재 가장 시청자들에게 인기 있는 것은 바로 <순풍산부인과>(이하 <순풍>)이다. 얼마 전 <순풍>은 시트콤 드라마 중에서도 보기 드물게 400회라는 방영 횟수을 기록했다. 또한 <순풍>은 드라마 인기순위에서도 매번 5위권 내에 들 만큼 높은 시청률을 올리고 있다. 각 PC 통신사마다 '순풍'이라는 자체 제목을 달고 매회 줄거리나 시청자들의 방송참여를 이끌어냄으로써 시청자들에게 더 큰 호응을 불러일으키고 있다.

이러한 순풍은 산부인과라는 공간을 중심으로 그 병원장과 가족들, 그리고 그 직원들을 중심으로 일어나는 일상의 작은 에피소드를 중심으로 이야기를 진행시키고 있다. 이러한 <순풍>이 많은 시청자들에게 인기를 끌 수 있는 가장 큰 요인은, 첫째 다양한 세대들의 배치이다. 즉 특정 세대의 문제를 다루기보다는 어린아이에서부터 20대 초반, 30대, 40대, 50대를 다 포괄하여 보는 사람들마다 다양한 각도에서 자신들의 삶들을 반추하도록 한다. 기존 드라마에서는 특정한 한두 사람을 주인공으로 선정하여 이야기를 이끌어가기 때문에 각 세대에 비추어볼 때 그리 큰 공감을 얻을 수 없다. 반면 <순풍>에서는 전체 구성원이 전원 주인공으로 등장하여 매회 새로운 세대의 입장에서 이야기를 풀어간다. 따라서 텔레비전을 시청하는 각 세대들은 자신의 경험들을 간접적으로 반영하고 있는 드라마를 통해 더 큰 즐거움을 느낀다.

둘째, 일반 드라마에서 나타나는 비현실적인 구성을 토대로 하기보다는 일상에서 흔히 일어날 수 있는 작은 에피소드들을 통해 우리들에게 공감과 웃음을 선사하는 데 있다. 즉 흔히 일반 드라마에서는 특정 계층이나 특정 세대의 모습을 중점적으로 방영할 뿐 아니라 실제 생활과 다르게 비현실적인 삶들의 모습을 통해 일반 시청자들과 일정 정도 괴리감을 느끼게 한다. 하지만 이 드라마에서는 우리 일상생활에서 흔히 볼 수 있는 모습들을 그대로 재현함으로써 사람들이 자연스럽게 빠져들게 한다.

셋째, 이 드라마에서도 역시 일반 드라마에서 보이는 면처럼 서민들의 모습들보다 전문 계층의 사람들이 주로 나온다. 의사, 방송작가 등은 일상적이기보다는 한층 전문화된 직업임을 부인할 수는 없다. 하지만 그들이 가지는 모습은 완벽한 전문인의 모습이라기보다 사람들에게 호감을 얻을 수 있는 약간의 푼수기를 드러냄으로써 사람들에게 친근감을 느끼게 한다. 시청자들은 이러한 인물들의 과장된 푼수기를 때로는 비판하기도 하지만, 일반적으로 쉽게 접근할 수 있는 우리의 이웃으로 받아들이기 시작한 것이다.

이와 같이 이 드라마가 다양한 세대와 다양한 형태의 사람들을 통해 일어나는 일상의 웃음을 통해, 우리에게 어쩌면 청량제와 같은 요소로 작동할 수 있다. 하지만 이 글에서는 이러한 웃음 뒤에 숨어 있는 문제점에 대해 살펴보고자 한다.

어린이에 대한 잘못된 묘사, 그리고 어른들이 아이들을 대하는 태도

<순풍>에 나오는 어린이는 미달과 의찬 그리고 그들의 친구인 정배, 세미나로 구성되어 있다. 이러한 아이들의 등장으로 어린 시청자들도 어른들 못지않게 재미있어하며 그 시간대에 텔레비전 앞에 앉는다. 특히 시트콤의 특성이 가지는 단순하게 웃고 즐길 수 있는 코믹적인 요소로 인해 아이들은 어른들보다 더 쉽게 이 드라마에 매료된다. 우리 가정에서도 이 시간대에 흔히 잠자리에 들기보다 텔레비전 앞에 묶여 눈을 떼지 못하는 아이와 부모가 싸우는 모습을 쉽게 볼 수 있다. 그렇다면 이 드라마에 나오는 등장인물인 아이들의 모습을 우선 살펴보는 것이 중요하리라 본다. 그것은 이 드라마가 일반 어린 시청자들에게 어떤 영향을 미치고 있는지를 살펴보고자 하는 것이다. 그리고 두번째로는 아이 대 어른과의 관계를 살펴봄으로써 어떠한 문제가 노정되어 있는지 살펴보고자 한다.

이 드라마에 등장하는 어린이들은 간혹 마치 어른들의 세계에서나 볼 수 있는 모습을 보여주고 있다. 즉 어린아이가 가지는 천진난만함

보다는 어른들의 세계에서나 볼 수 있는 영악함을 아무런 여과 없이 보여주고 있다. 이 드라마에 등장하는 아이들은 어느새 어른의 모습과 닮아 있어, 물질 중심의 사고를 하고 아무런 생각 없이 그러한 행동을 모방하고 있다. 그 한 가지 예는 미달이가 어른들의 흰머리를 뽑는 장면에서부터 시작된다. 사실 누구나 어릴 적에 어른들의 흰머리를 뽑으면서 그 대가로 용돈을 받기도 했다. 그 작은 대가로 아이들은 어른들의 흰머리 뽑는 일을 즐기게 된다. 하지만 미달이는 흰머리를 뽑는 일을 점점 하나의 장사라는 의미로 인식하기 시작한다. 미달이는 작은 주머니를 허리에 차고, 처음에는 손으로 뽑는 데서 벗어나 핀셋을 준비하고 어른들이 모이는 여기저기를 떠돌며 그 일에 열중한다. 그리고는 거기서 얻은 수입에 대해 만족해한다. 하지만 친구 세미나의 등장으로 미달이는 그 일을 빼앗긴다. 일을 빼앗긴 미달이 속상해하는 모습은 마치 어른들의 이권다툼에서 밀려난 모습과 그리 달라 보이지는 않는다. 이러한 미달이의 영악한 모습을 등장인물 중에 어느 누구도 야단치지 않고 그냥 넘어갈 뿐 아니라 단순히 하나의 웃음거리로만 부각될 뿐이다. 하지만 이런 아이 같지 않은 행동을 통해 그것을 보는 어린 시청자들이 은연중에 그것 자체를 모델화하며 아무 생각 없이 답습할 수 있다. 즉 분명히 이 드라마 내에서는 아이에게 그러한 행동이 가히 좋지 않은 행위라고 가르쳐줌으로써 보는 아이에게 예방의 효과를 가질 수 있음에도 불구하고 그저 웃음으로 무마한다는 데 그 문제가 제기된다.

두번째로 어른과 아이들의 관계를 살펴보고자 한다. 흔히 어른들은 아이의 입장에서 어떤 문제를 생각하기보다는 아이들을 그저 자신의 소유물로 생각하는 경우가 많다. 따라서 아이의 입장보다는 자신의 입장에서 아이를 바라봄으로써 아이들이 느끼는 감정이나 의견들은 애초부터 존재하지 않는 것처럼 될 때가 많다. 이 드라마에서도 그러한 부분이 곧잘 등장하곤 한다. 그 예로 의사인 이창훈은 정배를 볼 때마다 귀엽다는 표시로 정배를 번쩍 들어 빙빙 돌리곤 한다. 그 일을 당한 정배는 매번 어지러워하며 구토를 한다. 정배는 어린아이이기에 자신의 의사를 정확하게 표현하지 못하고 다만 이러한 이창훈에 대해 그저 단순한 자신의 방어로 창훈을 피하는 모습을 보여준다. 그런데도 창훈은 계속해서 그런 정배를 통해 재미있어하며 일말의 반성은커녕 그 상황을 즐거워한다. 나중에는 정배의 어머니가 이창훈의 집에 전화를 걸어 간접적으로 정배의 의사를 전달한다. 하지만 창훈은 정배를 놀리는 재미를 쉽게 포기하지 못한다. 창훈이 미달이나 의찬이, 세미나에게도 이러한 장난을 해보지만 어떤 아이도 정배같이 놀라거나 당황하지 않아 더 이상 재미가 없어진다. 따라서 창훈은 오중에게 그 장난이 더 이상 재미가 없어졌음이 아쉽다고 표현한다. 이 회의 마지막 장면은 이러한 창훈의 잘못된 행위를 극대화시켜 보여주고 있다. 놀이터에서 놀고 있는 정배, 그것을 발견한 창훈, 그런 정배에게 한달음에 달려가는 창훈과 놀라며 도망가는 정배의 모습은 어쩌면 시청자들에게는 웃기에 좋을 만한 요소로 보일 수 있다. 하지만 그 속에서 새로운 문제를 생각해보고 싶다.

즉 어른과 아이의 미시적인 권력관계에 대해 생각해보자. 자기 표현을 제대로 하지 못하는 아이들에 대한 어른들의 배려란 어디에서도 찾아볼 수 없고 어른들이 자신의 입장에서만 아이들에 대해 행하는 행동들이 아이들의 일상적인 인권을 무시하는 행위로 연결된다는 것이다. 흔히 우리 주위에 어른들이 귀엽다는 표시로 무의식중에 아이의 뺨을 꼬집는 경우가 많다. 하지만 당하는 아이의 입장에서는 그런 어른들의 행동들이 고통스러울 수 있는 부분인 것이다.

이러한 모습은 이 드라마의 또 다른 곳에서도 드러난다. 아이들이 의찬이 집에서 고무줄넘기를 하며 즐거워할 때 끼여든 영란. 아이들은 커다란 어른이 자신들과 똑같은 놀이를 함께한다는 데 동조하며 즐거워한다. 차츰 모여드는 어른들. 어느새 그 놀이의 주인들은 어른들이 되어버린다. 아이들은 한구석에 모여 지루한 표정으로 그들을 지켜보고 있다. 아이들은 또다시 어른들의 권력에 밀려 자신의 놀이를 자연히 빼앗긴 것이다. 하지만 그것 자체를 아무 문제 없이 그려낸다. 누구나 어릴 때의 향수와 추억처럼 그런 놀이를 그리워할 수 있지만 그 놀이공간을 빼앗긴 아이들에 대한 진지한 고민들은 없다. 왜까? 단지 이 드라마가 시트콤이기에? 단지 그 상황을 과장해서 웃음을 유도해내는 것을 너무나 당연한 것으로 봐야 하는 걸까?

이 드라마는 시트콤이라는 과도한 상황 설정을 통해 단순한 웃음을 터뜨리게 하며 잘못된 어른들과 아이들과의 관계조차도 웃음거리로 만든다. 그리고 무엇이 잘못되었는지 인식하지 못하게 한다. 따라서 이 드라마에서는 어쩌면 시청자들의 일상에서 자주 일어나고 있는 어른들의 그런 잘못된 행동에 대한 지적은 묻혀버린다. 그저 일상적으로 아이는 어른들의 소유물이라고 생각하게 하는 요소들을 그대로 제공함으로써 아이들의 입장에서 생각할 수 있는 입장은 어느새 간과된다.

잦은 음주문화

이 드라마에 대해 두번째로 제기되는 문제는 바로 음주문화다. 한국은 그 어느 나라보다 음주문화가 잘 발달된 나라이다. 우리 주위에는 슬프거나 억울한 일을 당해 그 기분을 풀 수 없어 주위의 여러 사람들과 같이 어울려 술로 그 문제를 해결하려는 모습을 흔히 볼 수 있다. 또한 기분이 좋아 그 기쁨을 함께 나누기 위해 술자리를 가지기도 한다. 그리고 직장에서 쌓이는 스트레스를 풀기 위한 회식이라는 명목하에서도 술자리는 역시 빠질 수 없다. 여기서 더 나아가 가까운 사람들끼리 모여 친목도모라는 이름으로 가지는 술자리도 만만찮게 존재한다. 술은 이렇게 서로의 희로애락을 풀어가는 도구로 우리 일상생활의 하나의 문화로 너무나 자연스럽게 정착되어 있다. 이러한 한국의 음주문화를 너무나 잘 반영하듯이 이 드라마에서도 걸핏하면 서로 모여 술잔을 기울이는 모습을 보인다. 이러한 드라마의 잦은 술자리는 일상의 한국 음주문화를 보여줌으로써, 그러한 음주문화가 우리들이 일상을 살아가면서 지치거나 스트레스를 받았을 때 그것을 풀어주는 데 가장 적당한 문화임을 아무런 거부감 없이 느끼게 한다.

우리는 실제 한국이 그 어느 나라보다 간암으로 인한 사망률이 높은 나라임을 너무나 잘 알고 있다. 그 이유 중 하나는 적당한 양의 음주를 즐김으로써 그 자리를 마무리하기보다는 지나칠 정도로 많은 술을 소비하고 난 다음에야 비로소 그 술자리를 파하는 경우가 많기 때문이다. 그렇다면 우리의 일상문화 내에서 우리의 희로애락을 풀어낼 수 있는 또 다른 대안적인 모임으로서의 문화는 없는 것일까?

이 드라마에서는 이런 음주문화에서 지양해야 할 문제점들을 극복해내기보다 고스란히 그 음주문화를 재현해냄으로써 그 문제가 제기되는 것이다. 등장인물들조차 '순풍'이 아니라 '술풍'이 아니냐는 말을 자연스럽게 하면서도, 방영 횟수가 늘어감에도 그것을 자제하기보다는 여전히 그대로 재현하는 데서 더 큰 문제를 낳고 있다. 따라서 등장인물들이 다같이 모여 야유회를 간다든지 그 속에서 생기는 재미있는 에피소드나 또 다른 문화적인 모임을 보여줌으로써 시청자들에게 음주문화를 대신할 수 있는 것들을 제시하지 못하고 여전히 반복되는 고정적인 실수를 거듭하고 있다.

이러한 대안적인 새로운 문화를 아주 가끔씩 보여주긴 하는데 이러한 것들이 긍정적으로 묘사되기보다는 또 다른 문제를 나타냄으로써 그 의미를 애초부터 잘라내고 있다. 즉 사위 박영규가 산악 자전거나 등산을 하는 모습을 가끔 보여주긴 하지만 이러한 운동모임이 단순히 자신이 즐겁고 유쾌한 하나의 놀이로 존재하기보다는 남성들이 상사에게 잘 보이려는 모습으로 연결된다. 즉 즐거움을 낳는 것이 아니라 남성 중심의 사회에서 가지는 성공지향적인 모습으로 하나의 일의 연장선으로 이어져 피곤한 직장일의 연속선처럼 보여준다. 결과적으로는 또다시 건전한 스트레스 해결법은 사라지고 모든 문제해결은 술자리로 모아져 그들의 근심과 즐거움을 함께 털어놓을 수 있는 것처럼 보인다. 따라서 우리는 이 드라마가 이끌어내고 있는 음주문화로 인해 좀더 건전하고 정신이 깨어 있는 문화로 역전되기에는 힘든 상황으로 몰아가고 있음을 알 수 있다.

전업주부의 무료함 : 화투문화

이 드라마에서 오 박사의 아내인 선우용녀는 자식을 다 키운 중산층 전업주부로 나온다. 흔히 이 나이의 전업주부는 자녀들의 교육문제, 생활의 고민에서 벗어나 사회적·경제적으로 안정적인 위치에 놓이게 되어 무료함이 부쩍 늘어갈 시기이다. 이 드라마에서는 이러한 나이에 놓여 있는 선우용녀의 무료함을 주로 화투로 달래는 모습을 보여준다. 어쩌면 화투 자체는 그 나이대의 많은 중산층 여성들이 즐기는 한 놀이문화가 직접적으로 텔레비전에 반영된 부분이라고도 볼 수 있다. 하지만 그런 문화의 투영 자체가 가지는 의미를 잘못 이해한다면 어떻게 될까?

우선 텔레비전에 반영된 그 모습을 표면적으로 살펴보자. 선우용녀는 딸 미선이나 친구들과 아무런 스스럼없이 화투를 즐기는 모습이 자주 방영된다. 때에 따라 그 문제는 그 드라마의 하나의 주제로 불거져 나와 핵심적인 화두가 된다. 그럴 경우에는 주로 오 박사와 선우용녀의 갈등 상황으로 나타난다. 오 박사는 화투를 즐기는 아내가 미워서 화투를 숨기기도 하고 없애기도 하는 갈등을 보이지만 결국 아내의 항의에 두 손을 들고 만다. 중년 부인들이 즐길 수 있는 수다문화보다는 화투문화를 통해 그들의 일상을 보여줌으로써 전체적으로 중년 여성들의 가정 내에서의 삶들을 단편적으로 보여준다는 점에서 어쩌면 아무 문제가 없는 것으로 생각할 수 있다. 하지만 이런 화투문화 자체가 심각한 문제로 대두되는 것은 다른 부분에서다. 즉 이웃집 부인이 노름에 빠져 남편에게 맞자, 박영규가 그 부인을 집으로 피신시키는 내용에서다. 박영규는 남편에게 두들겨 맞고 어쩔 줄 몰라하는 부인을 황급히 숨겨주었는데, 그 부인은 이제 마치 오 박사 전체 집안의 주인처럼 행동한다. 더구나 평상시 화투를 즐기는 선우용녀와 어울려 화투를 치고 나중에는 선우용녀의 돈을 다 따버린다. 얼마 후 그 여인은 남편에게 용서받고 다시 집으로 돌아가지만 또다시 노름을 해 남편으로부터 도망치게 된다. 하지만 이번에 영규는 지난번 자신의 집안에서 보여준 그녀의 행동이 너무나 얄미운 나머지 그녀를 숨겨주기보다는 남편에게 그녀가 있는 곳을 알려주는 모습으로 끝을 맺는다.

이런 식의 에피소드 속에 그녀의 노름하는 습관이 나쁘게 그려지기보다는 그 사람의 이기적인 모습이 더 부각된다. 일상적인 선우용녀의 화투놀이는 돈이 적고 가족과의 놀이처럼 보여지고 그 여성의 노름은 큰 액수로 시작하기에 문제가 있는 것처럼 그려지는 것은 화투 자체에 대해서 그리 큰 문제의식을 가지고 있지 않는 것처럼 보인다. 넉넉한 중산층의 중년 여성으로 가끔은 자원봉사라도 할 수 있는 위치에 있음에도 그런 모습은 전혀 보여지지 않는 것이다. 일상적으로 중산층 여성들의 자원봉사를 통해 일어나는 작은 감동 같은 모습들도 보여줌으로써 사람들이 의식적으로 자신의 위치에서 할 수 있는 또 다른 영역을 모색하고 사고할 수 있는 가능성을 열어줄 수 있다. 하지만 이 드라마에서는 그런 부분을 전혀 찾을 수 없다. 즉 일상적으로 전업주부의 권태로움을 화투장에 매달리게 함으로써 집에서 보는 중년 부인들에게 또 다른 사회에 대한 봉사나 일하고 싶은 욕망을 없애고 그런 일상적인 행동들이 당연시되도록 만든다는 데 문제가 제기된다. 흔히 전업

주부는 가정이라는 공간에 갇혀 어느 연령대보다 사회에 대한 정보를 제공받을 기회가 적다. 이런 점에서 텔레비전은 전업주부에게 사회에 대한 새로운 정보와 그 나이에 맞는 역할모델을 제시할 수 있다. 그렇게 함으로써 그 연령대의 여성들에게 새로운 생각을 제시하고 사회에 참여할 수 있는 작은 창을 마련할 수 있다. 하지만 이 드라마는 여과되지 않은 일상적인 삶을 그대로 재현함으로써 여성들의 삶을 여전히 그대로 갇혀 있게 한다.

맺으며

이 글에서는 우리가 너무나 쉽게 즐기고 있는 시트콤이라는 드라마 뒤에 숨어 있는 문제점들을 찾아보았다. 시트콤은 기존의 어떤 드라마보다 편안한 마음으로 그저 텔레비전에 온몸을 맡겨 웃어도 좋을 만큼, 커다란 주제의식을 가진 드라마 형식은 분명 아니다. 하지만 이 글에서는 시트콤이 에피소드의 전개를 통해 웃음을 선사하는 과정에서 일상의 삶 속의 문제들을 웃음으로 무마한다는 데 그 문제점이 있음을 지적하고 싶다. 우리의 웃음 뒤에는 실제 현실 도피적인 요소들이 있다. 적당히 긴장된 하루의 감정들을 풀어주는 것은 좋지만 잘못된 모습들을 통해서 그 웃음을 즐긴다면 문제가 되지 않을까? 바로 우리 시청자들이 경계해야 할 것은 바로 이 웃음 속에 문제의식 없이 동화됨으로써 일상의 문제들조차 그 시간 동안에는 그냥 당연시되는 점이다. 즉 시트콤이라는 드라마 형태가 가지는 에피소드 중심에서 그 사건을 풀어가는 방식은 실제 우리 일상에서 짚고 가야 할 문제를 희석시킨다는 것이다. 이러한 것은 텔레비전 시청자들에게 습관적으로 잘못된 일상문화들을 당연하게 받아들이게 한다. 즉 우리에게 일상적으로 제기되는 문제들을 우리 사회에 만연해 있는 하나의 문화적 관습들로 재각

인시키는 역할을 한다. 따라서 시청자들에게 피곤한 일상에서 벗어나는 도피처로서의 기능을 할 뿐 아니라 진정으로 우리의 일상에서 제기할 수 있고 고쳐가야 할 문제를 제대로 보지 못하게 하는 일면을 가지게 한다.

시청자들이 텔레비전에 온몸을 맡기는 것을 고려할 때 우리는 전파의 파급효과를 생각하지 않을 수 없다. 방송문화는 우리가 간접적으로 사회화될 수 있는 인지적 과정이므로 가장 올바른 대중매체로 올곧게 서야 한다. 결론적으로 이야기할 때 <순풍>에서 이러한 일상적인 '웃음' 뒤에 감추어진 잘못된 점들을 좀더 우리 사회가 건전하게 나아갈 수 있는 건강한 문화로 만들어낼 수 있는 여건이 중요하리라 본다.

문학작품의 영상번역

박상희

　80년대, 드라마의 작품성을 위해 문학작품이 단골로 등장하던 때가 있었다. 문학작품이 드라마화되면 무슨 이득이 있을까? 무엇보다 구성이 탄탄해진다는 이점이 있을 것이다. 소재, 주제 모두 완결된 하나의 작품에 약간의 조미료를 가해 더욱 훌륭한 일품 요리를 만들겠다는 것이 당시 제작진의 생각이 아니었을까 생각해본다. 그리고 그런 깜냥이야 지금도 크게 다르지 않을 것이다.

　<새>는 1999년판 <TV 문학관>의 첫 작품이다. 드라마의 첫 에피소드는 인상적이다. 외할머니가 잠자던 우일을 깨워 소변을 보게 한 뒤 그 소변에 오리알을 찍어 먹는 것이다. 그러면 바람을 맞지 않는다고 한다. 그렇지만 외할머니는 중풍에 쓰러지고 우미, 우일 오누이는 친척집을 전전하는 눈치꾸러기로 지내게 된다.

　아버지가 오누이를 데리러 온다. 아버지는 바람 같은 존재로 사라졌다가는 그렇게 불쑥 나타나는 위인이어서 아버지 슬하에 살게 되었다지만 우미, 우일이 눈치꾸러기 신세를 면한다는 것은 애당초 시청자인

나부터도 기대할 수가 없었다. 아버지는 잡다한 사연을 지닌 사람들이 모여 사는 달동네에 단칸 셋방을 얻고 새 여자를 데려온다. 필연적으로 불화가 따른다. 새엄마는 가출하고 아버지도 다시 바람이 되어 사라진다. 우미, 우일만 얇은 보호막마저 사라진 어른들의 세계에 남게 되는 것이다.

소설에서의 우미는 12살, 젖몽우리가 도톰하게 오르는 사춘기 이행 시기의 당돌한 계집애로 나온다. 극중의 우미는 소설 속 우미보다는 훨씬 어려 보여 그 애의 상황이 더 애처롭게 보이는 면이 있었지만 오정희 소설의 특징이기도 한 '독한 맛'을 살리는 카리스마를 갖는 데는 역부족이라는 느낌이었다.

드라마는 크게 환상의 축과 사실 장면으로 나뉘어 진행된다. 새엄마가 던진 구두마법으로 아버지가 쩔쩔매는 장면 등 환상부분은 대부분 컴퓨터그래픽으로 처리되었다. 컴퓨터그래픽이 기술적 미숙성을 드러내는 촌스러운 수준이었다는 신문의 평엔 나도 동감이지만 다른 면으로는 그것이 날것 그대로의 동심을 보여주는 것으로 이해하여 넘어갈 수도 있다고 보았다. 문제는 그것이 아니라 야외 촬영과 스튜디오 촬영, 컴퓨터그래픽 부분이 따로 논다는 데 있는 것 같다. 그것들의 경계는 턱이 다른 복도처럼 요철이 심해서 극에 몰입하는 것을 방해했다. 왜 경계가 생겼을까? 한마디로 미술적인 사고의 부족 내지 처리 미숙 때문이라 하겠다. 무엇을 찍었는가도 중요하지만 작품 전체의 시각적 이미지를 통합하는 것도 작품의 완성도를 위해선 중요한 게 아닐까.

소설과 비교하면 에피소드의 중요성에서 두 가지가 눈에 띄었다. 드라마에선 여장 남자인 문씨가 남자라는 것이 밝혀지는 장면이 이씨에 의해 폭로되어 동네방네 소동을 일으키는 재미난 구성요소로 취급되고 있지만 소설 속에서 그 부분은 단지 우미가 목격하고 놀라지만, 가슴에 접어넣는 사건 정도로 끝난다. 이 작품이 범작으로 그치고 만 이유가 이 부분에서 드러나는 것 같다. 소설에서는 모든 것이 우미라는 맹랑한 계집애의 시선으로 묘사되어 산만하기까지 한 잡다한 인물의 등장에도 조금도 긴장이 흐트러지지 않는 반면, 드라마에서는 이런 식으로 어른의 일화로 환원되는 장면이 많았기 때문에 전반적으로 에피소드 나열로만 느껴질 뿐 주제가 일목요연하게 와닿지 않았다. 차라리 그런 떠들썩함보다는 맹인 침쟁이의 개를 셋방 남자들이 반강제로 덜렁 끌고가 개고기 파티를 하고 덩치 큰 수컷 하이에나처럼 귀가하는 소설 속 장면을 넣었으면 어땠을까 생각해본다. 성적 학대를 당하는 우미의 가위눌림에도 드러나 있듯 우미를 둘러싼 어른의 세계는 그렇게 폭력적이고 야만스러웠으며 그 에피소드는 그것을 가장 직접적으로 보여주는 것이기 때문이다.

드라마 끝부분, 우미는 우일이 죽을 지경이 되자 살그머니 이씨의 과부새를 훔쳐 풀어준다. 이 부분은 컴퓨터그래픽으로 처리되어 우일의 영혼이 날개를 얻어 얼굴도 가물가물한 엄마의 영혼과 만나 자유를 얻는 것으로 설정되어 있다. 윤회 같은 것에 대한 뉘앙스는 드라마에도 표현되어 있다. 반신불수가 된 주인집 딸이 우미에게 "세상에 있었던 것은 사라지지 않으며 그것을 아름다운 기대로 기다리는 사람에게 나타난다"고 말하며 우는 장면이 그것이다. 그렇지만 우일의 영혼이 자유를 얻었다는 식으로 그동안의 억압상황과 우미를 너무 손쉽게 화해시키는 결말은 아니었을까 하는 생각이 들었다. 그들을 억압한 것이 얼마다 악몽이었는가 생각한다면 억지에 가깝다. 그때 우미가 새를 날리고 본 환상들은 어머니가 있을지도 모르는 내세에서나 가능한 평화가 아니었을까. 자신은 벗어날 수 없는 현실의 척박함, 그 폭력적 세상 질서에 여전히, 이제는 혼자 남겨진 우미의 비극이 더 절절해지는 시점이었다. 이 부분이 충분히 표현되지 못한 것은 아쉬운 일이었다.

작가 오정희는 어른 없이 남겨진 아이들에게 세상이 얼마나 불친절한지 보여주려 소설을 썼다 한다. 그것이 출발점일 수야 있겠지만 그렇다고 이 드라마를 서글픈 소녀가장 스토리로 만들 이유가 되진 못한다. 폐쇄된 일상에서 빠져나올 수 없이 갇혀버린, 누구도 대신할 수 없는 '독한 고독'에 눌려 있는 오정희식 인물군에서 우미도 우일도 아버지도 또 다닥다닥 붙은 셋방의 사람들도 예외일 수가 없기 때문이다. 우미라는 단일 시점의 증발, 화면 조화 부족과 같은 실수와 함께 그 갇혀버림이 충분히 열려 표현되지 못한 것이 이 작품의 허점이 되었고 1999년판 <TV 문학관>이 출발부터 삐끗하는 원인이 된 것이 아닌가 한다.

두번째 작품 <폭군>은 80년대 <TV 문학관>의 명제, 리얼리즘 계열 문학 성과의 영상적 재현이라는 뜻에 더욱 추종한 것으로 보였다. 드라마는 1979년 10월, 부마사태로 비상계엄이 선포되어 정국이 혼란한 가운데 수렵회장과 몰이꾼 영감, 그리고 청년이 용주골 어귀에 도착하는 것으로 시작된다. 그들의 목적은 이미 멸종된 것으로 알려진 꽃, 즉 범을 잡으려는 것이다. 드라마의 뼈대는 크게 두 가지로 볼 수 있다. 하나는 마을에 출몰하며 인명을 살상하는 범과 그를 추적하는 포수 사이에 일어나는 목숨을 건 대결 양상이고, 다른 하나는 범이라는 폭군의 억압에 시달리는 마을 사람들의 상황을 유신체제의 억압으로 은유하는 것이다.

수렵회장은 범의 공격으로 다쳐 몸져눕고 범을 쫓는 것은 포수 노인의 일이 된다. 그 과정에서 포수 노인은 지리산으로 범을 잡으러 떠나왔다가 전쟁이 발발해 고향으로 돌아가지 못한 실향민임이, 동행한 청년은 부마사태 때 시위대에 참여했다가 경찰에 쫓기는 몸이라는 것이 드러난다. 포수 노인은 단독추적 끝에 범을 쏘지만 동시에 그를 덮친 범에 의해 동반 죽음을 맞게 된다. 청년은 마을 사람들처럼 억압당한 채 있어서는 안된다는 사명감을 안고 마을을 떠나게 되는데 돌아가는 길에서 대통령 서거 소식을 듣게 된다.

이 드라마는 화면을 아래위로 압축한 형태(단순한 영화관 사이즈 비율이 아니라)로 진행된다. 이것은 등장인물들이 총체적으로 겪고 있는 억압 상황을 보여주는 장치로 선택된 듯 여겨지나 중대한 결함이 있다. 소설에서 그려진 장대한 자연에 대한 탁월한 묘사가 이런 식의 화면에 담기다보니 별 감흥을 불러일으키지 못하게 된 것이다. 게다가 포수 노인과 범의 숨막히는 쫓고 쫓김과 같은 소설상의 푸짐한 묘사는 증발하고 대화부분만을 발췌, 드라마화하여 생선으로 따지면 앙상한 뼈대만 추린 초라한 리얼리즘 계열 작품이 되고 말았다.

더 큰 문제는 이 작품이 선 굵게 그려놓았다는 주제 자체에 있다. <폭군>이 실린 소설집이 발행된 해는 1984년이었으며 당시는 신군부 통치하에 있었으므로 충분히 폭군이라는 소설의 유효성이 있었다. 그러나 지금은 1999년, 민주화가 충분히 진행되지 않았다 주장할 사람이야 있겠지만 군부라 할 만한 폭압적 권력의 통치하에 있다 생각할 사람은 없을 것이다. 역사의 현재형 의미를 위해서는 문학작품을 드라마화할 때 시의성도 따져봤어야 하지 않았을까. 시효가 지난 절대권력 비판에 어리둥절해질 정도였다.

사실 이 소설의 1984년판은 읽어보지 못했다. 내가 구한 전집 속의 『폭군』은 1995년에 개작한 것으로 되어 있기 때문이다. 소설은 개작을 거치며 드라마의 양대 축 중의 한쪽, 즉 권력비판 쪽은 거의 삭제하고 포수 노인과 범의 대결에 초점을 맞추어 사냥이라는 행위를 통해 죽이고 죽임을 당하는 야성세계를 냉정하면서도 아름답게 그려내고 있다. 드라마도 개작판『폭군』처럼 새 맛내기를 시도했다면 어땠을까. 최소한 개작판의 의도대로 포수 노인과 범의 대결로 방향을 잡았어야 했던 건 아니었을까 생각해본다.

이제부터 말하려는 드라마 두 편은 앞의 두 드라마와는 아주 다른 방식의 접근법을 택하고 있다. 먼저 <은비령>. 이 드라마는 원작과 같은 부분이 있는 반면 아주 다른 부분이 있다. 우선 소설 속 주인공은 별거중인 유부남으로 선뜻 여주인공에게 다가서기 힘든 그의 마음 한 자락엔 불륜의 분위기가 깔려 있다. 그러나 드라마에서는 이러한 그의 처지를 대폭 삭제하여 주인공 정우는 총각이고 처음 본 순간 선혜에게 애정을 느꼈으나, 선혜는 그의 절친한 친구 준서의 애인이었다는 식의 삼각 멜로 드라마 구도를 출발점으로 삼고 있다.

정우는 선혜와의 약속장소로 가던 중 영동에 눈이 내린다는 얘기를 듣고 친구이자 선혜의 남편이었던 준서, 그리고 선혜와의 추억이 있는 은비령으로 향한다. 선혜를 처음 만나던 날의 추억에 잠기는 정우. 선혜는 (아마 운동권 신분으로) 경찰에 쫓기는 몸이었고 정우는 선혜가 도피하는 것을 도와 자신이 고시공부하는 곳으로 데려가는데, 뜻밖에도 정우의 친구인 준서를 보는 선혜가 반색을 한다. 둘은 사랑하는 사이라는 것이다.

이 드라마에서 가장 잘된 캐스팅은 선혜 역으로 이영애를 선택한 것이다. 연출자인 윤석호 프로듀서는 "타고난 표정과 이미지가 대사보다 중요하다"는 생각을 갖고 있다 한다. 그는 자신의 영상해법에 주인공이 녹아들길 누구보다 열렬히 바라는 것 같다. 즉 스토리라인보다는 좋은 그림을 추구한다는 것이다. 이 말은 다 공감할 수 있는 말은 아니지만 서둘러 도망치느라 제대로 옷도 갖춰 입지 못한 맨발의 선혜가 따뜻한 볕 아래서 정우가 사준 빵과 우유를 먹는 장면 같은 것을 보면 측은하지만 초라하지 않은 선혜의 이미지에 과연 이영애 이상이 있겠는가 하는 생각이 들게 된다.

선혜와 준서의 결혼 후 정우는 짝사랑을 접고 유학을 떠난다. 귀국해 다시 재회한 정우와 선혜. 정우는 준서가 3년 전 죽었다는 소식을 듣는다. 셋이서의 추억은 정우와 선혜만의 시간을 방해하고 만남이 잦을수록 죽은 친구에 대한 죄책감이랄 수 있는 감정의 녹은 점점 더 벌겋게 자라난다. 둘 다 이렇게 갇혀 있을 때 정우는 은비령에 가기로 결심하게 되고 그곳에서 선혜와 마주치게 된다. 이제 둘의 여행이 시작된다.

아름다운 은빛 바닷가 장면이 시작된다. 아직 완전히 다가서지 못하는 둘의 마음을 대변하듯 카메라에 잡힌 주인공의 시야 사각에 서 있는 다른 주인공의 모습 같은 장면들이 썩 어울리는 피아노 연주와 함께 쓸쓸한 분위기를 끌어간다. 그리고 유려한 푸른 색 톤의 화면이 펼쳐진다. 강원도의 산, 고개, 하늘, 바람, 지붕과 그 아래 살고 있는 고즈넉한 사람들, 이 모든 것이 푸른 색조에 담긴다. 푸른 색에 관해서라면 이 드라마처럼 각양각색의 뉘앙스를 다 보여준 드라마도 없지 않나 생각한다. 도대체 이 푸른색은 어디서 온 것일까?

주인공들이 별을 보는 장면이 있다. 우리가 바라보는 우주의 색, 별이 돋아나는 밤이 되면 생겨나는 색, 그 심청색(沈靑色), 울트라 마린, 이것이 이 드라마 색조의 근원은 아닐까 생각해본다. 소설에서 주인공은 서역여행을 떠나 돈황에서 여자에게 전화를 한다. 몸이 가장 멀리 떨어져 있을 때 마음으로 가장 가까이 여자를 느꼈다 한다. 그러한 공간적 깊이와 주제를 암시하는 매우 중요한 부분인 밤 하늘 혜성 애기, 그 시간의 유장함을 함께 어우를 수 있는 색으로 윤석호는 심청색을 택한 것 같다.

주인공들 앞에 가슴에 사무치게 펼쳐지는 인상적인 푸른 정경들은 일회성의 의미, 다시 돌아오지 못함의 애절함을 충분히 일깨워준다. 소설 속에선 길게 다뤄졌지만 드라마에선 거의 탈락된 혜성 애기, 그 윤회의 의미가 영상이란 틀로 충분히 전달된 것이다.

출발이 달랐던 만큼 드라마 속 주인공은 소설 속 주인공들이 하룻밤의 정사를 뒤로하고 이별하는 것과는 다른 길을 택한다. 선혜가 없어졌다 생각하고 절망에 사로잡힌 정우의 차가 출발하고 크레딧이 떠오를 때쯤 저 멀리 보이는 도로에서 선혜의 차에 정우의 차가 다가서는 것이다. 인간의 공전 또는 윤회 주기(모든 것이 2,500만 년을 한 주기로 되풀이된다는 것, 그래서 지금 어긋나면 2,500만 년 후에나 다시 마주칠 수 있다는 것)를 생각할 때 소설 속 이별도 드라마 속 재회의 여운도 그리 다른 결말이 아니라는 생각이 든다.

<은비령>은 소설의 구성력을 높이느라 멜로 드라마화하여 소설 속 메시지를 있는 그대로는 다 전달하지 못했지만 (또는 않았지만) 소설에서 추출한 농축물을 영상이라는 이미지에 응축시킴으로써 결과적으로 성공적 메시지 전달에 도달할 수 있었다. 이미지에 대한 윤석호의 집착이 푸른 색과 그에 어울리는 주제를 만나 오랜만에 시청자들의 눈을 포식시켰다는 것이 내 생각이다.

<간직한 것은 잊혀지지 않는다>는 <앙코르 베스트극장>을 통해 보았다. 이 작품은 김남조의 콩트집을 모태로 하고 있고 그 콩트집 중에서도 매우 짧은 에피소드인 「소녀」를 드라마화한 것이다. 콩트 「소녀」의 줄거리는 변변한 인물간 갈등양상도 없이 단순하다. 소녀는 어느 날부턴가 오토바이를 탄 청년을 사랑하게 된다. 혼자만 가슴에 간직하는 사랑을 하던 소녀는 청년의 오토바이에 치이게 되고 혼자 앓다 죽어간다.

이 정도다. 그렇지만 드라마에서처럼 밑그림이 보성 차밭으로 정해지고 나면 그 줄거리는 더 이상 단순하지만은 않게 된다. 드라마의 시작은 젖무덤 같은 능선을 차나무가 뒤덮고 있어 아득하고 아리게 푸른 보성의 차밭을 보여주는 것에서 시작된다. 세진은 벙어리 처녀고 차밭에서 일한다. 그녀는 교육도 제대로 받지 못했으며 도회지는커녕 읍내 출입도 변변히 못하고 커버린 품삯 일꾼이다. 세진의 세계는 대부분 적막하다. 마치 방풍림에 둘러싸여 보성 차밭 구릉에 들어차 있는 차나무처럼.

오토바이를 탄 농원 주인의 손자가 나타나고 세진은 그를 사랑하게 되고 그림자처럼 그를 좇지만 한번도 그 앞에 나서질 못한다. 농아라는 이유도 있지만 드라마에서 세진은 애정의 기승전결을 만들지 못할 무엇인가가 결여된 사람으로 표현되어 있다. 어린 잎이 돋으면 작설이라며 훑어내고, 힘 모아 키운 튼실한 차잎은 대량생산용으로 도륙을 하는 식으로 사람들은 차나무가 자랄 틈을 주지 않는다. 차나무와 동일시된 세진은 그렇게 사랑에 대해 배우지 못하고 나이만 들어버린 것으로 표현되어 있다.

콩트의 작은 분량을 드라마화할 때 등장인물을 늘리거나 에피소드를 추가하는 것이 손쉽게 흥미를 더할 방법이겠지만 이 드라마는 그런 방법을 택하지 않았다. 콩트와 별반 다르지 않은 단순한 줄거리에 보성 차밭이라는 배경을 주인공 수준으로 끌어올려 차밭 농아 처녀 세진을 탄생시킨 것이다. 그렇게 하자 표면의 스토리라인과 다른 이면의 구조가 생기게 되었다.

듣지 못하는 세진은 농원 손자의 오토바이가 구릉을 넘어 자신에게 다가오는 것을 알지 못하고 치이고 만다. 그는 세진이 농아라는 걸 알게 되지만 세진이 얼마나 다쳤는지 알지 못한 채 농원을 떠나고 세진은 죽음의 문턱을 헤매며 앰뷸런스에 실려간다.

차밭이 육화되어 사람이 된 세진이 농원 손자의 오토바이에 치여버렸을 때 이면의 구조·은유는 정점을 이룬다. 시청자로서 나는 이렇게 생각했다. 사랑을 모르던 세진이 쾌속으로 다가와 자신의 마음을 빼앗아버린 농원 손자의 오토바이에 치여 치명상을 입는 것은 녹차잎 담은 잔에 뜨거운 물을 부을 때 여린 녹차잎이 감당할 수 없는 열에 죽어 풀어지는 것과 너무나 닮은 구조라는 것이다. 지나치게 개인적인 감상인지는 모르나 그러한 생각을 했을 때 눈물이 고여왔다. 녹차잎이 맥을 놓는 순간 향이 탄생하듯이 단지 농촌이 배경인 콩트집에서는 느낄 수 없던 은유, 향이 드라마의 보성 차밭, 세진으로 육화된 그 차밭 풍경이 세진의 죽음으로 사라지는 지점에서 깨어지기 쉬운 아름다움, 향으로 승화되는 것을 느낄 수 있었다.

이런 감동이 가능했던 것은 차밭처럼 향내 나되 수선스럽지 않은, 즉 그리움에는 소홀하지 않되 감정이입을 자제하는 카메라 시선 덕이 크다고 느낀다. 카메라 시선은 멀리 펼쳐진 차밭과 농가, 아치형 다리, 비 내리는 풍경, 그리고 세진의 언뜻 살피기 어려운 감정의 아주 작은 변화를 담담하게 드러내 보여주었다. 세진의 감정을 보여주고 그녀의 처지에 가슴이 미어지게 하되 함부로 눈물 흘리지 않게 시청자를 긴장시켰다.

어떤 사람이 자기 영역으로 느껴 타인이 침범했을 때 불편한 기분을 느끼는 자기방어심리 거리는 50센티미터라는 것을 읽은 적이 있다. 연출자 황인뢰는 바로 그 50센티미터에 서 있는 듯 보인다. 침입자로서의 타인도 아니고 지근한 거리의 애인도 아닌 경계선의 인물로 대상 인물의 안과 밖을 보여준다.

이런 신경망에 포착된 보성 차밭은 '우리가 늘 그리워하나 다가갈 수 없는, 어디에도 없는 ……'이라는 뜻의 유토피아를 떠올리게 한다. 녹색 다원의 풍경들은 그렇게 그리움이라는 감정만 존재할 뿐 실체가 없는 이상향을 기막히게 보여주었다. 없는 이상향의 이미지 한 자락, 한 목숨이 끊어지며 뿜어내는 항내를 담아내기에 차밭은 썩 훌륭한 것이었다.

80년대와 달리 최근에는 문학작품의 드라마화가 덜 활발한 듯 보인다. 오리지널 극본의 완성도가 높아져 방송사나 시청자 요구에 충분하기 때문이라고도 생각할 수 있겠으나 다른 관점에서 보자면 근년에 문학작품을 드라마화한다는 것에 대한 방향설정 자체에 문제가 있는 것은 아닌가 생각해본다.

문학은 드라마가 태어난 장소인가 귀착지인가. 80년대는 대결구도가 분명한 사회였고 드라마의 구성력이 갖는 짜임새의 호소력도 따라서 컸다. 왜냐하면 구성력이란 메시지 전달을 위해 말을 더 중층으로 쌓아 권위를 획득하게 되는 과정을 말하기 때문이다. 그러나 90년대가 되면서 사회는 다원화되어 적과 나의 구별은 불분명해지고 한 가지를 보는 시점은 누군가의 의견만이 정답이 아닌 세상이 되었다. 문학작품을 차용하는 드라마의 경우 이러한 시대의 감각에 어떻게 대처해야 하겠나 하는 고민에는 소홀했다는 느낌이 든다.

드라마가 문학작품을 소재로 삼는다면 이것은 새로운 매체로의 이동이므로 상응하는 변화가 따라야 한다고 믿는다. 이젠 문학의 구성력과 대사만 빌려 적절히 살(영상)을 입히는 식은 시청자들에게 통하지 않기 때문이다. 리얼리즘의 원칙을 고수하려 했으나 진부해져버린 <새>와 <폭군>, 그리고 시각적 이미지로 접근한 <은비령>과 <간직한 것은 잊혀지지 않는다>가 실패와 성공의 좋은 예가 될 것이다.

드라마를 만드는 사람들은 문학작품을 읽고 빨리 잊는 것이 좋겠다. 감흥, 그것만 간직하면 된다. 그리고는 문학작품이라는 섬에 늘인 닻을 등지고 상상과 창조의 바다 쪽을 보며 문학작품의 새로운 탄생, 곧 드라마를 위해 익사를 각오하고 날개를 펴야 하는 것이다.

TV 속의 대학문화, 참을 수 없는 존재의 가벼움

대학생 드라마를 중심으로

박현정(대학생)

대학은 그동안 문화적 의미에서 특수하게 인식되어왔다. 대학에는 대중문화의 생산과 소비, 향유구조와는 다른 무언가가 있을 것이라는 막연한 기대가 이제까지 우리를 지배해온 것이다. 하지만 모든 것이 TV의 왕성한 흡인력에 빨려들어가는 미디어시대에 이른바 상아탑만이 홀로 버티고 있을 수는 없는 일이다. 게다가 오늘의 대학생은 TV를 벗삼아 성장해온 세대다. 바로 TV는 대학이 오랫동안 경시해왔던 대중문화를 대거 유입시킴으로써 대학문화를 그 힘 앞에서 점차 무릎을 꿇게 하고 있고 그 사이의 경계선도 허물어뜨리고 있다. 이처럼 방송 자체가 또 하나의 생활세계를 펼치고 있다면 이를 활용하는 방송 특유의 전략도 진지하게 모색할 시점이 아닌가 싶다. 문제는 오늘날 TV와 대학문화는 과연 제대로, 행복하게 만나고 있는가 하는 점이다.

결론부터 얘기하자면 안타깝게도 그렇지 못한 실정이다. TV는 대학문화와 대학생들의 모습을 자신의 틀에 맞도록 재창조해 왜곡된 모습들을 많이 보여주고 있다. 그리고 시청자들은 그들의 모습을 대학생이라는 계층의 일반적인 상으로 받아들이게 된다.

대학문화가 TV의 그물망에 포착되기 시작한 것은 지난 80년대 초반부터다. 대학의 양적 팽창이 급속하게 진행되던 시절, 매스컴이 보기에 대학의 풍속은 새로운 소재가 되기에 충분했다. 대학생층 자체가 매스컴의 '문화예비군'으로 부각되기 시작했기 때문이다.

이런 사회적 분위기 속에 80년대 말에서 90년대 초부터 대학생들의 생활을 다룬 청춘 드라마가 각 방송사마다 생겨나기 시작했다. 그러나 이들 일련의 드라마들은 현실의 대학생활과는 너무 거리가 멀었다는 점 때문에 '이미지 왜곡'의 대표적 사례로 꼽힌다. 바로 대학생들의 특정 이미지만을 반복 전달하는 경우가 많아 대학문화 전반에 대한 왜곡된 시선을 부추겼기 때문이다. 나는 이 비평을 통해 이런 대학문화를 바라보는 차별적 시선의 문제점과 그에 대한 대안은 무엇인가에 대해 살펴보고자 한다.

TV에서 보이는 유형화된 대학의 이미지

TV에서 보이는 대학의 이미지들은 크게 두 가지 측면으로 볼 수 있다. 첫번째는 대학을 낭만적 삶의 대상으로 바라보는 것이다. 실제로 대학에는 낭만만이 존재하는가. 시청자의 입장에서 이 점을 심도 있게 생각해야 할 것이다. 물론 실제로 대학에서 낭만을 전면적으로 배제할 수는 없지만 문제는 그 낭만을 정의하고 있는 것이 막강한 영향력을 소유하고 있는 TV라는 데 있다.

TV 속의 대학생에게는 그 또래가 흔히 갖는 진로문제, 사회문제에 대한 고민 등 어려움에 처한 대학생들의 현실은 거의 찾아보기 힘들다. 그들에게는 오직 꿈과 낭만만을 좇아 누가 그것을 더 만끽하느냐에 아웅다웅할 뿐이다. 그리고 그들에게 연애란 필수적인 것이며 그들에게 고민이라 하는 것도 연애관계에서 발생되는 것들이 대부분이다.

두번째는 대학을 소비향락 중심의 공간으로 바라보는 것이다. 90년대 대학사회 집단은 이미 성장기부터 어느 정도 한국 사회의 경제적 성장의 혜택을 받아온 세대다. 그러나 이런 접촉을 통해 문화적 감수성을 획득한 그들이지만 TV 속에서의 그들은 보는 이로 하여금 위화감까지 조성할 때가 많다.

소위 일부 극소수의 상층 대학생 문화 일색인 값비싸면서도 세련된 카페 및 호텔 나이트 클럽 문화, 캠퍼스 내의 일상적인 자가용 동원 등은 흔히 볼 수 있는 장면이다. 이 자가용의 경적에 놀란 다수의 학생들은 TV 속의 그들을 보며 질투와 선망 어린 시선을 보내기도 하며 동시에 그들처럼 되기 위해 경제적 재생산의 유지 및 상승 전략 구상에 골몰하기도 한다.

바로 대학생 드라마는 소비향락 중심의 상업문화를 대학에 겹겹이 에워싸고 그것도 모자라 화려한 규모와 대중스타를 동반해서 대학문화의 상업적인 이용을 점점 심화시키고 있다.

문제의 본질적 고찰

이제 TV 속의 대학문화는 소비대중문화의 지배를 받으며 대중문화 형성에도 막대한 영향을 주고 있다. 그러나 TV 속의 대학문화는 분명 이런 소비향락주의에 대항하는 궤도 수정이 불가피하며 구성원의 의식화 작업이 필요하다. 그러면 이러한 문제의 근본적인 원인은 무엇인가를 알아볼 필요가 있다.

첫번째는 TV의 소재가 감각적인 것에만 치우친 데서 찾을 수 있다. 최근 들어 대학생 드라마의 소재는 방송 관련 학과에 대한 것이 대부분이다. 많은 인기 속에 종영되었던 MBC 시트콤 <남자셋 여자셋>의

<점프>

경우 '신문방송학과'를 배경으로 하고 있고 후속 시트콤인 <점프>의 경우도 역시 '방송연예과'를 그 배경으로 하고 있다. 또한 KBS 청춘 드라마 <광끼>도 '광고동아리'를 소재로 한다. 맥락이 다르긴 하지만 SBS의 <카이스트> 역시 전문 드라마를 표방하면서도 정규 교과과정에 관한 내용보다는 동아리 활동이나 그밖의 것에 초점이 맞추어져 있다는 점에서 크게 다를 바가 없다.

또한 연애를 대학생의 주요 문화로 그리고 있다. 어떤 소재를 가지고 다루든지 연애는 가장 공통적인 화두이며 가장 중요한 사안이다. 천편일률적으로 삼각관계가 형성됨은 기본이다. 이는 자칫 대학생은 반드시 연애한다는 잘못된 인식을 심어줄 수도 있다. 전문대 광고창작과의 광고동아리를 배경으로 젊은이들의 순수한 열정과 끼를 소재로 한다는 신선함에서 많은 기대를 모았던 <광끼> 역시 처음의 의도와는 다르게 연애관계 일색으로 흐르는 듯한 인상을 준다. 성연(최강희 분)과 동욱(이동건 분), 강민(원빈 분)의 삼각구도 양상이 결국 사랑이라는 테마로 치우쳐가는 것이다.

두번째로 현실성의 부족을 들 수 있다. 올바른 현실의 반영은 바로 현실의 정신이다. 바람직하게 현실을 인식하고 규명하는 것은 방송에서 우선적으로 진행되어야 하는 것이다.

대학생 드라마라고 규정하기에는 한계가 있지만 대학을 배경으로 그려졌던 MBC 수목 드라마 <우리가 정말 사랑했을까>에서는 특히 왜곡된 대학 현실들이 자주 보인다. 인생의 최대 목표를 물질적 성공에 두었던 야심에 찬 학생이었던 재호(배용준 분)와 순수한 사랑을 믿는 이상주의자 대학강사 신형(김혜수 분), 그리고 그녀와는 정반대의 사고방식을 지닌 전형적인 신세대이며 역시 재호와 함께 신형의 수업을 듣는 학생이었던 현수(윤손하 분), 여기에 신형을 좋아하는 선배(이재룡 분)가 설정됨으로써 4각구도 형태로 사랑싸움을 벌인다. 사회집단 중에서도 폐쇄적이고 보수적인 곳이라고 규정되는 대학에서 강사와 학생 간의 사랑을 그리고 있으며 여기서의 대학생들은 비싼 차를 몰고 다니며 씀씀이가 매우 큰 생활들을 하고 있다.

물론 드라마가 허구성을 전제로 만들어지긴 하지만 어느 정도의 개연성은 갖추어야 한다. 이러한 측면에서 이 드라마는 사실성 확보면에서는 시청자들에게 왜곡된 시선만을 안겨주었다고 볼 수 있다.

또한 대학생들을 중심으로 펼쳐지는 시트콤의 경우 기존 <남자셋 여자셋>과 <점프>에서는 주인공들이 공부하는 모습을 찾기란 무척 어렵다. 또한 강의시간에 교수님과 학생 간의 격의 없는, 어쩌면 버릇 없게 보일 수도 있는 행동들의 반복은 대학 현실과는 약간 거리가 있는 듯하다. 졸업을 앞둔 학생들이 노는 일에만 치중하는 모습이나 화려한 의상, 배경 등의 강조는 더욱 그런 면을 심화한다. 현실에서는 취업준비의 어려움과 성·이념문제 등 흔들리는 대학생들의 모습들이 엄연히 존재하고 있는데 말이다.

이런 현실성 확보의 필요성은 방송 시청자층에서 그 이유를 찾아볼 수 있다. 이 대학생 드라마는 대학생 당사자는 물론 대학진학을 희망하는 중고생, 비슷한 나이의 직장인 등 그 시청층이 매우 다양하다. 이 드라마들은 그들에게 대리만족을 주는 동시에 상대적 박탈감을 느끼게 한다. 또한 대학에 진학하는 학생들의 의식 속에 대학이란 일종의 유토피아라는 환상이 자리잡고 있는 것은 누구나 공감하는 내용이다. 바로 여기에 대학생활의 딜레마가 있는 것이다. 그들이 얼마 후 경험하게 되는 현실의 대학은 그들의 환상을 채워주기에는 그리 낭만적이지도 성숙되지도 않았다. 결과적으로 TV 드라마에서 보여주는 대학에 대한 의식 자체가 바뀌지 않는 이상 이러한 딜레마는 해결되지 않을 것이다.

세번째로 TV 속의 그들에겐 감각만 있을 뿐 사색이 없다. 적어도 대학문화라면 자기를 찾기 위해 고민하는 모습이 보여야 한다. 그러나 그들은 지성과 이성보다는 가벼운 이념 아닌 이념과 유행을 의사결정의 도구로 삼는다. TV 속에서는 정립되지 않은 산만한 생각과 가벼운 감각들이 대학문화로 당당하게 자리잡혀 있다. 무언가 들어 있을 것 같긴 하지만 정확하게 집어낼 수는 없다. 그래서 더욱 실생활에서 설득력이 없으며 자칫 함부로 사용하면 억지소리가 되기 쉬운 분위기가 그들을 사로잡고 있다. 그들은 원리·원칙이란 말을 싫어하고 근본에 대해 깊이 생각하는 것을 바보처럼 여긴다. 그들에게는 '사색'이 존재할 여유조차도 없다. 그들은 단 1분 만에 결론을 내리고 행동하기까지 한다. 정답은 없으며 '내가 생각하고 행동하는 것'이 곧 정답이다.

그리고 그 정답은 언제든지 상황에 따라 바뀔 수 있다. 복잡하고 섬세하게 파고드는 것을 싫어하고 그저 흘러가는 대로 즉흥적인 판단을 내리는 그들의 경향에서 자기의 생성이 담긴 고유한 가치관의 정립이란 기대하기 어렵다. 그래서 TV 속 대부분의 대학생들의 장래 희망 직종은 '프리랜서'다.

발전적 방향 모색

이런 문제점을 바탕으로 이제는 방송사에서 본격적인 태도의 변화가 갖추어져야 한다. 그러기 위해서는 우선 내용의 다양화 노력이 필요하다. 예를 들어 <카이스트>의 경우 나름대로 소재의 다양성 추구를 통해 '카이스트'라는 전문적 이야기의 취지를 나름대로 잘 풀어나가고 있는 것을 볼 수 있다. 그것은 '카이스트'를 그저 소재로 전락시킨 것이 아닌 전문적인 자료를 바탕으로, 즉 인물 중심이 아닌 사건 중심으로 드라마를 만들어간 것이 유효했기 때문이다. 이 드라마는 인물이 각각 일화에 매몰되지 않게 개성 있는 인물들로 그려넣음으로써 화려하고 소위 인기 있는 연예인들 나열식의, 마치 자기 입맛에 맞는 인물을 고르라는 측면이 많이 배제되었다.

여러 부족한 모습이 많이 눈에 띄지만 '로봇 축구대회', '해킹' 등이라는 그간 드라마에서 다루어지지 않았던 소재를 사용한 것은 이 극이 갖는 매력이다.

특히 '살리에르의 슬픔'이나 열정을 가진 노교수의 수업이 인상적이었던 '마지막 강의' 편 등, 자칫 교훈적인 이야기로 치달을 수 있었던 감동적인 일화를 설득력을 갖추어 산뜻하게 꾸며낸 것은 항상 비슷한 이야기 일색인 청춘 드라마들과의 차별성을 갖게 한다.

이 극의 작가 송지나씨가 사실성을 확보하기 위해 6개월 동안을 카이스트 학생들과 지냈다는 사실은 대학생 드라마가 구체적인 현실의 반영 없이 감각적으로 찍기만 하면 안된다는 것을 보여준다. 대학생 드라마는 이제 좀더 작은 문제, 즉 일상영역에 대한 다양한 관심을 가지고 아주 세부적인 것을 다루어갈 수 있도록 해야 한다.

두번째로 극 전개에서 자기 나름대로의 색깔이 있어야 한다. 그리고 그 색깔은 건강하며 고운 색깔이어야 한다. 그동안 TV가 보여준 대학문화는 자본주의적 상품문화의 포로가 되었고 천편일률적인 내용들

일색이었다. 이제는 그런 시선에서 벗어나 대학생들만이 가질 수 있는 새로운 시대에 대한 열망과 그것에 대한 실험과 비판, 그리고 창조적 정신들을 반영하는 노력이 필요하다. 대학에서는 프로를 원하는 것이 아니다. 그곳에 필요한 것은 실험과 실수를 두려워하지 않는 아마추어들이다. 항상 변화는 프로가 아닌 아마추어에 의해 시작되어왔다. 이제 TV도 그 아마추어들과의 공존 속에서 변할 필요가 있다.

맺으며

대학생 드라마에서 보이는 문제점들의 근본적 원인은 모든 방송 프로그램이 그렇지만 바로 TV 시청률과의 관계에 있다. 그러나 TV 시청률에만 급급하여 더 감각적이고 상업적인 대학문화가 그려지는 것은 심각하게 재고해보아야 한다. 방송이 보여주는 대학문화가 새로운 토양을 위한 실험과 실수의 반복을 두려워하거나 거부한다면 이 땅의 대학문화에 대한 희망은 없는 것이다.

그동안 대학생 드라마가 보여주는 90년대 대학문화를 들여다보면 '과소비와 사치향락', '다양한 문화적 향유', '성적인 자유분방함', '신세대의 합리성'에 주목하고 있다. 이 속에서 대학문화의 자기정체성이란 흔적 없이 사라지고 있다. 또한 대학에는 낭만만이 존재하는 것은 아니다. 대학에는 20살의 타오르는 정열을 기반으로 한 순수한 삶이 있다. TV 속에서의 대학의 낭만은 대학생 스스로가 주역이 되어 헤쳐가는 대학생활 속에서 고통과 고민을 근간으로 하는 낭만으로 그려져야 한다. 그리고 이 고통과 고민은 20살의 순수한 정열을 지켜가는 역할을 만들어줄 것이다. 바로 대학은 자신을 발견하고 보다 넓은 세계를 향해 이 시대가 요구하는 인간으로서 나아가는 공간이 되어야 하며 현실에 참여하는 능동적인 자신의 삶을 창조한다는 시각에서 접근해야 한다.

　대학생의 삶과 현실을 반영하고자 하는 드라마라고 한다면 이 시대를 살아가는 대학인의 사명은 무엇이며, 어떻게 살아가야 하는가를 보여주어야 한다. 바로 지금 이 시기 대학 지성인의 화두가 되어야 할 소재를 삼아야 하며 올바른 현실 속의 시대정신을 반영해야 할 것이다.

<우리가 정말 사랑했을까>

문화 프로그램 편성의 의미와 내용

1999년 10월 개편으로 폐지된 '문화사랑띠' 기획을 중심으로

여은희(모니터원)

KBS 2TV는 1999년 5월부터 10월 15일까지 '문화사랑띠'라는 이름 아래 월요일부터 금요일까지 밤 12시부터 1시 사이의 시간대에 다양한 문화 프로그램들을 선보여왔다. 공영방송임을 내걸고 야심 차게 출발한 '문화사랑띠' 기획이 10월 18일의 가을 개편 이후로 그 이름이 슬그머니 사라짐으로써 초기의 의욕에 부응하지 못하고 용두사미가 되어버린 느낌도 있으나, 이름만 없어졌을 뿐 그 시간대를 여전히 문화 프로그램을 위한 시간으로 배정해놓음으로써 KBS 2TV는 문화 관련 프로그램에 대해 지속적으로 의욕을 보이고 있다.

이런 모습은 한편으로는 문화의 세기인 새천년을 내다보는 공영방송의 의욕적인 기획·편성으로 보이기도 하지만 다른 한편으로는 시청의 사각시간대인 밤 12시대에 문화 프로그램들을 포진시킴으로써 문화를 편성 본류에서 소외시키고 있다는 혐의도 갖는 것이 사실이다. 그러나 10대를 위한 쇼와 오락 프로그램들이 난무하고 있는 가운데 심야의 시간대에서나마 문화의 향기를 접할 수 있게 했다는 것은, 그리고 더욱이 오락 채널인 KBS 2TV에서 그것을 시도했다는 것은 상당히 희망적이고 고무적인 일이라고 본다.

'문화사랑띠'라는 이름 아래 밤 12시대에 편성됐던 문화 프로그램들은 월요일부터 금요일까지 명인과 신인, 고전문화와 현대문화, 우리 문화와 서양 문화 등 다채로운 소재를 담고 포진해 있었다. 5월 이전부터 방송되어오던 <TV 명인전>(월)과 <KBS 예술극장>(금) 외에 <TV 문화기행>(화), <발굴 이 사람>(수), <문화탐험 오늘>(목)이 이 시간에 새로이 선을 보였는데, 각 프로그램마다 문화에 대해 나름의 개성적인 접근법과 구성법을 시도하는 의욕을 보여주었다. 즉 문화의 다양한 영역과 장르, 다채로운 인물을 다룸으로써 채널의 이미지를 고급화하고 시청자들의 다양한 문화욕구를 충족시키려는 기획과 편성 자체는 아주 신선하게 다가왔다고 볼 수 있다.

그러나 '문화사랑띠'를 형성, 일정 시간대에 문화 프로그램을 집중적으로 배치한 것은 나름대로 의미가 있는 작업이었으나, 편성 그 자체로는 불완전한 바가 있었다. 무엇보다도 각 프로그램의 기획의도가 명확해야 했고 나아가, 각 프로그램의 기획의도가 '문화사랑띠' 전체의 기획의도 안에서 잘 어울어져야 했다. 다시 말하면 기획 시점에서 '문화사랑띠' 편성을 통해 드러내고자 하는 것이 무엇인지, 그 지향점이 분명해야 했고 또 그 지향점은 각 프로그램의 내용이나 구성을 통해 자연스럽게 드러나야 했다고 본다.

이런 관점에서 볼 때 지난 '문화사랑띠' 편성은 소재면에서 구색은 갖추었으나 프로그램들간의 연결점이나 통일된 지향점은 불분명함으로써 '문화사랑띠'가 가질 수 있는 진정한 의미를 구현하지는 못했다는 생각이다. 즉 문화를 다룬 프로그램들을 모아 시간상의 띠를 이루었을 뿐, 그 띠를 통해 과연 무엇을 일구어나갈 것인가에 대한 고민이 부족했던 것으로 보였고 그것이 이번 가을 개편에서 '문화사랑띠'라는 이름이 사라지게 된 하나의 원인이라고 짐작된다.

이제부터 '문화사랑띠'라는 이름 아래 그리고 가을 개편 후 현재까지 KBS 2TV에서 편성해오고 있는 요일별 문화 프로그램들의 면면을 살펴보고 그 프로그램들이 앞으로 어떤 방향으로 나아가야 할 것인지에 대해 생각해보도록 하겠다.

가을 개편 후 현재까지도 방송되고 있는 <TV 명인전>의 경우 미술, 음악, 건축, 연극 그리고 10월 25일에 방송된 바 있는 영화감독 김기영에 이르기까지, 장르를 가리지 않고 한 분야에서 일가를 이룬 문화계 인물들의 삶과 예술세계를 살펴보는 내용으로 엮어지고 있다. 각각의 인물들이 그들 분야에서 차지하고 있는 현실적인 힘(문화적 권력)이 있는 만큼 인물의 명암을 모두 살펴보기보다는 밝은 면에 초점을 맞추고 때로는 미화하는 오류를 드러내기도 하지만, 그들이 자신의 입지를 다지기까지 흘린 땀과 의지의 이야기를 통해 시청자들이 특정 장

<TV 명인전>
'아름다운 뒷광대' 편

르의 문화를 이해하도록 돕고 더 나아가 생에 대한 의욕과 도전정신을 불어넣는다는 면에서 이 프로그램은 건강한 프로그램이라고 본다. 아울러 정치인, 경제인 위주의 기존 위인사에서 탈피, 우리 시대의 새로운 위인전을 영상으로 써간다는 의미도 지니고 있다고 본다.

화요일에 방송되고 있는 <TV 문화기행>의 경우, 방송 초기에는 해외여행이 보편화되면서 유행하기 시작했던 스타일의 프로그램으로 보였다. 따라서 굳이 의미를 찾는다면 교육적인 차원에서 찾을 수는 있겠으나, 그것이 문화적인 차원에서 현재 우리에게 어떤 의미를 던져줄 수 있을지는 의문스러운 프로그램이었다. 즉 문화의 영역이 점점 더 넓어지고 각 장르간의 구분이 허물어지며 각 문화간의 실험적인 크로스오버가 다양하게 행해지고 있는 오늘날, 서양의 고전을 살펴본다는 것이, 그리고 그것이 배태된 토양과 환경을 살펴본다는 것이 어떤 의미와 매력을 가질 수 있을지 의아스러웠다. 과거의 역사를 돌아보는 행위 자체가 의미 있다고 하더라도 우리의 과거가 아닌 서양의 과거에서 무엇을 캐낼 수 있을지에 대해서 의구심이 들었고 우리 문화계에 팽배해 있는 서양, 고전 중심의 사고방식에 힘을 실어주는 역할을 하지 않을까 하는 우려를 낳았다. 그 형태나 내용 면에서 우리 문화와의 접합점을 찾아보기가 힘들었던 탓에 볼 거리는 있었으나 정작 생각할 바나 메시지를 던져주지는 못하는 한계를 보였고 따라서 <풍물기행, 세계를 가다>류의 프로와 차별성을 느끼기가 어려웠다.

시간이 흐르면서 이 프로그램에서는 서양의 고전음악이나 고전문학에서 벗어나 '바다로 떠난 남자들과 그들을 기다리는 여인들'이라는 이미지가 그려내는 사우다테, 즉 그리움과 향수, 회한의 느낌을 담고 있는 포르투갈의 음악 파두를 살펴본다든지(7월 20일자 방송) 혹은 음악을 통해 독재에 항거하고 민주주의를 위해 노력했던 그리스의 작곡가 테오도라키스의 음악세계와 삶에 대해 살펴보는 식의 기획(9월 21일자 방송)으로 새로운 장르, 새로운 인물을 소개하고 각 나라의 역사와 문화, 생활과 문화를 접목시키려는 신선한 노력을 보여주었다.

그러나 아직까지 여기에서는 동양의 문화 장르나 인물을 다룬 적이 없는 만큼 동양이 실종되어 있다는 한계를 보이고 있는 것이 사실이고 이것은 서양 문화와 동양 문화(혹은 우리 문화)에 대해서 주종(主從)의 편견을 불러올 수도 있는 위험성을 내포하고 있다. 문화의 한 영역으로 서양 문화를 다룬다는 것은 균형 잡힌 발상처럼 보이지만, 아직까지 우리의 문화가 서양에 깊이 경도되어 있는 만큼 진정한 균형감을 갖추기 위해서는 동양의 모습, 우리의 모습을 더욱 더 많이 담아내려는 노력이 우선해야 한다.

가을 개편 전까지 수요일에 방송되던 <발굴 이 사람>은 문화계에 숨어 있는 기량 있는 신인들을 발굴하여 지원해줌으로써 우리 문화의 미래를 예비하려는 공영방송으로서의 의지를 드러낸 프로그램이었다. 그러나 TV는 시청자들을 위한 매체인 만큼 발굴된 인물뿐 아니라 시청자들에게도 '발굴'의 의미를 안겨주어야 한다는 숙제를 안고 있었으나 그것이 제대로 전해지지 않음으로써 프로그램의 기획의도가 살아나지 못하고 모호해진 감이 있었다. 즉 문화계의 신인을 발굴해서 창작기금을 지원함으로써 창작의욕을 고취하겠다는 의도는 좋았으나, 그 의도가 시청자들에게 어떤 의미를 줄 수 있을지는 불분명해 보였다.

이 프로그램은 그동안의 발굴을 통해 우리 문화가 지닌 장르와 색깔의 다양성을 맛보게 해주는 역할을 했다. 그러나 짧은 시간 안에 인물이 지닌 재능을 다 담아냄으로써 발굴의 의미를 전해준다는 것 자체가 불가능했을 뿐 아니라, 한 장르에 대한 진지한 접근법으로 가벼운 재미와 오락에 익숙한 시청자들에게 친숙하게 다가서기 힘든 한계를 보였다. 더욱이 인물의 개인사와 장르에 대한 소개, 모두를 잡아내려는 이중적인 구성이 <TV 명인전> 등, 타프로그램과의 경계와 차별성을 분명하게 확보하지 못하는 하나의 원인이 됐고 시청 대상층과 그 성격을 모호하게 만드는 면도 있었다. 그러나 결과적으로 볼 때 우리 문화계가 장르에 상관없이 경제적인 어려움을 겪고 있는 것이 사실인 만큼, 인물에 대한 경제적 지원을 목적으로 한 이 프로그램이 이번 개편으로 사라진 것은 단순한 심정적인 차원을 넘어서는 아쉬움을 남겼다.

'문화사랑띠' 기획 이전부터 그 신선한 실험성을 인정받은 바 있는 <문화탐험 오늘>의 경우 우리 사회 안의 다양한 문화현상과 공연을 다루어왔는데, 시간이 늘어난 만큼 그 내용에 깊이가 더해지면서 기존의 신선함과 실험성이 그대로 잘 유지되어온 것으로 보였다. 그러나 밤 12시대로 시간대가 바뀐 후 비슷한 내용의 기획이 되풀이되면서, 문화현상의 기저에 깔린 우리 사회 그리고 구성원들의 삶과 사고, 감정을 읽어내고 분석하려는 모습보다는 문화현상을 단순히 소개하는 식의 내용에 머물러 있는 한계를 보였다.

그러나 이 프로그램은 고급문화와 대중문화의 경계선을 무너뜨리고 대중문화를 '문화'의 영역에 포함시키는 과감한 기획을 보임으로써 기획될 당시에 신선함을 전해주었는데, 이번 가을 개편 이후 단순 문화정보 제공 프로그램으로 그 형식과 내용이 바뀐 것은 아쉬움을 넘어 안타까움을 주고 있다. 즉 문화의 영역을 무너뜨리고 다양한 크로스오버를 시도한 바 있는 프로그램인 만큼 그 기획과 내용의 개성을 좀더 적극적으로 살려가려는 노력이 있어야 했는데, 도리어 구태의연한 방식으로 돌아감으로써 TV 문화 프로그램의 전체 수준을 떨어뜨리는 역할을 했다고 본다.

금요일에 방송되고 있는 <KBS 예술극장>의 경우 평이하고 진부한 형식을 취하고 있다. 즉 공연실황을 녹화방송해주면서 간간이 전문가의 해설을 곁들이는 형식을 취하고 있는데, 발레나 연극의 공연 장면을 녹화방송해줌으로써 영역을 넓혀가던 의욕적인 모습이 회가 거듭되면서 클래식 음악에 한정되는 위축된 모습으로 변해가고 있다. 따라서 그 이름에 걸맞게, 음악뿐 아니라 다양한 예술의 장르를 소개하고 다루는 프로그램으로서의 면모를 갖출 필요가 있다고 본다.

그 외의 문화 프로그램으로는 <발굴 이 사람> 대신 이번 개편에서 새로이 선을 보인 <전통체험, 뿌리깊은 나무>를 들 수 있다. 이 프로그램은 대학생들을 출연시켜 우리의 전통문화를 직접 체험해보게 하는 내용으로 엮어지고 있는데, 힙합 동아리 학생들이 탈춤을 배워본다거나 합창 동아리 학생들이 판소리를 배워보는 식의 체험을 통해 전통과 현재, 기성세대와 젊은 세대 간의 충돌과 이해, 더 나아가서는 퓨전을 시도하고 있다.

이 프로그램은 <체험, 삶의 현장을 가다>의 포맷을 문화영역에 적용시켰다는 인상을 주고 있는데, 힙합과 탈춤, 합창과 판소리의 작위적인 연결이 내용전개 방식에 무리를 가져오지 않을까 하는 기우를 딛고 자연스럽고 재미있게 진행됨으로써 아주 순조롭게 출발한 것으로 보였다. 10월 20일자 방송분에서는 힙합과 탈춤을 접목시켜 탈춤사설의 힙합 버전을 만들어보는 식의 새로운 실험을 통해 전통과 대중문화를 연결해보려는 시도 또한 보여주었는데, 그 시도가 성공적으로 이루어짐으로써 이 시간이 전통문화와 대중문화를 잇는 통로, 전통문화와 대중문화에 대한 균형감 있는 이해와 신뢰감을 불러일으키는 매개체 역할을 할 수 있을 것이라는 가능성을 보여주었다. 즉 오락 프로그램의 포맷을 차용했으면서도 전통을 오락거리로 만들기보다는 진지하면서도 소박한 시각으로 짚어봄으로써 친근감과 신뢰감을 심어주었는데, 무엇보다도 참여하는 학생들의 진지함, 풋풋한 젊음이 전통문화 이수자의 넉넉한 마음, 여유와 어우러지면서 편안한 재미를 제공해준 프로그램이었다.

이 프로그램은 오락 프로그램의 포맷을 도입함으로써 전통문화를 재미있게 접할 수 있게 했다는 긍정적인 면을 가지고 있다. 그러나 다른 한편으로는 이 프로그램을 순수 문화 프로그램으로 볼 수는 없는만큼, 이 프로그램의 등장은 가을 개편 이후 '문화사랑띠'가 폐지되면서 KBS 2TV의 프로그램 편성에서 순수 문화의 색채가 옅어졌다는 우려를 낳는 요인이 될 수도 있다고 본다. 따라서 오락과 문화 사이의 균형감을 잃지 않으면서도 유익함과 건강함, 무엇보다도 문화의 품격과 색채를 잃지 않으려는 노력이 이 프로그램의 제작진에게 필요하리라고 본다.

이상으로 KBS 2TV가 1999년 5월 이래 지속적으로 편성해오고 있는 문화 프로그램들의 면면을 살펴보았다. 전체적으로 볼 때 심야 편성으로 인한 한계, 즉 다수의 시청자로부터 외면당할 우려가 있기는 하지만 KBS 2TV가 공영방송으로서 문화 프로그램에 대한 관심을 지속적으로 유지해가고 있는 것은 바람직하다고 본다. 그러나 그 기획이나 내용구성에서 중심을 잃지 않아야 한다고 보는데, 언제나 그 중심은 '현재'의 '우리'여야 한다. 즉 문화 프로그램을 제작할 경우 어느 시기의 문화현상, 어떤 형태의 문화장르를 다루더라도 '현재 시점의 우리 문화'가 그 전제와 출발점이 되어야 할 것이고 또한 프로그램의 내용 속에서 그 연결성 및 접합 가능성 혹은 접합에 대한 의지를 담아낼 수 있어야 할 것이다.

앞으로 KBS 2TV는 공영방송의 면모를 살려 현재 우리 문화와의 접합점과 연결성을 전제로 하여 다양한 문화(현상)에 접근함으로써 관념적이지 않고 보다 현실성 있는 내용을 프로그램 속에 담아내려는 노력과 고민을 지속적으로 해나가야 한다고 본다. 그리고 그것을 통해 시청자의 다양한 문화욕구를 충족시키고 더 나아가 새로운 문화욕구를 창출하려는 적극적인 노력을 기울일 수 있어야 할 것이다. 이런 노력이 있은 후에야 일정 시간대를 문화 프로그램 편성에 할애하는 식의 양적 배려를 넘어서서 내용상의 질적 발전을 이룰 수 있을 것이고 또한 더 나아가 비록 그 이름이 없어지기는 했으나 '문화사랑띠' 기획의 진정한 의미를 구현해갈 수 있을 것이다.

우리 시대 성담론의 TV로의 '초대'

원정현(주부)

세 여고 동창생은 다 같이 4년제 대학을 나와 전문직에 종사하고 있다. 최영주(이영애 분)는 특급호텔 양식당의 웨이트리스(캡틴)이고 안동석(이창훈 분)과 8년 전부터 연애를 해왔으며 올 가을 결혼 예정이었다. 미연(김민 분)은 프리랜서 사진작가이고 많은 남자와 사귀어왔으며 그 남자들과 잠자리도 같이할 정도로 성적으로 개방적이다. 그러나 승진(김상경 분)의 아이를 가지면서 그와 결혼을 원했으나 거부당하고 자존심이 상했다. 사빈(추상미 분)은 정신과 의사이며 두 살 연하이고 역시 의사인 현태(이민우 분)와 성관계를 배제한 동거중이다. 이것이 이 드라마의 기본 구조이다.

여기에 변수가 생긴 것은 영주가 초등학교 동창생인 승진과 만나면서 그 둘 사이에 새로운 연애감정이 생겼다는 것이다. 그로 인해 영주는 동석과의 관계에 회의를 느껴 이별을 고하게 되고, 승진은 아이 때문에 미연과 결혼하고자 하면서도 영주에 대한 감정 때문에 머뭇거리는 사이, 미연이 둘의 관계를 알게 되고 단지 아이 때문에 결혼하겠다는 승진의 태도에 자존심이 상해 결혼을 거부하게 된다. 동석은 승진의 존재를 알면서도 계속해서 영주와의 결혼을 고집하고, 영주는 이를 완강히 거부한다. 승진은 미연의 결혼 거부 의사를 거듭 확인하면서도 아이 때문에 괴로워하고 영주와의 만남에서는 새로운 기쁨을 느낀다.

사빈은 자신을 사랑한다며 미국에서 날아온 현태를 처음에는 완강히 거절했지만, 차츰 그의 살림솜씨와 곁에 든든한 보디가드가 있음을 즐기게 되고 사랑의 감정을 느낀다. 그러나 여전히 잠자리는 거부한다.

이 드라마는 영주와 동석의 사랑이 표방하는 순결, 미연과 승진의 관계에서 보여준 프리 섹스, 그리고 사빈과 현태가 보여주는 계약결혼(동거) 등 세 가지 형태의 남녀관계가 현재 우리 사회에 존재한다고 보고, 시청자에게 어떤 선택을 할 것인가 묻고 있다. 1999년 이 세기말에 넘쳐나는 성담론을 이제 TV 속으로 끌어들여 같이 고민하자는 것이다.

TV는 남녀노소 누구에게나 개방되어 있다는 매체의 속성상 가장 보수적일 수밖에 없다. 그런데도 성문제가 드라마의 소재가 되었다는 것은, 이제 우리 주변에 성에 대한 이야기들이 일상생활화되어 더 이상 음담패설이 아니라 밝은 곳에서 아무렇지도 않게(?) 이야기될 만큼 성의 양성화가 이루어진 것인가, 아니면 TV의 기능—이제는 조금 쇠퇴한 느낌이지만—인 정보제공 내지는 계몽성에 초점을 두어 아직 성담론에 눈뜨지 못한 사람들에게 우리 사회의 단면을 보여주는 것인가 하는 궁금증을 유발한다. 그리고 이 드라마를 본 시청자의 한 사람으로서 조금 위험하다는 생각이 든 것은 본인의 보건학적 지식 외에도 처음의 의도에 맞게 드라마가 진행되고 있는가에 대한 회의 때문이다.

일단 드라마를 보면서 가장 짜증스러운 장면은 미연의 음주 장면이다. 미연의 음주는 굉장히 자주 보인다. 그녀는 임신 사실을 알고도 그다지 조심하지 않는다(가끔 의식하는 척할 뿐이다). 그것이 소위 진보적이고 전문직을 가진 여성상을 보여주기 위한 의도라면 사실을 왜곡한 면이 적지 않다. 그러면서도 그녀는 승진이 담배를 피우는 것은 제지한다. 이 무슨 어불성설인가. 그녀의 음주는 멋있어 보이지도 않을 뿐더러 아이에 대한 범죄행위로까지 생각된다. 그러면서도 그녀는 아이를 아직 포기하지 않았다. 그리고 아이의 아버지와 결혼도 거부한다. 그와의 관계가 끝났기 때문이다. 그런 그녀가 멋있어 보이는가.

결혼을 하고 안하고가 전적으로 그녀에게 달려 있다는 승진의 말은 선택권이 여성에게 넘어왔음을 의미한다. 미연이 결혼을 거부한 것은 승진이 단지 임신을 이유로만 결혼을 하려 하기 때문이다. 두 사람의 사랑이 전제되지 않는 결혼은 의미가 없다는 것이다. 임신이 여성에게 결혼을 결정하는 데 전적인 이유가 되지 않는다는 점에서 사회의 변화를 읽을 수 있다. 그러나 그 이후 승진과 영주의 관계에 대해 영향을 미치려는 그녀의 태도는, 이해는 가지만 스스로의 말대로 '참 구질구질'하다. 그녀는 승진이 자신을 사랑하지 않는다는 것을 알고 결혼을 거부하지만, 아직도 자신의 감정을 다스리지 못하고 "내가 그 여자보다 어디가 못한데? 그 여자가 나보다 예뻐? 섹시해? 똑똑해?"라고 말하며 그 남자의 품에 안겨 울곤 한다. 그리고 동석을 만나 영주와 꼭 결혼하라고 말한다. 소위 똑똑한 여자들의 이중성을 보여주는 것인가.

그녀의 임신 자체도 그다지 멋있어 보이지는 않는다. '결혼은 하지 않고 아이를 낳는다.' 나 자신도 대학 때 혹은 결혼 전에 해본 생각인 것을 보면 꽤 오래 전부터 젊은 여성들 사이에 있어왔던 생각인 듯하다. 그러나 그 결정과정은 약간 변했다. 우선 그것이 건강상의 이유이든지 아니면 감정상의 이유이든지 임신중절이 좀더 신중해졌는데, 이것이 결혼의 유무와 상관없으며 여성들이 당당해졌다는 것이다. 경제적 자립이 그 중요한 이유 중 하나일 것이고, 고학력 전문직 여성들 가운데 미혼이면서 혹은 혼자(이혼이나 사별 등으로)이면서 아이를 키우는 것에 대한 거부감이 사회적으로 줄어든 까닭이다. 아이를 낳고 그 후의 문제에 대해서도 어느 정도는 이성적인 것으로 보인다. 그것은 아마도 법적·제도적 장치가 과거보다는 여성들의 결정을 존중해주는 쪽으로 정비되고 있기 때문일 것이다.

이제 영주 이야기를 해보자. 영주의 동료들은 특급호텔 양식당의 웨이트리스라는 직분에 대해서 자부심과 함께 어느 정도 전문성을 지니고 있다. 또 영주 자신도 자신의 일에 대해 혹은 직장생활에 대해 책임감을 느끼고 있다. 이것은 그녀가 사랑에 대해서 가지는 보수적이고 순결한 이미지를 한껏 높여준다. 이 드라마가 영주에게 비중을 준다면 그것은 그녀의 가치관 때문일 것이다. TV는 보수적 매체니까.

우리나라 사람들이 계속 지녀왔던 순결 이데올로기를 가장 충실하게 지켜왔던 영주와 동석의 사랑은 그러나 승진의 도전을 받으면서 흔들린다. 그리고 지금까지의 진행으로는 승진의 좀더 열정적인 사랑이 손을 잡기에도 조심스러웠던 동석의 사랑보다 강하게 어필하고 있다. 동석은 "나하고 그거 하기 위해서 결혼해?"라는 영주의 물음에 "그래!"라고 대답한다. 동석은 영주가 승진에게 기울자 "내가 다 용서할 테니까 나한테 돌아와"라고 말한다. 그러나 영주는 자신이 정신적으로 승진에게 기울어지고 8년간의 사랑이 이렇게 쉽게 흔들리자 동석에 대한 사랑에 회의를 느끼며 헤어지자고 한다. 그녀는 승진의 포옹과 가벼운 몸의 부딪침들로 '여자임을 느낀다.' 우리가 사랑을 말할 때 정신적인 것과 육체적인 것이 분리된 것이 아니라 그 둘의 조화로운 합쳐짐으로 보아야 한다는 가치관의 변화를 볼 수 있었다. 정신적인 것만으로 이루어진 사랑 혹은 순결이 얼마나 깨지기 쉬운 것인가.

그러나 자신들의 결혼을 계속 기정사실화하며 밀어붙이는 동석을 보며 그의 순수함에 감탄하고 싶은 것이 아니라, 남성들의 가치관은 별로 변하지 않고 여성들만 빠르게 변화하는 것이 아닌가 하는 안타까움이 들었다. 그 가치관의 괴리가 불행한 결혼으로 이어질지도 모른다는 생각이 든다. 그는 영주의 헤어지자는 말에 "너 그 자식과 무슨 일 있었니?"라고 묻는다. 영주가 "그런 거 아니야"라니까 "그럼 됐어"라고 한다. 뭐가 됐다는 말인가? 잠자리를 하지 않았다는 것이 사랑에서 혹은 결혼에서 그렇게 중요한 요건인가? 물론 그런 가치관을 갖는 것은 그 사람 나름의 자유이지만, 그것으로 여성을 속박하기에는 남녀간의 가치관의 차이가 너무 크다는 말이다.

한편 사빈과 현태의 동거에 대해 살펴보자. 현태는 미국에서 사빈과 살아보고자 귀국했다. 현태는 두 살 아래지만 이성적으로 행동함으로써, 둘은 티격태격하면서도 동거에 들어간다. 현태는 동거의 목적에 대해 이렇게 말한다. "서로가 서로에게 맞는 사람인가? 내가 사빈에게 결정적 남자인가 혹은 사빈이 나에게 결정적인 여자인가를 확신하기 위한 과정이야. 낭만적이고 뜨거운 사랑보다는 테스트를 해보자는 거지." "물건 고르니?" "물건 고르는 것보다 훨씬 심각하지. 영원한 지지자를 고르는 건데."

그의 말에 수긍이 가기도 한다. 많은 신혼부부들이 결혼 후에 연애할 때는 몰랐던 남편이나 아내의 세세한 모습들에 실망하고 심지어 이혼에 이르는 것을 보면, 이런 테스트는 필요한 것인지도 모른다. 그러나 이런 실제적이고 진지한 목적에도 불구하고 이들의 동거는 심각하지 않다. 현태는 요리, 청소 잘하고 사빈이 늦게 들어올 때 집 밖에서 기다리며, 추워하는 그녀를 위해 뜨거운 우유를 대령하기도 하는 등 보통의 남자들보다는 사빈의 마음에 들기 위한 노력을 많이 한다. 그러면서도 둘은 섹스를 동반하지 않으므로 마치 오누이처럼 심각하지 않고 별로 위험(?)해 보이지도 않는다. 물론 사빈을 안고 싶은 현태와 이를 거부하는 사빈의 티격태격이 늘 동반되지만 원하지 않으면 강요하지 않겠다는 현태의 원칙 때문에 이들의 관계는 깨지지 않고 있다. 그러나 최근의 진행으로 볼 때 사빈은 처음에는 동생처럼 우습게 봤지만 차차 현태에게 보호받는 것을 든든해하곤 한다.

그렇다면 이들의 동거는 어떤 의미가 있는가? 보통의 남자들은 요리하고 청소하고 따뜻한 우유를 챙겨주지도 않는다. 그렇다면 이 동거는 그냥 보통의 연애와 무엇이 다른가? 결혼해서도 이런 일들이 계속될 수 있다면 문제가 다르지만, 세세한 점들을 파악하는 데 과연 올바른 방법인가를 보여주는 데는 드라마적 한계가 있다. 그래서인지 섹스가 동반되지 않는 동거는 장난 같다.

사빈의 경우 섹스는 격렬히 거부한다. 그것은 너무 어리고 유치해 보인다. 왜 그럴까? 남자와 한 집에 살면서도 섹스를 거부하는 것은 영주의 순결 이데올로기보다도 더 이중적인 가치관을 보여주는 것이다. 더구나 그녀는 정신과 의사이다. 많은 환자들을 상담해본 의사이면서도 그녀는 여전히 결혼 전의 섹스에 대해 거부감을 가진다. 그리고 그녀는 실제로 육체적으로 순결하다. 현태는 그녀의 '상태'에 대해 놀라움을 표시했다.

어찌 보면 그녀는 특히 여성들에게 부재된 성교육의 희생자인지 모른다. 그녀의 거부감은 의사임에도 불구하고 실제로 잘 모르는 것에 대한 두려움처럼 보인다. 그렇다면 현태의 놀라움은 당연한 것이 아닌가. 그래서 그녀는 늘 현태의 논리에 말려들곤 한다. 또 그래서 우리는 사빈을 놀리는 현태를 보며 재미있다는 생각을 하는지 모르겠다.

이 세 가지 성담론―순결, 자유로운 섹스, 그리고 섹스를 배제한 동거―은 세기말을 살아가는 우리들에게 어떤 의미로 다가오는가? 오늘날 너무나 많은 성담론이 우리 주위를 떠돌고 있다. 성이 밝은 세상으로 나왔는가? 외국의 인터넷 사이트에서는 가장 은밀한 장면까지도 볼 수 있는데도 우리나라에서는 아직도 좀 과격한 성 관련 서적이 검찰의 내사를 받고 있는 실정이다. 외국 영화에서의 섹스 장면은 별로 삭제되지 않는데 우리 영화의 장면들은 강력한 심의를 받는다. 이런 상황에서 성담론이 TV에서 그것도 드라마에서 다루어졌다는 것은 그 자체만으로 파격일지 모른다. 또한 앞에서 열거한 많은 가치관의 변화들도 보여졌다.

그러나 이 드라마는 드라마적 한계를 벗어나지 못했다. 정사 장면의 수위를 놓고 고민했다는 프로듀서의 변이 무색할 정도의 장면들만 나열되었다. 그럼에도 그 많은 장면에서 여자 탤런트는 속옷차림으로 섹시하게(!) 서 있거나 누워 있었다. 이것은 성의 상품화에 다름아니었다. 그녀의 몸매를 감상하기 위한 장면들이 지나치게 삽입되었다. 거기에 전문직 여성에 대한 무지에서 나온 왜곡―지나친 음주, 남자 의사에게 보호받아야 하는 여자 의사 등―도 여전했다. 그리고 사랑에 대한 그 많은 직설화법들―"사랑이 뭐라고 생각해?", "결혼이 뭐라고 생각해?"―은 드라마의 맥을 끊는 데 일조했다. 그리고 그 많은 강한 여성상에도 불구하고 여성들은 결국 남자들의 자그마한 친절, 약간의 포옹에 감사의 눈길을 보내고, 보호받고 안심하는 존재로 그려진다. 그렇지 못한 여성들에게 지나치게 전투적인 것은 아닌가라거나 열등감의 또 다른 발로라고 말하겠지만, TV 드라마에서 여성이 여전히 상투적으로 그려진다면, 결국 그 많은 담론들은 순결 이데올로기의 강화로 결론지어질 수밖에 없는 것이다. 좀더 다양한 담론을 담아내기 위해서는 TV 드라마를 만드는 사람, 보는 사람, 그리고 심의하는 사람들까지 이해심이 많아져야 하는 것이 아닐까? 나 자신을 비롯해서 말이다.

<테마게임> 깊이 바라보기

유지현(대학생)

<테마게임>은 MBC에서 1995년부터 근 4년 동안 방영해오고 있다. <테마게임>은 쇼, 코미디 프로그램으로 구분되는데 일반 코미디 프로그램과는 다르다. 단순한 농담이나 어설픈 몸동작에서 벗어나 드라마 형식의 콩트를 시청자들에게 보여주고 있다. 그 틀거지 안에서 현대인의 생활에서 일어나는 일을 주제로 정해 때론 사회를 비판하기도 하고 때론 삶의 의미를 시적 상상력으로 담담하게 그려내고 있다. 왜 이토록 오랜 기간 동안 이 프로그램이 우리에게 사랑받고 있으며 또한 이것이 지닌 사회적 의미는 어떻게 분석될 수 있을까? 많은 담론들이 이미 형성되었고 그래서 이젠 진부할지도 모르지만, 나는 나름대로 이 프로그램을 보고 느낀 것을 말하고 싶다. 왜 나는 <테마게임>을 보며 한 편의 잠언시를 보는 듯한 느낌을 받는지 말이다. 더 이상 할리우드의 판에 박힌 스토리에 열광하지 못하고 드라마 속의 상상력 부재에 실증을 느끼는 나는 <테마게임>의 그 진실성을 바라보고 있다.

<테마게임>의 시작

<테마게임>의 출발을 어디로 보아야 하는가? 이 새로운 장르가 단순히 새로운 것이라는 신선함만을 가지고 사람들을 이토록 열광하게 만드는가? 분명히 아니다. 이에는 우리 매체 속 코미디의 한계가 있고 수용자의 매체에 대한 입장이 달라졌기 때문이라고 본다.

사람들은 기쁠 때 웃고 당황했을 때도, 상황의 어처구니없음에도 연신 웃음을 터뜨린다. 그들의 골치 아픈 일을 그저 자신도 모르게 유발되는 웃음을 통해 순간적이나마 망각하고 싶어한다. 우리는 예전에 코미디라는 장르를 통해 웃었고 그 웃음은 우리의 묵은 감정을 해소해주었다. 채플린의 코미디 영화는 이 해답을 제시했다. 그건 바로 코미디의 가장 근저에 기계적인 몸동작 외에도 의미, 역설과 풍자를 포착할 수 있었기 때문이다. 즉 그의 몸동작과 바보스러움은 사회에 대한 상당한 역설과 풍자를 담고 있기 때문에 사람들은 웃음을 터뜨리는 가운데 카타르시스를 느낄 수 있었던 것이다. 아마 이것은 코미디가 사람들을 웃게 만들지만 그 속에 철학을 담고 있기 때문일 것이다. 가장 희극적인 것이 비극적일 수 있다는 말은 아마 고도의 테크닉이 요구되는 코미디의 철학을 의미하는 것으로 보인다.

텔레비전이라는 매체 속에서 우리들이 공유하는 코미디라는 분야는 다르다. 역시 바보스러움과 유치함을 통해 웃음을 만들어낸다. 웃음을 만들기 위해서 코미디를 만드는 데 필요한 단순한 원리를 통해서 분출하려 했다. 하지만 많은 사람들의 관심이 예전만큼 그 바보 같은 몸짓에 충실하려 들지 않는다. 사람들은 이러한 매체의 코미디의 한계성을 논한다. 특히나 90년대 들어서 코미디가 얼마나 그 장르로서의 위상이 위축되었는지는 우리는 편성표를 보면 쉽게 알 수 있다. 많은 시청자들도 의식하겠지만 매체에서 코미디를 위한 코미디는 찾아보기 힘들다. 왜 예전처럼 이러한 기계적인 코미디를 더 이상 수용자가 적극적으로 수용하지 않는 것인가? 그 바보 같은 웃음을 왜 수용자들은 거부하는가? 우리의 코미디가 부족한 것은 무엇인가? 왜 우리는 코미디 그 순수함 자체에 이젠 채널을 고정시킬 수 없는가? 왜 우린 코미디의 웃음과 대중성의 한계를 논하는가?

우선 사람들이 왜 코미디를 통해 웃음을 터뜨리는가, 그리고 그 단순한 원리가 가진 한계는 무엇인가에 대해 알아보는 것이 중요하다. 앙리 베르그송의 『웃음』에서 그 답을 찾아보자. 그가 분석한 사회적인 웃음의 의미보다는 그가 분석한 웃음의 원리를 통해 우리 코미디가 보여준 모습의 틀거지를 알 수 있다. 코미디가 웃음을 유발하는 것은 우선 그 감정을 그 대상에서 분리시켰기 때문이다. 예를 들면 정신지체아가 얼굴을 찡그려가면서 말할 때 우리는 웃음을 보내지 않는다. 그의 상황을 우리는 동정한다. 하지만 심형래가 영구 흉내를 내면, 바보 같은 엉뚱한 짓을 하고 얻어맞더라도 사람들은 그저 배꼽이 빠져라 웃어대기만 한다. 이는 우리가 감정이라는 순수한 지성으로 웃음과 맞대고 있기 때문이다.

그리고 다음 요소로는 관심을 행동이 아니라 거동이라는 면에 집중시킨다. 누군가가 의도한 행위가 아니라 단지 우연적으로 돌발적으로 일어난 상황에 반응하는 것이다. 생각이란 것은 제외되고 그래서 우리는 마치 인형극을 위한 실에 매달린 인형을 보는 듯하다. 이는 언어적인 면에서도 크게 다르지 않다. 즉 언어의 유희다. 이와 같은 공식은 코미디에서 사용되었다. 이렇게 반복과 전도, 역설 등이 기계적으로 사용된 것이 바로 우리 매체에서 코미디의 외적 틀이다.

그러나 베르그송이 웃음에 대한 깊은 심연과 인간의 존재성의 관계를 코미디라는 장르에서 풀어내지 못함을 한계로 지적했듯 우리의 코미디는 단순한 원리만 따를 뿐이다. 때론 '회장님 회장님 우리 회장님', '네로 25시'와 같은 시사성이 강한, 그 속의 의미 자체를 담고 있어서 보면서도 사람들의 지적인 욕구를 자극하는 진정한 코미디가 있기도

<테마게임>의 출연진

했다. 강한 내적 역설과 풍자가 있었다. 하지만 매체의 코미디 대부분은 단지 코미디의 기계적인 원리에만 충실하려고 해서, 바보스러운 몸동작이나 특이한 언어의 조작과 음성변조 등으로 사람들의 관심을 매체 앞에 끌어들였다. 채플린의 영화 속에서 우리가 느낄 수 있고 보아야만 했던 어떤 부분이 상실된 채 우리는 형식적인 코미디만을 강요당해왔던 것이다. 간단히 말하면 웃음 속에는 웃음밖에 없는 것이다. 웃음 뒤의 생각을 허락하지 않는다. 어쩌면 우리의 매체 속에 '바보상자'로 불릴 수 있는 가장 대표적인 매체 장르는 코미디일 수밖에 없었을지 모른다. 즉 진정한 코미디의 의미가 형식 속에서 사라진 것이다.

다음은 수용자의 매체에 대한 입장이 달라졌다는 것에서 다른 하나의 코미디의 한계를 찾을 수 있다. 수용자들은 매체나 문화에 대한 받아들임의 자세가 변하고 매체에 대해 강한 영향력을 행사할 수 있게 되었다. 사람들은 더 많은 정보에 노출되어 있고 PC 통신을 통해서 그들이 프로그램을 제작하고 비판하는 데 적극적이다. 더 이상 수동적인 수용자들은 존재하지 않는다. 너무나 적극적인 수용자들은 그들의 관심에 따라서 전문성을 갖추고 그들의 흥미를 통신이라는 매체를 이용해서 의견을 반영시킨다. 때론 사회적인 문제나 그들의 관심을 역설하기도 하며 언론과 사회를 통제하는 거대한 대중의 모습을 보여준다. 이승연의 방송출연 규제는 대중의 힘을 가장 집약적으로 보여준다. 그리고 그들은 때론 수용자의 입장에서 벗어나 프로그램에 출연하고 출연한 주위의 시민 모습을 관망한다. 또 동영상 매체에 길들여져서 화려하고 액티브한 화면을 요구한다. 매체도 정적일 경우는 출판계처럼 사람들에 의해 사장되기 쉽다. 이 모든 변화된 면이 정적이기보다는 동적이고, 입체적인 것을 추구하는 요즈음 시청자들의 성격을 대변할 수 있다. 그러기 때문에 코미디의 수동적이고 기계적인 행동으로 유발되는 웃음만으로는 그들의 취향에서 괴리될 수밖에 없지 않은가. 예전의 매체 코미디 자체는 완전히 공허한 몸짓에 웃음을 강요당하는 수동적인 성격을 취하는데 우리의 수용자들은 적극적이고 상당한 정보를 가지고 프로그램을 판단할 수 있는 인식자이기 때문이다.

각 방송사는 변화에 대해 순수 코미디의 대안을 냈다. 결국 새로운 포맷을, 그 웃음이 가진 풍자성을 부각시켜 사회적인 이슈에 투사시켜 프로그램의 질을 향상시키거나 쇼라는 화려한 놀이요소에 웃음의 기계적인 역할을 덧붙여 간접적인, 다양한 욕구를 대체해가자는 것이다. 코미디라는 것은 여전히 웃음이 가진 긍정적 역할을 충분히 담당할 수 있는 가능성을 가지고 있기 때문이다. 하지만 그러면서도 상업적인 요구에 부합해야 한다. 여전히 웃음은 놀랄 만한 대중적 취향을 가지고 있으니 적당하게 요리만 하면 많은 호소력을 가질 수 있다. 이러한 면에서 코미디의 한계성에 대한 돌파구를 발견하려 했고 새로운 시도가 많이 벌어졌다. <일요일 일요일 밤에> <시사 파일> <이휘재와 남희석의 멋진 만남> 등 쇼가 코미디화되거나 풍자성이 강한 토크쇼로 변해가는데 바로 이것이 이러한 면모를 대변하는 것이 아닌가 한다.

결국 <테마게임>이 가장 선두적으로 이러한 시도의 프로그램으로 정착되었다고 볼 수 있다. 그리고 다른 부분이 아닌 드라마라는 장르와 손을 잡았다는 것은 우리 매체에서 특이할 만하다. 코미디의 대안은 이러한 부분에서 시작되었다. <테마게임>의 출발은 이러한 흐름에서 출발되었다고 볼 수 있다. 시청자들의 태도 변화와 사회적 변화와 함께 말이다.

<테마게임> 텍스트 속의 즐거움과 의미

<테마게임>의 구성은 드라마와 코미디적인 요소의 어울림에서 이루어지고 있다. 정확하게 말하면 구성은 드라마가 잡고 있으며 그 (의식적) 흐름의 윤활유 역할은 코미디가 하고 있는 것이다. 코미디와 드라마의 차이점은 무엇이며 그 둘이 어떻게 이 프로그램의 윤곽을 잡아 주제와 그 의도에 부합하는지를 알아야만 우리 시대의 <테마게임>의 즐거움을 알 수 있을 것이다.

우선 <테마게임>의 한 꼭지엔 코미디라는 부분이 있다. 각각의 한 캐릭터가 가지고 있는 성격은 상당히 우습다. 상황의 전개도 우습다. 때론 많은 사람들이 비판을 서슴없이 가한다. 정말 코미디다라면서 그 상황에 대해서 현실감을 느끼지 못하게 만들었다고 말이다. 하지만 사실 정확하게 말하면 <테마게임>은 아이러니다. 코미디가 전도, 반복 등 기계적인 측면으로 웃음을 유발하는 성격이 강하다면, 반면에 아이러니는 상황을 풍자하는 성격이 훨씬 더 강하고 직접적이다. 아마도 실제적인 것, 이상적인 것, 마땅히 있어야 할 상황에 반하는 경우를 꼬집을 때, 아이러니는 성립가능하게 되는 것이 아닌가 한다. 그래서 항상 <테마게임>은 극적인 상황, 극대와 극소, 최선과 최악이 대립하고 있다. 두 항목 사이의 대조는 노골적이어서 보는 사람으로 하여금 "저

게 뭐야?"라는 반응을 불러일으키기도 한다. 하지만 그 근저에는 각 반영분의 테마마다 사람들이 잃어가고 있는 요소와 사회를 얼마나 신랄하게 풍자하고 있는지 모른다. 문제 자체가 말이 안되는 일이기 때문에, 그래선 안되기 때문에 상황의 희화화는 상황의 부조리를 우리에게 역설하고 있다.

하지만 문제에 대해서 상황을 희화화하면 사람들은 거리감을 느끼고 자신과는 다른 일로 치부해버린다. 그러면서 우리는 문제의 접근에 방해받게 되고 그저 웃음을 유발하는 재료 정도라고 느낀다. 그런데 여기서 이러한 면들을 우리는 당연히 알아야 하고 인식해야 한다. 하지만 그 문제에 대해서 아이러니는 우리를 분리시키고 있다. 수용자의 인식되지 못한 상황을 비유한 장면과 수용자의 거리를 만들어서 또 하나의 비극을 낳는다. 그렇기 때문에 <테마게임>은 사실 코미디 자체로도 우리 코미디계가 상실한 고도의 역설을 담아내고 있다. 이래저래 소통이 불가능한 우리의 사회와 우리 모두를 어쩌면 매체 속의 <테마게임>이 비난하고 있는 것일지도 모른다. 그래서 재미 뒤에, 그 웃음 뒤에 쓸쓸함은 이러한 성격에 의한 것으로 보인다.

이렇게 볼 때 <테마게임>의 주제는 사람들이 쉽게 받아들이기에 무리가 있다. 강한 역설과 풍자가 함께 존재하는 것이다. 그런데도 테마게임을 부담 없이 즐길 수 있는 것은 드라마라는 형식 때문이다. 드라마가 추구하는 것은 우리의 인격에서 비극적인 요소라고 볼 수 있는 내면의 일부를 보이는 것이다. 사람들은 드라마를 보며 그 장면의 주인공에게 감정이입을 한다. 객관적이지 못하고, 보는 동안은 그 감정에 충분히 몰입하게 만든다. 드라마가 많은 사람에게 감동을 주는 것은 잡히지 않는 실체, 심오한 삶의 의미가 구체적인 양상을 통해 녹아 나와서 이성이 아니라 감성만으로도 그 실체를 충분히 파악할 수 있기 때문이다. 이러한 드라마의 다른 장르와 구분되는 감성적인 면이 강한 역설을 포함한 코미디가 사람들에게 자연스럽게 융화될 수 있게 만들었다. 그리고 이러한 부분이 <테마게임>이 가져야만 했던 면이다. 앞에서 언급했던 강한 희화화는 사람들로 하여금 장면과의 분리를 강요하는데, 드라마는 사람을 장면에 몰입시킴으로써 장면과 감정이 함께 합쳐지는 단계를 경험하게 한다. 그래서 코미디 자체로만은 불가능했던 문제의 접근을 사람들은 스토리 속의 흐름에 공감하면서 그 속의 의미가 나에게 무엇인지 고민하게 된다. 구체적인 우리 현대인의 삶이라는 공간 속에서 더 많은 공감이 형성되고 자신과의 삶을 비교하게 되는 것이다. 그러므로 그런 의도가 사람들의 공감을 얻어내기에는 앞에서 언급했던 사람 이야기, 사람의 심오한 감정이 동하게 만드는 드라마라는 형식이 그 무엇보다 적합하다.

아마도 이러한 전략적이고 새로운 시도가 테마게임이 항상 새로운 사회에 대해서 눈을 열고 새 기운을 수혈받게 하는 것이 아닌가 한다.

<테마게임>이 필요로 하는 여유

지금까지 우리는 <테마게임>이 사회적인 변화에 따라 시작되었음을 논의하고 그 내부에 어떠한 요소가 다른 프로그램들과 차별되어 우리들의 사랑을 받는지에 대해 이야기했다.

<테마게임>은 매체에서 수동적·기계적 장치에 의해 생산되던 코미디의 한계의 도약선으로 볼 수 있다. 이의 바탕에는 우리의 코미디가 진정한 역설을 상실했기 때문이라는 이유가 존재하며, 또 한편 수용자가 인터넷과 통신을 통해서 다양한 정보와 매체에 대한 지배력을 가진 능동적인 성격을 가지고 있기 때문이다. 그들은 주로 주입식의 웃음에는 실증을 느끼고 그들이 참여하거나 다른 장르와 결합한 웃음의 건전성을 즐기려 한다. 이러한 시작에서 <테마게임>의 흥미는 이미 확보되었다고 볼 수 있다. 그리고 내용적인 면으로 접근해볼 때 코미디, 더 나아가 아이러니라고 할 수 있는 고도의 역설과 풍자를 통해

서 사회의 모습과 우리 내면에 대해 진지하게 성찰하려고 시도한다. 하지만 그 방법론이 때론 대중이라는 특성에 의해 확연히 부각되지 못하고 있다. 이때 테마게임의 또 다른 축인 드라마를 이용하여 자신의 상황과 연결시켜, 감정이입의 과정을 통해 테마의 주제의식을 좀더 쉽게 수용자가 받아들이게 만든다. 이것이 <테마게임>이 우리가 다른 장르나 프로그램에서 찾아낼 수 없는 모습이자 우리가 <테마게임>을 선택하고 즐길 수 있는 이유라고 생각한다.

하지만 <테마게임>이 우리에게 모든 면에서 긍정적이라고는 평가할 수만은 없다. 때로는 고도로 치밀한 논리로 작품을 풀어내고 있기는 하지만, 제작진은 수용자를 과소평가하고 있음을 알 수 있다. 그래서 우리가 작품에 대해서 진지한 고찰을 하기 위한 여운을 남겨주지 못할 때가 있다. 마치 세상의 오류와 진리를 정제된 알약처럼 사람들에게 주입시키고 있다. 좀더 자세히 말하면 작품에서 독백투로 누군가의 내면을, 즉 제작진의 의도를 너무나도 극명하게 말한다. 사람들은 상당히 고도의 풍자나 역설에서 고민하고 또 감정을 이입시켜서 문제에 접근하려고 한다. 하지만 결국 우리는 발가벗겨진 테마의 주제를 보게 되는 것이다. 앞에서 언급한 잠언시를 읽는 듯한 느낌을 받는다고 한 것은 요즈음 수필이나 자서전에 유행하는 것처럼 중요한 무언가를 말하려고 할 뿐이지 여운을 남겨서 독자에게 생각의 여지를 주지 않는다는 느낌과 상통한다.

진실성의 내부에는 꽉찬 힘이 있다. 변환의 가능성은 진실성에 가까울수록 그 효과를 기대할 만하다. 진실은 고백되는 것이 아니라 생각되어야 한다. 대중매체는 평균적 인류를 대상으로 하고 있지만 최소한 우리의 커져가는 인식에 맞춰 발전되어야 한다. 최소한 <테마게임>의 의도가 단지 웃음을 위한 웃음만을 지향하고 있지 않다면 그들은 좀더 드라마의 형식을 좇아야 한다고 생각한다. 이러한 면을 지향한다면 우리의 <테마게임> 보기는 그 의도와 같이 웃음을 통해 남겨진 여운으로 진리를 찾고 우리의 삶에 대한 진지한 고찰을 가능하게 하리라 믿는다.

이러한 면이 지향되고 또 <테마게임>의 텍스트에 대한 이러한 분석을 하는 가운데 우리의 <테마게임> 보기는 더욱 의미 있으리라고 본다. 마지막으로 쇼 오락 프로그램으로 재미와 의미 찾기를 가능하게 한 <테마게임>에 대해 우리 프로그램에 대한 가능성을 점쳐보기도 한다.

방송에서 보여지는 삶과 여성상
<장미와 콩나물> <마지막 전쟁>과 한국적인 가정관

임향숙(주부)

드라마는 사람 사는 모습을 담아낸다. 실재하는 인간사의 갈등들을 얼마나 적절하게 부각시켜서 최상의 공감대를 이끌어내느냐가 드라마의 성공요인이 아닌가 한다. 비록 드라마라는 장르가 본질적으로 가공의 세계이긴 하지만, 그것을 이루는 주된 소재가 보다 현실감 있게 구성된 삶의 이야기를 묘사한다는 점에서 드라마는 단순한 오락 프로그램 이상의 의미를 담보하게 된다.

그러므로 필연적으로 '현실감'이라는 것은 드라마 구성의 필수불가결한 요소가 아닐 수 없으며, 당연히 시청자와의 공감대를 형성할 수 있는 소재와 흡인력을 갖춘 갈등요인들이 적절히 표출되어야만 드라마가 주목받을 수 있지 않을까 싶다.

얼마 전에 MBC의 드라마 두 편이 큰 화제가 되었다. <장미와 콩나물>과 <마지막 전쟁>이 그것이다. 이 두 드라마의 인기비결은 바로 우리 모두가 겪을 법한 일상사를 극화했다는 점과 작위적이지 않은 인물 설정으로 이웃의 이야기 같은 친근함을 주었다는 데 있다고 입을 모았다. 이들 모두 어느 특정 등장인물에 포커스가 맞춰진 것도 아니며 또 어떤 특수한 상황 설정에 얽매인 내용 전개도 없었지만, 그런데도 시청자들의 안방을 차지할 수 있었던 것은 무엇보다도 적당히 속물근성도 있으면서 정감 있는 현실 속의 보통 사람들을 잘 묘사하여 진지한 삶의 편린들을 그렸다는 게 대다수 시청자들의 평가였다고 한다.

특히나 이들 드라마 인기의 관건이 된 시청자층이 세대를 막론한 여성층이었다는 점은 그냥 지나칠 수 없는 부분이 아닌가 싶다. 흔히 드라마는 여성층 중에서도 40~50대 여성들의 향유물로 여겨졌다. 그러나 이 두 드라마 <장미와 콩나물>과 <마지막 전쟁>은 세대차이를 갖지 않고 보편적인 여성층의 지지를 얻었으며, 비교적 긍정적인 평가를 받은 작품들이다.

과연 어떤 부분들이 여성층의 정서를 관통한 것일까? 여기서 한번쯤 그네를 TV 수상기 앞으로 끌어들였던 마력은 어떤 것들이었는지 살펴보는 것도 의미가 있을 듯싶다. 왜냐하면 방송의 속성상 드라마는 달라지는 사회상을 반영하고 있기 때문이다.

<장미와 콩나물> <마지막 전쟁>이 화제가 된 이유

두 드라마가 시청자의 흡인력을 유발하는 데는 여러 요인들이 있지만 여기서는 특히 사건, 즉 갈등요인들을 위주로 살펴보고자 한다.

고부간의 갈등

<장미와 콩나물>과 <마지막 전쟁>에 등장하는 두 시어머니는 모두 무식하고 촌스럽고 그러면서도 순박한 한국적인 정서를 느끼게 하는 성격의 소유자들이다. 남편에게 주눅들어 사는 것 같으면서도 뒤로

쫑얼거리며 할 말은 다 해대는 <장미와 콩나물>의 시어머니 필녀나 남편을 쥐고 흔들며 사는 듯 억척스럽게 입바른 소리를 퍼부어대는 <마지막 전쟁>의 시어머니 모두 궁극적으로는 우리 시대 가부장적 가정의 어머니상을 전제로 한다. 평생 남편과 자식만 받들며 살아왔는데 남편한테 받지 못한 대접을 자식한테 받기는커녕 인간적인 배신감을 경험하는 40~50대 여성층의 정서를 꿰뚫고 있다는 점은 주목할 만한 일이다. 며느리와 편을 짜서 권위적인 남편에게 한마디씩 던지는 장면이나 가족들과의 실랑이 끝에 뒷마당의 개집 앞에 쭈그리고 앉아서 하는 필녀의 넋두리는 많은 수긍을 받은 장면들이다.

이렇게 부계혈통을 중심으로 아버지와 장남의 수직적 부자관계를 핵심으로 하는 가족관 속에서 살아온 시어머니들과 신세대 며느리들의 갈등은 결국 전통적 가치관과 개인주의적이며 자기표현이 자유로운 현대적 가치관의 차이에서 빚어진다. <장미와 콩나물>에서는 특히 마음에 맞는 며느리랑 살고자 하는 시어머니와 틈만 나면 분가를 노리는 며느리들과의 사소한 신경전들이 고부간의 미묘한 심리를 적절하게 집어내어 나타냄으로써 같은 입장에 놓인 여성들의 흥미를 이끌어냈다. 또한 <마지막 전쟁>에서는 경제력 없는 아들이 콤플렉스로 작용하여 시어머니의 위상을 회복해보겠다고 며느리와 대립한다. 아들의 부족함보다는 잘난 며느리의 위세 때문에 주눅들어 산다고 생각하는 시어머니는 며느리의 고충을 감싸주지 못하고 며느리는 그것을 빌미로 남편을 몰아세운다. 가사나 육아에 대한 아들의 참여를 맞벌이 부부가 같이 나눠 짊어져야 할 문제로 인식하기보다는 며느리의 '무시'로 해석하여 맞부딪치는 상황들이 현대 직업여성들의 심리를 대변하기도 하고, 결코 간과할 수 없는 시어머니의 속내를 들춰내 보이기도 하여 진지하게 볼 거리를 제공하였다.

부부간의 갈등

　사회적 변화의 흐름을 가장 잘 읽을 수 있는 부분이 바로 부부에 대한 가치관 변화가 아닌가 한다. <장미와 콩나물>과 <마지막 전쟁>은 기존의 전통적인 내조의 개념에서 탈피하여 여성의 독자적인 경제적 능력 확보나 여성의 자아실현을 위한 남편의 외조 등의 현대적 부부관을 당당한 각도에서 보여준다.

　또 오직 남성과의 관계를 통해서만 여성 자신의 존재를 확인하는 그동안의 전개방식을 과감히 물리치고 여성 속에서의 남성, 또 여성 중심의 일상을 표현해낸 점은 <장미와 콩나물>이 여성층에 좋은 인상을 남긴 부분이며 부계 중심의 가정관을 모계 쪽에도 비중을 둠으로써 가족에 대한 인식의 폭을 넓힌 점도 지지를 얻은 부분이 아닐까 한다.

　특히나 주목할 만한 점은 결혼과 함께 경제 속으로 뛰어듦으로써 필연적으로 부딪히게 되는 '돈'이라는 갈등요인을 밑바닥에 깔고 그것에서 파생되는 실제적인 갈등들을 부각시켜 섬세하게 그려냈다는 점이 많은 부부들의 아킬레스건을 건드렸고 결코 남의 이야기가 아님을 느끼게 해줌으로써 두 드라마의 극중인물 속으로의 몰입을 유도하였다.

<마지막 전쟁>

<마지막 전쟁>은 전문 직업인으로서 잘 나가는 아내 지수와 무능한 남편 태경의 갈등을 감칠맛 나게 풀어놓았다. 가난한 집안의 남편과 부유한 집안에서 어려움 없이 살아온 아내는 자라온 환경의 차이와 집안의 기대에 따르는 역할로 인한 갈등으로 서로 대립하게 되지만 결국 모든 화근은 애정이 식은 것도 아니고 성격차이에서 오는 것도 아닌 바로 '돈' 때문이었을 뿐이라고 말하고 있다.

또한 <장미와 콩나물>과 <마지막 전쟁>은 현실적으로 내재하는 부부상에서 크게 벗어나지 않고 주부의 위치도 당당하게 그려냈으며 여성의 사회생활도 경제 관념에만 국한시키지 않고 자아실현의 장임을 보여줌으로써 여성과 남성을 대등한 위치로 올려놓아, 달라지는 사회상을 잘 반영했다고 생각한다.

가족간의 갈등

서구적 개인주의 문화가 만연해진 지금 소홀할 수도 있는 가족간의 감정을 그려냄으로써 한국적 가족의 정서를 흠씬 풍긴다는 점은 이들 드라마가 갖는 긍정적인 면인 것 같다. 형제자매간 그리고 동서간에 생기는 크고 작은 마찰들은 서로의 이해득실에 따라 견리사의(見利思義)하면서도 그 속에 잔잔하게 느껴지는 수족지애(手足之愛)를 보여줌으로써 시청자의 마음을 흡족하고 따뜻하게 만들었다.

단연 인상적이었던 것은 가족간의 위치에 따른 입장을 꼼꼼하게 짚어냈다는 것이다. <마지막 전쟁>에서 보여준 태경의 장남과 맏사위 입장 사이에 엇갈리는 심리묘사는 오히려 여성들의 공감대를 끌어내고도 남음이 있을 정도로 진솔했다고 생각된다. 그리고 <장미와 콩나물>에서는 이기적인 장남을 대신해 맏이 노릇을 하는 둘째아들이 순조롭게 자신의 위치를 찾아가는 모습을 보여주었으며 자신의 이기적인 욕망으로 부모의 기대를 등졌던 장남이 결국 부모의 품으로 돌아와 어머니의 손을 꼭 잡아보는 따스한 감동과 함께 맏사위의 입장도 소홀히 하지 않는 마음 씀씀이를 보여줌으로써 우리의 주위를 새롭게 돌아보게 만들었다.

이와 같은 서민의 일상적인 갈등들을 콕 집어내어 제시함으로써 극의 긴장감을 고조시키고 또 시청자와 극중인물의 일대일 대응을 유도해낸 점은 두 드라마의 절대적인 인기비결이었으리라고 생각된다.

맺으며

기존의 드라마에서 보여지던 여성상은 순종적이며 할 말 못하고 속으로 삭이며 내조하는 '현모양처'나 '여필종부'의 관념에서 크게 벗어나지 못했다. 게다가 전문직 여성을 표현함에서는 여성의 자기실현이 행복한 가정이나 결혼생활과는 거리가 멀다는 식의 전개를 보인 면도 있었다고 생각한다.

그러나 <장미와 콩나물>과 <마지막 전쟁>은 부부와 가족의 문제에서, 오늘날의 자본주의 사회적 관점에서 근본적인 문제인 돈을 들춰냄으로써 보다 현실에 가까워졌으며 갈등의 국면을 개인적인 문제로 인식하지 않고 각자가 처한 위치와 입장에서 오는 가족 구성원 공통의 문제로 재조명했다. 물론 아쉬운 점도 있었다. 모성애라는 면이 부각되는 부분에선 끝내 편협한 자식 사랑관을 보임으로써 끝내 고부간의 일치를 놓친 면과 그러한 부모의 이기적인 편애로 사돈간의 화해를 확연하게 유도해내지 못한 점에서도 가슴이 확 트이는 시원스러운 결말을 느낄 수 없었던 것 같다.

하지만 그런 찜찜한 여운에도 불구하고 두 드라마가 여성 시청자의 주목 속에 화제를 불러일으켰다는 것은 그만큼 그들이 여성의 자존감을 낮추는, 다소 사회적 성역할의 고정관념을 부추기는 드라마 속 여성상들에 더 많이 식상해 있다는 말일 게다. 여성 중심의 일상사를 당당한 위치에서 읽어낸 드라마에 대한 갈증이 더 심했던 게 아니었을까.

이제는 드라마 속의 여성상이 그동안의 고정관념들, 즉 남성은 권위주의적이며 여성은 순종적이어야 한다는 이분법적 사고방식을 내재하는 설정에서 벗어나야 하는 단계에 이미 들어섰다고 생각한다. 드라마가 사회상의 반영이든 아니면 사회의 변화를 추구하는 개념이든 간에 남녀의 위치를 동등한 입장에서 바라보고 그 허와 실을 개념 있게 그려낼 수 있는 분위기 조성이 무엇보다도 중요하다고 생각한다.

물론 <장미와 콩나물>과 <마지막 전쟁>이 결코 여권신장이나 페미니즘적인 단면만을 보여준 것은 아니다. 현실적으로 가부장적 유교문화와 개인주의적 자유주의 서구문화가 공존하고 있는 사회적 정서를 고려하여 그 어느쪽에도 치우침이 없이 전통과 현대적 가치관의 조화를 위한 방안도 생각하게 해주었다. 앞으로 드라마가 변화하는 가정관을 표출함에서 결코 간과해선 안될 부분이 바로 여기에 있지 않나 생각한다. <장미와 콩나물>에서 시어머니 필녀가 자신의 생일을 잊은 남편에게 봐란듯이 날카로운 일침을 가하자 자식들과 묵묵히 닭장 속에서 벌을 서는 모습을 보이는 아버지와 <마지막 전쟁>에서는 장남 태경이 사업실패로 좌절해 있는 것으로 보고 꼭꼭 숨겨둔 통장을 건네며 어머니의 노고를 설파하는 아버지의 모습을 우리는 절대 뒤로 내칠 수 없는 게 현실인 것이다.

결과적으로 여성의 목소리를 내는 이 두 드라마에 한껏 빠져 카타르시스를 느꼈던 시청자들도 한국적 가족애의 구수함과 정겨움을 떠나서는 결코 마음의 울림을 가질 수 없었을 것이다. 예로부터 전해오는 말에 "상화하목 부창부수(上和下睦 夫唱婦隨)"라는 말이 있다. 여기서 부창부수의 '창'은 화심교절(和心交節: 부드러운 마음으로 제의를 함), 그리고 '수'는 합심통신(合心通信: 믿음이 가도록 마음을 따름)이라는 속뜻이 있다고 한다. 즉 "위가 온화해야 아래가 화목한 것이니 남편이 부드러운 마음으로 제의를 하여 집안을 이끌면 아내는 믿음이 가도록 행동하여 그 마음을 좇는다"라는 뜻인 듯싶다. 이 말 속에 우리의 드라마가 지향해야 할 가족상의 올바른 방향이 숨어 있지 않나 생각되며 이것이 <장미와 콩나물>과 <마지막 전쟁>의 기획 의도가 아니었을까 짐작하게 된다.

끝으로 부부와 가족상에 대한 재해석을 유도한 두 드라마의 작가에게 박수를 보내며, 앞으로 바람직한 사회관 정립에도 기여할 수 있는 진솔한 가치관이 담긴 가감없는 우리의 이야기를 보여주길 기대한다.

뉴스 그리고 변화

장민(대학생)

뉴스가 변화하고 있다

정보화사회에서 살아가기 위하여 정보를 얻는 것은 대단히 중요한 일이다. 사람들은 여러 가지 경로를 통해서 정보를 습득한다. 뉴스는 도처에 산재해 있는데, 그중에서 영향력을 갖는 것은 신문과 방송을 통해 우리에게 전달되는 것들이다. 방송에서 보도하는 뉴스도 다양한 시간대에 제공되지만 그중에서도 사람들이 가장 중요하다고 여기며, 그로 인해서 가장 높은 신뢰성을 얻는 것은 단연 오후 9시에 방송되는 뉴스일 것이다. 이러한 9시 뉴스가 시작될 때 늘 첫머리를 장식하는 소식은 정치권과 관련되어 있었다. 물론 요즈음에도 가장 먼저 나오는 뉴스가 정치 관련 소식일 경우가 있지만 예전에 비하면 그 비율은 현저히 줄어들었고, 오히려 가벼운 뉴스들의 보도가 시작되는 시간이 점점 앞당겨지고 있다. 9시 뉴스는 여타의 시간에 방송되는 다른 뉴스들보다 권위적이고 보수적인 성향을 띠고 있는데, 이러한 9시 뉴스에서도 심각한 정치보도들이나 우울하고 무거운 뉴스들보다는 즐겁고 생활에 밀접한 뉴스들이 점점 많이 보도되고 있는 것이다. 시청자단체

‘매체비평 우리 스스로(매비우스)’가 1999년 5월 15일부터 6월 27일까지 7주 동안 방송 3사의 주말 저녁 뉴스를 분석한 자료에 따르면 방송 3사의 저녁 뉴스는 사건·사고, 스포츠 기사의 전면 배치가 두드러졌다. 분석기간 동안 방송 3사의 머릿기사 10건 중 사건·사고, 스포츠의 비중이 SBS 30%(140꼭지 중 42꼭지), KBS 25.7%(140꼭지 중 36꼭지), MBC 25.7%(140꼭지 중 36꼭지)로 조사되었다. 특히 MBC는 주말 뉴스의 스포츠화에 앞장섰는데 뉴스 말미에 스포츠뉴스를 고정 코너로 다루고 있음에도 거의 매번 뉴스 초반에 단독 꼭지로 ‘한국 골프의 날’(5월 23일), ‘통쾌한 KO승’(6월 12일) 등을 내보냈다.

대체적으로 정치뉴스같이 딱딱하고 보수적인 뉴스를 경성뉴스라고 하고 생활과 관련된 뉴스들을 연성뉴스라고 할 수 있는데, 그 개념에 대해서는 아직 명확하게 선을 그을 수 있는 상태는 아니다. 일반적으로 경성뉴스라고 하면 정치뉴스가 대표적이지만 그 외에도 국제적인 분쟁이나 테러에 대한 뉴스 등 어둡고 우울한 성격을 가지는 뉴스들도 경성뉴스로 분류할 수 있다. 이에 비해서 연성뉴스의 개념은 조금 더 복잡하다. 실생활과 밀접하게 연관되어 있는 뉴스들이나 선행을 알리는 뉴스, 스포츠뉴스와 일기예보 등이 연성뉴스의 예다. 형식적인 측면에서는 정치뉴스보다 덜 정형화되어 있고 세련된 자료화면이 제공된다. 이런 연성뉴스들은 그 성격상 즐겁고 밝고 친숙한 소식들이다. 그런데 이러한 비교적 가벼운 소식들이 전체 뉴스에서 차지하는 비중이 늘어나고 있다. 그렇다면 왜 방송뉴스들이 연성화되는 것일까? 그 이유를 방송뉴스가 처해 있는 환경과 방송의 주체 중 하나인 수용자의 성향에서 찾아보았다.

시청률 경쟁, 변화가 시작되다

1999년 초반의 편성표를 살펴보면 방송 3사의 뉴스시간대가 거의 비슷한 것을 알 수 있다. 하나의 방송국이 단독으로 뉴스를 보도하는 시간은 거의 없으며, 두 방송국 혹은 세 방송국 모두가 비슷한 시간대에 시청자들에게 비슷한 정보를 제공하고 있는 것이다. 그렇다면 이것을 미루어 쉽게 찾을 수 있는 뉴스의 연성화 원인은 시청률 경쟁이다. 뉴스의 연성화라는 것의 개념이 앞서도 말했다시피 경성뉴스보다는 자극적이고 가벼워서 부담이 덜 되는 뉴스들임을 감안하면 사람들이 무겁고 심각한 경성뉴스보다는 연성뉴스를 찾을 것이기 때문이다.

그렇다면 뉴스를 전달하는 데서의 경쟁은 방송국 사이에서만 이루어지는가? 답은 '아니오'다. 가장 처음으로 뉴스라는 것을 대중들에게 알린 매체인 신문은 방송뉴스보다 속보성은 떨어진다. 하지만 사건과 이슈들에 대해서 보다 상세한 설명과 해설을 제공하는 특성을 가지고 있다. 따라서 딱딱하고 무거운 주제일지라도 이를 쉽게 이해할 수 있도록 해준다. 실제로 1998년 한 해 동안 신문의 헤드라인을 살펴보면 정치적인 문제나 사회문제가 많았고 이에 대한 해석과 견해도 많이 제공되었다. 6개의 주요 신문에서 다루고 있는 토픽을 살펴보면 그 대부분이 정치나 국제 문제에 관한 것이다. 사회문제들이나 북한과의 관계에 대한 기사들도 많은 부분을 차지하고 있었는데, 방송에서는 이러한 사건에 대해 심도 있는 해설을 제공하기 힘들다. 그렇기 때문에 방송뉴스에서 제공하는 몇 분 동안의 뉴스를 통해서는 사건의 본질과 의미를 파악하기 힘들다. 사건의 해석 외의 부분에서 방송뉴스가 늘 우위를 차지하는가에 대한 대답 역시 부정적이다.

컴퓨터의 대중화로 인해서 유행인 동시에 생활의 한 부분이 되어버린 PC 통신과 인터넷을 통해서도 뉴스들이 쏟아져나온다. 컴퓨터 모니터의 한쪽에는 긴 띠로 이루어진 뉴스가 쉴새없이 전해진다. 그리고 이러한 뉴스는 물론 친절한 해설이 딸려서 나오지는 않지만 속보성을 무기로 하고 있다. 물론 큰 사건인 경우는 방송뉴스의 경우에도 사건이 발생한 즉시 보도할 수 있기는 하지만 거의 대부분은 늘 정해진 시간에 뉴스를 전할 수밖에 없다. 그러니 속보성에서 방송뉴스는 인터넷 뉴스에 뒤떨어지는 셈이다.

이동전화 가입자수가 기하급수적으로 늘면서 1999년 9월에는 이동전화 가입자수가 유선전화 가입자수를 넘어섰다. 이렇게 늘어나는 이동전화 가입자들을 만족시키기 위해서 각 통신회사에서는 여러 서비스를 제공하고 있는데, 그중에는 문자 서비스라고 불리는 단문 전송 서비스를 통해 뉴스를 전하는 것도 포함된다. 이러한 이동전화를 통해서 뉴스를 받아보는 것의 가장 큰 장점은 신문을 사보지 않아도, TV나 컴퓨터를 켜지 않아도 가지고 있는 휴대전화를 통해 새로운 소식들을 얻을 수 있다는 것이다. 즉 휴대전화는 TV를 포함한 다른 어떤 것들보다도 접근성이 뛰어난 뉴스매체인 것이다.

이렇게 뉴스를 필요로 하는 사람들에게 뉴스를 제공하는 미디어들이 증가하고, 또 그 미디어들이 각각의 강점을 가지고 뉴스를 전하게 되면서 TV 뉴스는 상대적으로 이들과의 경쟁에서 밀리게 되었다. 이제 TV에서 제공하는 뉴스가 내세울 수 있는 점이라고는 화면을 통해서 시각적인 정보를 전달할 수 있다는 것뿐이다. 이러한 상황에서 늘 비슷비슷한 화면만을 제공하는 정치 혹은 그 이외의 뉴스들보다는 상대적으로 재미있고 즐거운 뉴스의 화면들이 방송뉴스의 경쟁력을 높일 수 있을 것이라는 결론을 유추해볼 수 있다.

수용자는 뉴스를 어떻게 끌어가는가

방송국들이 이런 변화를 통해 얻고자 하는 것은 사람들이 TV를 많이 보도록 만드는 것이다. 방송과 이를 수용하는 시청자는 알게 모르게 서로에게 영향을 미치고 이에 대한 변화를 이끌어낸다. 방송이 수용자들에게 영향을 미치는 것을 그냥 지나칠 수는 없지만 시청자들의 요구에 따라 그들의 성향을 반영하는 측면도 분명히 존재한다. 이런 측면에서 시청자 혹은 방송뉴스 수용자를 뉴스 변화의 상당히 중요한 원인으로 생각할 수 있다. 이들의 성향이 왜, 어떤 방향으로 변화하는가를 관찰한다면 상대적으로 방송이 변화하는 이유도 찾아볼 수 있을 것이기 때문이다. 처음에는 방송뉴스에 비교적 많은 영향을 미치고 있는 신세대의 성향에서 변화의 원인을 찾아보았고, 여기에서 출발하여 방송뉴스의 수용자를 대중으로 보았을 때 뉴스의 변화에 영향을 미치는 사람들의 일반적인 성향이 무엇인지 생각해보았다.

방송뉴스의 유력한 소비자, 신세대를 본다

뉴스를 많이 보는 것으로 인해 이에 영향을 미치는 사람들은 어떤 사람들인가? 유니텔의 설문조사 결과 "주로 어떤 매체를 통해 뉴스를 접하십니까?"의 질문에 응답자 중 20대(1,071명)가 뉴스를 접하는 주요 매체로는 TV(43.5%)가 단연 1위, 신문(31.6%), PC 통신·인터넷(23.1%) 순으로 나타났다. 30대(1175명)의 경우 신문(41.0%), TV(33.3%), PC 통신·인터넷(24.7%) 순이고, 40대(433명)는 신문(43.9%)이나 TV(36.5%) 비율이 PC 통신·인터넷(18.2%)에 비해 월등히 높았다. 이를 통해서 20대부터 40대까지 모두 방송뉴스를 보지만 그 안에서 뉴스로서의 정보를 얻는 사람은 연령이 높은 사람보다는 연령이 낮은 사람들인 것으로 추측할 수 있다. 그렇다면 그들은 어떤 성향과 특징을 가진 사람들인가? 이들은 이른바 신세대다. 어떤 구체적이고 분석적인 설명을 하려고 들기도 전에 이들을 나타내는 단어들이 떠오른다. PC, 인터넷, 휴대폰과 워크맨이 그들을 나타내는 것들이다. 이들은 새로운 기계들을 금세 조작할 수 있고, 이를 사용하는 데 대한 반감도 거의 없다. 직설적이고 솔직하며, 지루한 것은 참지 못하고, 남의 눈치를 보지 않는다는 평가가 그들의 성향을 드러낸다. 이러한 신세대론에 대해서는 물론 비판과 이의가 많다. 하지만 그것이 어느 정도는 신세대라고 하는 집합군의 특성을 보여주고 있다는 점도 무시할 수는 없다. 이들의 이러한 특징들과 연결해서 방송뉴스가 어떻게 변화하는지 관찰할 수 있을 것이다.

신세대들은 시각적 자극이 난무하는 환경에서 성장했다. 70년대 중반부터 80년대까지 컬러 TV가 보급되었고, 이들은 TV가 발전하는 것을 자연스럽게 받아들이면서 컸으며 현재에 이른 것이다. 그래서 이들은 의식을 가지고 TV를 보지 않는다. TV는 이들의 생활 속에 자연스럽게 스며들어 있다. 활자화되어 있는 매체를 접하는 것보다는 화면으로 보여지는 것이 더 익숙하고, 화면도 시각적으로 세련된 것을 추구한다. 또한 이들은 감각적이고 자극적인 광고의 화면에 익숙하고 뮤직비디오를 통해서 음악을 듣는다. 이런 생활환경을 지닌 이들에게 뉴스라고 해서 특별히 다를 것은 없으리라. 그래서 뉴스에서 보여주는 화면도 점점 더 자극적이 되고 세련되어지는 것이다.

이런 세련된 화면과 정치뉴스는 도무지 어울리지 않는 것 같다. 기술이 발전하고 더 이상 만들어내지 못할 화면이란 존재하지 않지만 정치나 딱딱한 뉴스들을 멋진 화면으로 만들어내는 데 한계가 있기 때문이다. 단지 화면으로 만들기 힘들다는 것만이 정치뉴스를 비롯한 경성뉴스의 비율을 줄여가는 원인의 전부는 아니다. 신세대들이 기본적으로 정치에 대해서 별로 관심을 갖고 있지 않다는 것도 이유가 될 수 있다. 이들의 생활과 정치는 거의 관련성이 없는 것으로 생각되기 때문이다. 이들의 성장과 많은 연관성이 있는 TV에서는 정치인들의 비리와 부패, 당익에 의해서 차마 보이지 못할 행태까지를 보도했고, 이로 인해서 신세대들은 이미 정치라는 것에 대해 어떤 기대를 하고 있지도 않을 뿐더러 실망도 할 만큼 했다는 식이다. 정치뿐 아니라 딱딱한 뉴스를 구성하는 소재들에 대해서도 마찬가지 반응을 보인다. 그런데 이런 뉴스에 대한 보도시간을 늘린다면 이들이 TV 앞을 떠나거나 채널을 돌리게 될 것은 거의 확실한 일이다. 방송사에서 조금이라도 더 많은 시청자를 끌어들이려는 목적을 가졌다면 이들의 성향을 반영하지 않을 수는 없는 것이다.

그리고 이들의 성향으로 인해 방송뉴스에서 연성뉴스의 비율이 높아지는 데는 또 다른 이유를 찾아볼 수 있다. 보다 생활과 가까운 뉴스들을 제공하는 것은 이들의 소비욕구를 자극할 수 있기 때문이다. 이들은 어려운 시절이 아니라 우리나라가 한참 '잘 나갈' 때 태어난 세대들이고, 자신의 가난에 대해 한풀이라도 하듯 자녀에 대해 금전적으로 아낌없이 쏟아붓는 부모들을 가졌다. 그래서 비교적 풍족한 소비를 하면서 자라왔고 이들의 구매력은 비교적 큰 시장을 구성한다. 그리고 이들은 '나'를 비롯한 비교적 좁은 환경에 관심을 많이 가지는 편이다. 그렇기 때문에 이들은 비교적 지엽적인 환경이나 이에 영향을 미칠 만한 것에 대한 정보들을 필요로 하는 것이다. 그리고 이러한 것을 알려주는 뉴스는 연성뉴스로 분류되는 생활에 보다 가까운 뉴스들인 것이다. 예를 들어 날씨가 추워진다는 보도나 새로운 기술이 채용된 기기들이 등장했다는 보도는 이들에게 정보가 되고 나아가 소비동기가 된다.

인간의 고독, 행복, 불안, 인간성의 추구 그리고 진실

신세대들의 성향이 한편으로 긍정적으로 받아들여지면서 다른 세대들에게도 영향을 미치고 이로 인해 사회 전체적인 사고방식과 가치관이 바뀌고 있다는 것을 관찰할 수 있다. 어른들이 신세대들을 대하는 데서 가장 당황스러운 점은 바로 그들의 직설적이고 솔직한 자기 표현이라고 한다. 이것은 그들의 특징적인 성향이다. 자신의 의견과 입장을

확연하게 드러내는 신세대들의 이러한 성향이 사회 전체적으로 받아들여지고 비교적 일상화되면서 신·구세대의 구별 없이 사람들이 자신의 목소리를 내기 시작했다는 점에 주목하려고 한다. 이전에도 방송이 시청자들의 어떤 성향을 반영했지만 이전과 다른 점은 수용자들이 예전에 비해 비교적 솔직한 반응과 요구를 하고 있고, 이들의 솔직한 반응과 요구에서 사람들이 기본적으로 가지고 있는 성향들을 관찰할 수 있다는 점이다. 그러니까 결국 뉴스의 변화 원인을 세대를 초월하여 공통적으로 나타나는 사람의 아주 기본적인 성격들에서 찾을 수도 있다는 뜻이다. 사람의 본질을 구성하고 있는 성향 중 몇 가지를 뉴스의 연성화와 관련해서 살펴볼 수 있다.

사람은 누구나 절대고독이라는 것을 느낀다. 어떤 상황에 있더라도 혼자 남아 있다는 느낌을 가질 수 있다. 이것은 사람의 본질 중의 하나이기도 하지만, 사람들이 이를 되도록 피하려고 하는 것이다. 즉 사람들은 외로움을 느끼지만 이를 피하기 위해 딱딱한 뉴스보다는 가볍고 밝은 내용의 뉴스를 보려고 한다. 사람들의 절대고독을 완화해준다는 것은 혼자이지 않다는 느낌이나 내가 다른 사람들과 동떨어져 있지 않다는 느낌을 갖게 하는 것이다. 사람들은 외롭다는 느낌에서 벗어나기 위해서 여러 가지 시도를 한다. 적극적인 방법은 사람들을 만나서 커뮤니케이션을 하는 것으로 그러한 상태를 해소하고자 하는 것이며, 그보다 소극적인 방법으로서 직접 사람들과 대면하지 않더라도 타인들과의 동질성을 느끼려고 하는 것을 생각할 수 있다. 좋은 내용의 뉴스나 혹은 생활에 관련이 있는 뉴스를 보는 것은 후자의 방법이다. 사람들은 그런 절대고독의 상황하에 있을 때 나와 동떨어진 듯한 정치인들이 나오거나 멀리 떨어진 다른 나라의 상황을 보여주는 뉴스보다는 좀 더 자신과 가까운 사람들에 관련된 보도나 생활에 가까운 보도들을 원한다는 것이다. 사회가 점점 발전하고 분화되어 공동으로 일을 하기보다는 혼자서 해결하는 상황이 되면서 사람들이 느끼는 고독감은 더 커졌다. 그러면서 이러한 느낌을 지우려는 욕구를 더욱 크게 나타내게 되었고, 이것이 뉴스의 성격을 변화하도록 유도하고 있는 것이다.

사람들에게 인생의 궁극적인 목적은 '행복해지는 것'이다. 이 '행복'이라는 것은 물론 물질적인 것만을 뜻하는 것은 아니다. 사람들 개개인마다의 행복은 그 성격이 다를 수 있고 그것을 성취하는 수단과 방법이 다를 수 있지만 결과적으로 모두가 행복해지고자 하는 것은 사실이다. 행복의 크기는 모두 다를 수 있고, 그 처음과 끝은 구별하기 힘들지만 큰 행복은 작은 것으로부터 느껴지는 행복에서 시작되는 것이 일반적이다. 작은 것에서 시작되어야 한다는 면에서 본다면, TV 뉴스 보기라는 작은 행위에서도 사람들이 행복을 추구할 것이라는 추측이 가능하다. 그것이 의식적이지 않더라도 복잡하고 심각하고 부정적인 뉴스들보다는 가슴 따뜻하고 희망을 주는 밝은 뉴스가 사람들을 더 행복하게 해주리라는 것은 충분히 이해할 수 있는 결과이다.

행복이라는 목적과 관련해서 동서고금을 막론하고 사람들이 느끼는 감정은 미래에 대한 불안이다. 결국 사람들은 미래에 행복해지기를 원하는데 그렇지 못할까 봐 혹은 미래의 행복에 대한 확실한 보장이 없기 때문에 불안해하는 것이다. 미래의 행복에 대한 부정적인 생각들을 지우기 위해서 사람들은 정보를 얻고자 한다. 되도록 미래를 예측하는 데 유용한 뉴스들을 접하고자 하고, 그중에서도 특히 미래에 대한 긍정적인 예측을 가능하도록 하는 소식들을 얻고자 한다. 물론 모든 뉴스가 그런 내용을 담기는 불가능하다. 하지만 이런 맥락에서 사람들이 굳이 희망적인 뉴스를 듣기 원한다고 한다면 뉴스로서 전달되는 것이 결국 선택의 문제이기 때문에 그 비율을 조절하는 것은 가능하고, 그렇기 때문에 밝은 뉴스가 더 많이 전해지는 것이 충분히 가능하다고 짐작할 수 있다. 특히 사람들에게 전해지는 밝은 뉴스들 중에서도 사람들의 선행과 같은 가슴 따뜻한 뉴스들은 미래에 대한 불안과 더불어 인간성에 대한 추구라는 본질적인 지향점 측면에서도 볼 수 있다. 바꾸어 말하자면 미래에 대해서 불안한 느낌을 줄이기 위해 인간성에 대한 신뢰를 갖고자 한다는 것이다. 사회가 발전하면서 더욱 메말라가고 삭막해질 것이라는 일련의 예측들에 대해서 인간성이라는 것이 아직 남아 있으니 그렇게는 되지 않을 것이라고 믿기를 원하며 또 그로 인해 그렇게 삭막해지지 않을 것을 바라기 때문이다.

딱딱한 뉴스의 대표로 분류되는 정치뉴스에 대한 비중이 점점 줄어드는 이유를, 또 다른 인간의 본질과 연결한다면 진실의 추구라는 것과 정치뉴스의 괴리에서 찾을 수 있다. 우리나라의 방송뉴스보도에서 정치뉴스라는 것은 이미 거짓과 동의어일 수 있다. 최소한 거짓은 아니라고 할지라도 진실과 거리가 가깝다고는 할 수 없을 것이다. 이전까지의 정치 관련 뉴스보도를 보아도 사람들에게 진실을 전달하기보다는 정치권력층에 대한 홍보도구로서 이용되는 느낌이 강했다. 최근에 옷로비 청문회에 관한 뉴스가 보도되었을 때도 이에 대한 수용자들의 반응은 회의적이었다. 정치뉴스 자체가 거짓을 보도하는 것은 아니나 기본적으로 정치와 관련된 사람들의 진실성에 의심을 품고 있기 때문에 방송뉴스에서의 정치보도가 진실과 멀어지는 것이다. 이제 수용자들은 더 이상 진실하지 못한 정치보도를 원하지 않는다.

맺으며

뉴스가 점점 연성화되는 것에 대해서 보도한 신문기사의 표현을 빌리면 "방송뉴스는 점점 파스텔톤화"되고 있다. 이러한 연성화에 대해서 방송 안팎에서 다양한 목소리가 나오고 있는데, 이들은 현상나열식 세태 뉴스나 지나치게 감정을 자극하는 언어들을 사용하는 뉴스에 대해서 비판적인 태도를 보이고 있다. 방송뉴스가 변화하면서 앞의 표현처럼 파스텔톤에 가까운 사람들의 삶에 근접해가며 이를 보여주는 것은 사실이지만, 지나치게 흥밋거리 위주인 현재의 시점에서는 이것이 아직까지는 만족할 만한 수준에서 이루어지지 않고 있다. 사람의 삶에 관한 핵심이 어디에 있는지를 감안하여 방송된다면 뉴스의 연성화는 분명 긍정적인 평가를 받을 수 있을 것이다.

아직도 우리에겐

<칭찬합시다> 이야기

전현준(대학생)

현대는 말이 참 많은 시대다. 그런데 말이 많으면 쓸 말이 별로 없다는 것이 우리들의 경험이다. 하루하루 나 자신의 입에서 토해지는 말을 홀로 있는 시간에 달아보면 대부분 하잘것없는 소음인 것이다. 사람이 해야 할 말이란 꼭 필요한 말이거나 '참말'이어야 할 텐데 불필요한 말과 거짓말이 태반인 것을 보면 우울하다. 특히 요즘 우리 사회에는 시장이나 전장에서 통용됨직한 비리고 살벌한 말들이 넘쳐난다.

좋은 말이란 무엇으로 알아볼 수 있을까를 가끔 생각해보는데 이런 결론을 내렸다. 엄마들이 아가의 서투른 말을 이내 알아들을 수 있는 것은 말소리보다는 애정을 가지고 그 뜻에 귀기울이기 때문이 아닌가. 즉 좋은 말 또 이를 통한 성공적인 커뮤니케이션은 사랑 속에서 이루어진다는 것이다.

1998년, 유난히도 어려웠던 한 해, 그래서 우리 사회는 더욱 메마르고 각박해져만 갔다. IMF라는 건국 이후 최대의 경제혼란으로 국민들의 몸과 마음이 움츠러들어 있었고, 거리에는 노숙자가 넘쳐나고 실업자가 배회하던 시절, 절망에 사로잡힌 사람들은 우리 사회가 이렇게 된 것을 '남의 탓'으로만 돌리며 서로를 비난했다. 따라서 대중을 움직일 수 있는 큰 힘을 가진 방송의 역할이 그 어느 때보다 무겁고 컸다.

MBC는 1998년 12월 2일로 창사 37주년을 맞았다. 평소 공익성을 강조하는 방송임을 자처하던 MBC에서는 이런 시기적 요구에 부응할 수 있는 색다른 프로그램을 선보였다. 그 해 4월 처음 방영된 <21세기 위원회>가 그것이다. MBC에서는 'IMF 특별기획'이라고 하여 IMF의 뜻을 '정보(Information)', '도덕성(Morality)', '재미(Fun)'로 새롭게 풀어내고 이를 프로그램의 지향하는 바로 삼았다. 그리고 '국민에게 희망과 용기 불어넣기'라는 궁극적인 목표 아래 <21세기 위원회>를 조심스럽게 시작한 것이다. 특히 프로그램을 대표하는 코너가 '칭찬합시다'였는데 이 시기에 남을 칭찬한다라는 것은 매우 새로운 발상이었다. 따라서 "우리 사회에 칭찬받을 만한 사람이 과연 있을까?", "우리가 남을 칭찬할 줄도 아나?" 하는 의문을 가졌던 시청자들에게 이 코너는 매우 신선한 충격으로 다가왔다. 그리고 칭찬 릴레이가 이어지면서 "우리 사회에도 칭찬받을 만한 사람들이 이렇게 많구나!", "우리도 남을 칭찬할 줄 아는구나!", "칭찬을 하면 이렇게 기분이 좋아지는구나!" 하는 점을 확인하고 또 확인했다. 마침내 이러한 칭찬의 감염효과는 우리 사회의 한 현상으로까지 떠올라, '칭찬합시다'는 12월 2일부터 <21세기 위원회>에서 독립하여 화요일 프라임 타임대(오후 7시 30분부터 8시 20분까지)로 자리를 옮겼고 MBC를 대표하는 프로그램 가운데 하나가 되었다.

<칭찬합시다>가 좋은 프로그램으로 자리매김할 수 있었던 이유

<칭찬합시다>는 어떤 삶이 의미 있는 것인지 몸소 가르쳐주는, 즉

용기 있고 건강한 삶을 살고 있는 사람들을 찾아가 그 현장을 보고 칭찬하는 것으로 진행된다. 또 '칭찬 나누기 힘내라 힘! 릴레이 11'이라는 새로운 코너가 생겼는데, 이 코너는 매주 기업체 한 곳을 방문해 사내에서 선발된 11명의 칭찬 주자가 상대방을 구체적으로 칭찬하도록 한다. 이 코너는 그동안의 칭찬이 다소 추상적이고 거창했었다는 점에서 착안하여 생활 속에서 작지만 구체적인 칭찬을 전파시키자는 의도에서 기획된 것으로 보인다.

그렇다면 이 프로그램이 이처럼 전국민적 화두로 떠오를 만큼의 성공을 거두게 된 이유는 무엇일까?

프로그램의 주제와 내용적 측면에서

칭찬은 사회 구성원의 삶에서 일반적으로 일어날 수 있는 행위다. 그런데 "사촌이 땅을 사면 배가 아프다"라는 말도 있듯이 우리는 기본적으로 다른 사람들의 업적을 인정해주고 훌륭한 행동에 대해 칭찬하는 것에 매우 인색하다. 거기에 IMF라는 시대적 환경이 더해져 우리 사회에서 칭찬, 칭찬하는 말을 찾아보기가 더 어려워졌다. 그러나 이처럼 칭찬이 우리 사회에서 그 자리를 잃어갈수록 겉으로 드러나지 않는 그것에 대한 기대와 요구는 더 커지게 마련이다.

<칭찬합시다>는 시의적으로 가장 신선하면서도 적절한 '칭찬'을 명확한 주제로 삼고 있다. 즉 인간의 삶에서 보여지는 짜고 맵고 달고 쓴 삶의 이야기(칭찬 주인공들의 이야기)를 바탕으로 그 이야기 속에 투영된 시대상을 담은 주제를 선택함으로써, 이 프로그램은 인간의 기본적인 욕구(남들 사는 얘기에 관심이 많음)와 시대적 요구를 충족시키고 그 고민을 함께 풀어나갈 수 있게 된다. 바로 여기서 시청자들은 감정이입이 잘되는 것이고 긍정적인 반응을 보이게 되는 것이다.

실제로 이 프로그램을 통해 시청자들에게 잊지 못할 감동을 안겨준

<칭찬합시다>

칭찬 주인공들을 살펴보면 다음과 같다. 시장에서 평생 젓갈을 팔아온 할머님은 자신의 전대는 수백 번을 깁고 또 기워 썼지만 장학사업에 쓰라며 평생을 번 15억 원을 선뜻 내놓고 또 지금도 한 푼 두 푼 모아지는 대로 장학금으로 희사하겠다고 한다. 또한 교통사고로 눈을 잃고 장애인이 되었지만 그것을 극복하고 오히려 장애인시설로 들어가 다른 장애인의 입장에서 그들을 이해하고 돕기 위해 일하고 있는 아저씨, 자신도 하루하루 먹고 살기가 빠듯한 살림인데도 길거리 노숙자를 위해서 점심준비를 하는 아주머니, 고아원 아이들에게 일주일에 한 번씩 자장면을 대접하는 중국집 아저씨, 목욕을 시켜주는 목욕탕집 아주머니, 교수의 신분으로 13평짜리 집에서 검소하게 살면서 교도소의 제소자들을 찾아가 영어도 가르쳐주고 감옥에서 나온 뒤에도 사회에서 온전하게 다시 설 수 있도록 도와주시는 분 등 인생의 남다른 굴곡들을 아름답게 승화시킨 이들의 감동적인 인생드라마가 보는 이로 하여금 감동과 교훈을 얻을 수 있도록 한다. 즉 이와 같은 공감대가 형성되어 있는 상황에서 텔레비전이 꼭 내 얘기 같은 혹은 있음직한 남의 얘기를 하니까 많이들 보게 되고 감명을 받게 되는 것이다. 더구나 칭찬 주인공들의 얘기 한 마디 한 마디 속에는 그들의 삶을 그대로 옮겨놓은

듯한 리얼리티가 있고 땀 냄새가 배어 있다.

방송장치적 측면에서

<칭찬합시다>는 기존의 다른 오락 프로그램들이 재미만을 추구했던 것과는 달리, 웃음과 감동을 동시에 전해주는 프로그램이다. 이 프로그램의 진행자는 <21세기 위원회>의 진행자였던 김용만과 정은아를 주축으로 하고 있으며, '칭찬 릴레이 11'은 개그맨 표영호와 홍록기가 맡았다. 여기서 김용만은 호빵맨이라는 친근한 이미지로 시청자들에게 다가온다. 또 주된 코너인 '칭찬합시다'를 진행하는 과정에서 가식적이지 않은 모습으로 칭찬 주인공과의 충분한 교감을 잘 표현해서 시청자들의 마음 깊숙이 감동을 전해준다. 물론 이때는 엉뚱하고 기발한 아이디어(그날의 게스트와 노래 부르기 등)를 바탕으로 하는 웃음이 전제되어 있다. 이에 지적이고 시청자들에게 신뢰감을 주는 정은아가 함께 프로그램을 진행(스튜디오에서 취재물을 보조해주는 역할 담당)함으로써 프로그램의 취지를 살려주면서 김용만과 균형을 이루어나간다.

또 '칭찬 릴레이 11'의 표영호와 홍록기는 개그맨이라는 자신들의 끼를 잘 살려, 감칠맛 나는 말과 뭔가 조금은 과장되고(오버 액션) 우스꽝스러운 코믹터치를 통해서 현장에서 여러 가지 해프닝을 벌이면서, 이 코너의 취지에 맞게 재미있고 속도감 있는 진행을 하고 있다. 앞에서 살펴본 것처럼 이 프로그램의 진행자들(김용만, 표영호, 홍록기 모두 코미디언)은 코믹한 요소를 전제로 칭찬이라는 명확한 주제를 가지고 사회를 바라보고 있으므로 웃음과 감동이라는 두 마리의 토끼를 다 잡을 수 있었다.

그리고 <칭찬합시다>는 앞의 칭찬 주인공이 다음 칭찬 주인공을 선택함으로써 지속적으로 프로그램이 전개되어간다. 여기서 텔레비전에 얼굴을 비치는 사람이 몇몇 특수한 계층이라고 믿던 기존의 고정관념이 깨진다. 주인공이 되는 사람들은 우리 사회의 일반 시민들이고 우리의 이웃이며 더 나아가서는 내가 직접 주인공이 될 수도 있는 것이다. 따라서 시청자들은 프로그램에 더욱 관심을 가지게 된다. 뿐만 아니라 완벽하게 결말지어지는 프로그램보다는 다음 칭찬 주인공에 대한 궁금증, 즉 빈 구석을 남겨 시청자들에게 생각할 수 있는 여지를 주는 것이 다음 회에 대한 흡입력을 높여준다. 다음 칭찬 주인공을 직접 찾아가는 과정에서 혹은 그 현장에서 전혀 예기치 못했던 일들이 얼마든지 벌어질 수 있고, 반대로 꼭 일어나리라 예상했던 일들이 뜻밖에도 일어나지 않을 수도 있다. 따라서 그때그때의 상황에서 일어나는 불시의 일들이 재미를 더해준다.

여기서 나타나는 <칭찬합시다>의 특징은 다른 방송에서는 나타나면 NG가 되는 스태프들의 모습이 보인다든지, 프로듀서의 목소리나 웃음소리가 들린다는 것이다. 또 여기서 더 나아가서 스태프나 프로듀서가 칭찬 주인공에게 질문을 하는 등 적극적으로 프로그램에 참여하기도 한다. 물론 이러한 구성이 언뜻 생각하면 산만하게 느껴지기도 한다. 그러나 이런 것들이 시청자들에게 생생한 현장감을 전해준다. 칭찬 주인공들의 삶을 그들의 이야기만으로 재현해낸다는 것은 제작의 측면에서 어려움이 많은데(시청률을 고려할 때 지루하거나 재미없는 프로그램이 될 수도 있다), 앞에서 살펴본 방송장치들이 이런 문제를 해결해준다.

프로그램 제작에서 아이디어를 무궁무진하게 낼 수 있는 것이 바로 소품분야이다. <칭찬합시다>에서도 여러 가지 특별한 소품들을 개발, 사용하고 있다. 칭찬 주인공에게 칭찬 선물을 주는 과정에서 사용되는 칭찬 트럭(칭찬 트럭을 운전하는 아저씨까지 스타덤에 오를 정도다), 뽑기라는 형식, '산따라 물따라'의 전통적이면서도 흥을 돋우어주는 특수 음향효과, 칭찬 트럭 모양을 본뜬 칭찬 배지, '칭찬 릴레이 11'에서 사용되는 칭찬 티셔츠, 칭찬을 할 때마다 그 주인공에 맞게 외치는 "칭찬은 ……다" 형식의 칭찬에 관한 정의 등 신나고 즐겁고 흥겨운 방식으로 프로그램을 만들어주는 소품들이 있어 <칭찬합시다> 구석 구석이 아기자기하게 꾸며진다. 칭찬이라는 주제가 이런 소품들에 의해 재미로 포장된 웃음 속에서 은근하게 배어나온다.

<칭찬합시다>가 사회에 기여하는 바에 대하여

재미와 의미의 줄다리기. 신나고 재미있는 과정 속에서 시청자들에게 반드시 무엇인가를 남겨야 한다는 것은 모든 프로그램 제작의 화두다. 이것에 비추어볼 때 <칭찬합시다>는 방송이 가진 대중적 성격을 십분 발휘해 새로운 인식의 틀을 만든 매우 훌륭한 프로그램이라고 할 수 있다.

<칭찬합시다>는 1998년 그래도 우리 사회에 희망이 있다는 빅 뉴스를 제공했다. 그동안 이 프로그램을 통해서 소개되었던 칭찬 주인공들은 다른 사람에 대한 남다른 관심을 가지고 사랑을 실천하고 있었다. 이것은 상실의 시대라고 하는 현대에, 더욱이 IMF로 남의 탓만 하기에 바쁜 우리에게 많은 것을 시사해준다. 인간에 대한 애정과 존중을 바탕으로 더불어 살고자 하는 그들의 노력은 아직 우리 사회에도 따뜻한 심성이 살아 있다는 점을 새삼 확인하게 하는 자리인 셈이다.

그리고 "가진 것이 많으면 줄 수 있는 것이 적다"는 말처럼 음지에서 남을 돕는 칭찬 주인공들 대부분이 자신의 생활도 풍족하지 못한 사람들이었다는 점에서 우리는 더욱 반성하게 되고 감동을 느끼게 되었다.

<칭찬합시다>는 올 한 해 우리 사회에 희망이 살아 있다는 점 말고도 또 한 가지 중요한 교훈을 일깨워주었다. 칭찬과 감동은 전염성

이 강하다는 것이 그것이다. 프로그램을 보고 나도 저 대열에 동참하겠다는 이들이 꼬리에 꼬리를 물고 등장한 것이다. 이 프로그램에서 소개된 홍수로 무너진 집은 어느 목수가 자청하여 고쳐주었고, 어려운 노인들이 입원한 병원에서는 그들을 무료로 치료해주었다. 초등학교 학생들이 편지와 함께 코 묻은 돈을 모아 보내고, ARS 성금모금까지 있었다. 시청자들 각자가 자신이 할 수 있는 방법들로 기부문화의 일상화를 실천하게 된 것이다. 이것은 분명히 우리 사회에 또 하나의 문화가 되었다.

<칭찬합시다>가 이처럼 빛나는 것은 현재 모든 이들에게 희망과 용기를 줄 뿐만 아니라, 앞으로 우리 사회가 나아가야 할 궁극적인 방향을 제시함으로써 미래지향적인 가치를 추구하고 있다는 데 있다.

<칭찬합시다> 한번 더 생각해보기

칭찬은 쉽게 할 게 아니다. 그런데 요즘 사회적인 분위기를 보면 칭찬을 주장하는 데 거의 무조건적이라는 생각이 든다. 칭찬받을 만한 일을 못하거나 칭찬 안하는 사람은 이상한 사람으로 보고, 또 잘한 일이든 못한 일이든 그냥 칭찬만 하라는 식은 문제가 된다. 물론 칭찬이 좋은 행위이긴 하지만 너무 지나치다면 자칫 잘못해 자만심을 불러일으킬 수도 있고, 또 만약 칭찬을 강조하는 사회적 분위기 속에서 잘잘못을 따져야 할 일들이 그냥 무마된다면 그것은 큰 잘못인 것이다.

그런데 더 큰 문제는 칭찬을 강조하는 사회적 분위기가 진정으로 우리 곁에 가깝게 다가와 있는가 하는 것이다. 이것은 '칭찬 나누기 힘내라 힘! 릴레이 11'이라는 코너로 개선해보려는 제작진의 노력이 있었으나, 아직도 칭찬 주인공을 보면 누가 보아도 칭찬할 만한 사람들로만 이루어져 있다는 면에서, 일상 생활에서 자유롭게 칭찬하는 분위기를

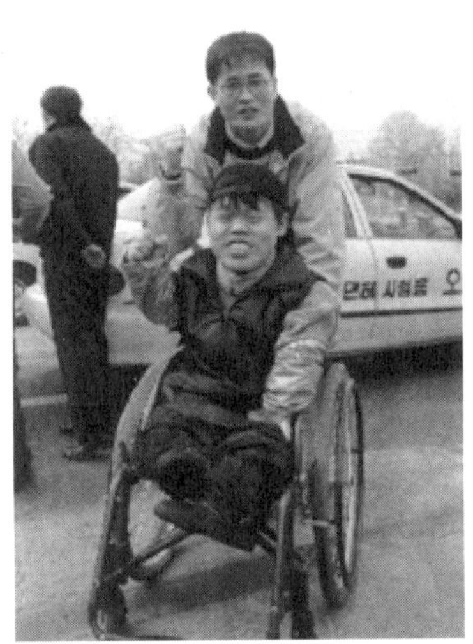

'칭찬 나누기 힘내라 힘'

만들어보자는 처음 프로그램의 목표에 미치지 못하는 면이 있는 것 같다. 물론 자신의 희생을 감수하며 남을 위해 봉사하는 사람들을 찾아내서 칭찬하는 것도 중요하지만, 만약 그렇게 큰 일에 대해서만 칭찬을 한다면 작은 일에 대한 사소한 칭찬들은 설 자리가 없어질 것이다.

　이것을 개선하기 위하여 기존에 있었던 엽서소개 시간을 다음과 같이 바꿔보면 어떨까. 즉 이런 엽서들, 예컨대 "저는 어제 저녁에 엄마가 끓여주신 맛있는 된장찌개를 먹었어요. 우리 엄마의 요리솜씨는 이 세상에서 최고예요", "은지야 어제 시험 볼 때 지우개가 없어서 당황했는데 네가 살짝 건네줘서 정말 고마웠어", "우리 이웃집 새댁은 반찬을 만들 때 꼭 넉넉하게 만들어 할머니 이것 좀 드셔보세요 하며 들고 온다오", "7살 난 제 딸이 어제는 아빠의 구두를 닦겠다며 흰 구두를 검게 만들어놓았지 뭐예요. 우리 딸 정말 못 말리는 귀염둥이죠" 등등 내 주변 사람들을 칭찬하는 내용을 함께 적어 보내라고 광고한 뒤에 약간의 시간을 할애하여 소개하는 것이다.

이처럼 사소한 일들이라서 말하지 않고 또 쑥스러워서 그냥 지나가기 쉬운, 하지만 상대방에게 얘기함으로써 서로 기분 좋아지는 말들을 방송에서 끌어내준다면 이것 역시 의미 있는 일이 아닐까. 그리고 방송을 통해 듣는 나의 작은 행동에 대한 칭찬 ……. 그 기쁨 그 재미가 더 쏠쏠할 것 같다.

이런 작은 부분들까지도 다시 한번 생각해보고 추스르는 시간을 가질 수 있다면 <칭찬합시다>는 계속해서 우리 사회 속에서 빛이 나는 프로그램으로 거듭날 수 있을 것이다.

<순풍산부인과>에 대한 고찰

정미정(대학생)

현실 속에서는 영화나 TV에서처럼 사람들이 원하는 대로 삶이 진행되지 않는다. 선한 인물은 아무리 어려운 시련을 겪더라도 성공을 하고 악한 인물은 실패를 하는 식의 권선징악적 스토리는 현실에서는 거의 불가능하다. 사람들은 모두 자신의 삶 속에서 주인공이지만 그렇다고 해서 TV 속에서처럼 모두 성공할 수는 없다. 자신이 원하는 대로 모두 이룰 수 없기 때문에 사람들은 원하는 대로 이루어지는 TV를 보며 대리만족을 하고 그러한 이유로 TV는 인기가 있는 매체가 될 수 있었다.

사람들은 즐거움을 얻기 위해서 코미디 프로그램을 시청하지만 그렇다고 해서 황당한 상황 속에서의 억지스런 웃음은 원하지 않는다. 사람들을 웃기기 위해서 강제적으로 만든 유치한 대사와 행동은 사람들에게 호감을 얻기는커녕 오히려 반감을 일으킨다. 같은 코미디 프로그램이라 하더라도 그 속에 현실성, 사실성이 겸비되어 있을 때 사람들은 더욱 재미를 느끼게 된다.

현실성을 기반으로 한 코미디, 이런 사람들의 요구에 맞게 생겨난 장르가 시추에이션 코미디, 즉 시트콤이다. 이전까지 상당히 많은 시트콤이 있었으나 시청률 저조 또는 스토리 부재로 인해 인기를 많이 끌고 장수했던 시트콤은 몇 안되었다. 그런 면에서 본다면 <순풍산부인과>(이하 <순풍>)의 높은 시청률은 시트콤에서 매우 고무적인 일이다. 그래서 <순풍>의 높은 시청률의 이유와 그밖에 우려되는 점에 대해 써보고자 한다.

<순풍산부인과>의 시청률이 높은 이유

시작 시기

<순풍>은 1998년 3월 2일에 처음으로 시작되었다. 그때는 IMF 구제금융을 받기 시작했던 시기이고 가족간의 유대감이 가장의 실직, 사업체의 부도 등 경제적 위기로 인해 깨지기 시작할 무렵이다. 이 시트콤에서 영규란 인물은 사업에 부도를 낸 후 눈치보이는 처가살이를 한다. 매우 불쌍하면서 약간은 비굴한 인물로 설정되어 있는데 이것은 이 시대의 어려움을 반영한 것이다(만약 그렇지 않았다면 영규란 인물은 병원 의사라든지, 병원 원장 아들로 아니면 병원 원장 집의 잘 나가는 사위로 설정되었을지도 모른다). 이 영규란 캐릭터에서는 주어진 고통을 나름대로 희화화해서 받아들이는 특유의 한국적인 정서가 강하게 느껴진다. 이런 점들이 경제적으로 많은 어려움을 겪고 있는 중산층의 공감을 얻어 높은 시청률을 보유할 수 있게 만들었다. 경제적으로 어렵고 그로 인해서 사회의 전반적인 분위기가 침체되었던 시기였기에 사람들에게는 삶의 활력소가 필요했고 <순풍>은 그 점을 잘 공략해서 성공할 수 있었던 것이다.

<표 1> 1999년 10월 현재 방영중인 시트콤 비교

프로그램	방영시간	방송사	주시청 대상	주된 내용
점프	평일 오후 7:05~7:30	MBC	청소년·대학생	연극영화과 대학생들의 생활
행진	평일 오후 6:50~7:20	SBS	청소년·대학생	대학 내의 응원단원들의 생활
순풍산부인과	평일 오후 9:25~9:55	SBS	모든 연령층	산부인과를 중심으로 한 사람들의 생활
여자 대 여자	목요일 오후 7:30~8:25	MBC	모든 연령층	결혼을 한 여자들의 갈등과 가족간의 생활
LA 아리랑	일요일 오전 10:00~11:00	SBS	모든 연령층	LA에서의 한인가족들의 생활

<순풍산부인과>와 기존의 시트콤의 차이

<순풍>은 기존의 시트콤에 비해 몇 가지 차이점이 있다. 가장 큰 차이로 하나의 프로그램에서 여러 개의 주제를 다루는 것을 들 수 있다. 기존의 시트콤은 하나의 주제를 가지고 모든 등장인물들이 그 주제에 얽히고설켜서, 아옹다옹하는 식의 내용이 태반이었다면, <순풍>에서는 두 개 이상의 주제를 다루어 각 주인공이 서로 각자의 주제에 따라 이야기를 이끌어나간다. 같은 시간에 여러 개의 주제를 다룬다는 것은 어느 한 사람이 주인공이고 나머지는 주인공을 뒷받침해주는 조연인 기존의 시트콤에서의 설정이 아니라 우리가 모두 각자의 삶에서 주인공이듯이 이 시트콤에서도 모두가 주연이라는 것을 표현한다고 볼 수 있다.

모든 사람이 하나의 주제에 얽힌다는 설정은 지나치게 현실성을 떨어뜨린다 볼 수 있고 따라서 사람들의 공감을 얻기 힘들어진다. <순풍>에서는 여러 가지의 주제를 같은 시간에 각각의 주인공이 경험하는 식으로 구성함으로써 코미디 프로그램이 지닐 수 있는 인위적인 조작의 냄새를 줄이고 우리 주변의 이야기라는 생각을 하게 만든다.

그리고 그 주제도 기존의 시트콤과 같이 특정한 이벤트가 매일 반복되는 것이 아니라 그야말로 사소한 체험을 소재로 한다. 때문에 시청자는 이벤트가 가져오는 하루 일과의 부담감을 말끔히 씻어내는 듯한 소박하고 가벼운 느낌과 "아차! 나도 저런 일이 있었는데"라는 동감을 유발한다. 이벤트는 보는 이에 따라서 상큼한 충격일 수도 있고 스트레스일 수도 있다. 만약 그것이 매일 반복된다면 언제까지나 상큼하게 다가올 수만은 없을 것이다. 하지만 매일 반복되는 소박한 삶의 해학적인 조명은 언제 봐도 부담스럽지 않다.

두번째 차이점으로는 대상 시청자가 모든 연령에 이른다는 점을 들 수 있다. 물론 기존에도 모든 연령층을 대상으로 하는 시트콤(예를 들면 <오박사네 사람들>이나 <오경장>)이 있었다. 그리고 우리나라 최초의 시트콤은 가족 대상 프로그램인 <오박사네 사람들>이었다. 그러나 개인주의가 급속히 확산된 90년대 후반에 이르러서는 이런 흐름을 반영이라도 하듯 가족 중심적 소재의 시트콤이 거의 없었고 온 가족이 볼 만한 오락 프로그램도 없었다. <순풍>은 이런 개인주의적 풍토 속에서 드물게 나타난 가족 대상 오락 프로그램이다.

기존의 시트콤에서 주인공들은 거의 청소년이나 대학생이고 이들은 자취나 하숙의 형태로 가족과 독립적인 생활을 하는 것으로 그려졌다 (MBC <남자셋 여자셋> <점프>, SBS <나 어때> <행진> 등). 이러한 시트콤에서 다루는 주제는 가족에 관한 내용보다는 친구나 연인에 관한 내용이 월등히 많았다. 게다가 그런 시트콤에서 가족관계는 웃음을 주기 위한 하나의 소도구에 불과한 것이 사실이었다. 웃음을 주는 방식 역시 젊은이들에게 유행하는 말장난이나 행동으로 웃음을 유발해서 중장년층의 동감을 이끌어내기엔 무리가 있었다. 그렇기 때문에 젊은 층과의 괴리감을 유발한다는 평을 듣기도 했다. 그러나 <순풍>은 청소년층만을 위한 오락 프로그램이 아닌 문화생활 속에서 소외되어왔던 중장년층에게까지 즐거움을 주기 위한 프로그램으로 만들어졌다. 모든 가족이 중심이 되고 개인의 이야기라기보다는 온 가족이 공감할 수 있는 주제를 다루고 젊은 층만이 주인공이 아니라 모든 계

층이 다 주인공이 되어서 젊은 층과 중장년층의 괴리감을 줄였다는 점
에서 좋은 평가를 받고 있다.

방영시간

<순풍>은 평일 저녁 9시 30분에 방영한다. 평일 9시 30분이라는
시간대는 드라마의 프라임타임대인 10시 시청률에까지 영향을 미치기
때문에 매우 중요한 시간이지만 좀처럼 높은 시청률을 얻기 힘들다.
우리나라 국민 대부분이 평일 9시에 뉴스를 시청하기 때문이다.

그러나 역설적으로 이 시간대는 뉴스가 방영되는 시간이기 때문에
더욱 높은 시청률을 보일 수도 있다. 국민의 대다수가 9시 뉴스를 보지
만 그밖의 뉴스를 보지 않는 사람들, 볼 만한 프로그램이 없기 때문에
뉴스를 시청하는 사람들을 대상으로 공략할 수 있기 때문이다. 물론
이런 사람들은 극히 소수이기 때문에 이런 사람들을 공략해서 오락 프
로그램을 9시에 방영한다는 것은 매우 위험한 발상이다.

보통 9시 뉴스에서 초기는 중요 뉴스가 나오고 점차적으로 관심도
가 떨어지는 소식이나 스포츠에 관련된 내용이 방영되기 때문에 대다
수의 사람들이 9시 정각에는 뉴스를 보지만 시간이 갈수록 다른 프로
그램으로 채널을 돌리게 마련이다. <순풍>은 주요 뉴스가 방영되는
시간인 9시를 피하고 또 중요도가 떨어지는 뉴스가 방영되는 시간인 9
시 30분에 방영됨으로써 높은 시청률을 얻을 수 있었다. 여기서 SBS의
주된 뉴스 프로그램이 8시에 방영된다는 점도 <순풍>의 방영시간을
정하는 데 영향을 끼쳤다고 볼 수 있다. SBS는 타방송국과는 다르게
주된 뉴스 프로그램을 8시에 방영한다. 그렇기 때문에 <순풍>이 9시
30분에 방영된다는 것은 시청자들이 9시 30분에 뉴스가 아닌 오락 프
로그램을 보게 함으로써 8시 뉴스의 경쟁력을 확보하기 위한 전략이라
고 생각할 수 있다.

<표 2> 평일 오후 7~9시 편성표

시간	KBS 1TV	KBS 2TV	MBC	SBS
7	00 뉴스네트워크 30 신고합니다/ 나의 사랑 나의 가족/ 대추나무 사랑걸렸네/ 이것이 인생이다/ 좋은 나라 운동본부	05 최고의 만남/ 뮤직뱅크/ 작전타임 스포츠쇼/ 퀴즈탐험 신비의 세계/ 도전 골든벨	00 점프 25 21세기 위원회/ 칭찬합시다/ 출발 코리아 새천년/여자 대 여자/ 육남매	15 코미디 살리기/ 줌인 내인생의 특종/ 머리가 좋아지는 TV/ 순간포착 세상에 이런 일이/ 이경실·이성미의 진실게임
8	30 일일연속극 　　사람의 집	00 뉴스투데이 40 체험 삶의 현장/ 광끼/ 가족오락관/ 연예가중계/ TV는 사랑을 싣고	20 일일연속극 　　날마다 행복해	00 SBS 8시 뉴스 40 머니센스 55 일일드라마 　　당신은 누구시길래
9	00 KBS 뉴스 45 스포츠 뉴스	50 미니시리즈 초대(월·화)/추적 사건과 사람들/ 추적 60분/ 코미디 세상만사	00 뉴스데스크 50 날씨와 생활 55 특별 기획드라마 국회(월·화)/ 안녕 내 사랑(수·목)/ 베스트극장	25 일일시트콤 　　순풍산부인과 55 맛을 보여드립니다(월·화)/ 크리스탈(수 ·목)/기분좋은 밤

반전의 미학과 여운 그리고 풍자

　시트콤이 재미있는 이유는 이야기의 반전이 있기 때문이다. 사람들은 누구나 TV를 보면서 결과를 예측하게 마련이고 이 예측이 맞아떨어질 때보다 예상과 전혀 상관없는 결론이 나왔을 때 더욱 재미를 느낀다. <순풍>은 기존의 어떤 시트콤보다 큰 반전의 묘미가 있다. <순풍>은 설정부터 기존 상식을 뒤엎는다. 남자 같은 여자와 여자 같은 남자, 40대 여성과 20대 남성 간의 결혼, 존경받는 직업 중 하나인 교사의 존경받지 못할 만한 행동, 여자 의사와 남자 간호사 등이 그것이다. 이런 예사롭지 않은 설정과 극중 전혀 예측불가능한 반전은 우리에게 더욱 많은 재미를 준다.

　대표적인 예로 1999년 10월 14일에 방영되었던 399회의 내용을 살펴보자. 내용 초반에 남자들(창훈, 오중, 인봉)은 인봉의 결혼을 앞두고 여자들(정희, 태란, 영란) 몰래 다른 여자들을 만나기 위해 나이트클럽에 간다. 사실을 안 여자들은 같이 술을 마시다가 분위기가 좋아져서 2차로 나이트클럽에 가려 한다. 이 상황에서 대부분의 사람들은 남자들과 여자들이 서로 만나서 다투는 상황을 예측하게 되고 이 과정에서 웃음을 유발하는 상황이 전개될 것으로 생각한다. 그러나 극의 내용은 이런 예측을 벗어난다. 부킹에 실패한 남자들이 밖으로 나가고 그때 여자들이 나이트클럽에 들어와서 서로 길이 엇갈리고 남자들은 정희의 집에 가서 사진을 보며 여자들을 기다린다(극 초반에 여자들이 그랬던 것처럼). 대조적으로 여자들은 나이트클럽에서 부킹을 하고 즐겁게 노는 것으로 끝이 난다.

권선징악과 사필귀정이라는 틀에 박힌 스토리의 귀결은 기존 시트콤의 전형적 모습이었다. 상황이 흥미롭게 전개되더라도 전개 자체와 각 인물들의 약간은 과장된 듯한 연기에 의미를 둘 뿐 그 결과는 어차피 뻔한 것이었기 때문에 마지막에는 다소 진부하고 지루한 하품 섞인 웃음만 남게 되는 것이다. 습관적으로 일일 시트콤을 접하면서 생겨나게 되는 '하품 섞인 마지막 웃음'에 대한 회의를 지녀본 사람이라면 쉽게 지적할 수 있는 문제다. 하지만 <순풍>은 다르다. 권선징악이나 사필귀정 따위의 틀에 박힌 이상적 논리로 왜곡된 현실을 보여주지 않는다. 현실은 동화가 아니다. 애초에 권선징악 같은 단순한 논리로 설명할 수 없는 소재를 주로 채택할 뿐더러 고조된 갈등이 미처 해결되지도 않은 채 끝나버린다. 더러는 주인공으로 하여금 처절한 현실의 쓴맛을 보게 하는 비극적 결말로 마무리짓기도 한다. 이러한 스토리상의 형식탈피는 단순한 논리로 얼버무리는 어설픈 스토리에서 느낄 수 없는 현실감을 전달하며 자연스럽게 나의 현실을 자조하게 된다. 다소 허무하고 비극적이라고도 할 수 있는 여운을 남기는 결말은 항상 등장인물의 '상황'을 생각하게 하며 그에 대한 공감만이 기억되게 한다. 어설픈 결말과 귀에 들어오지 않는 진부한 교훈에 파묻혀 삶의 다채로운 방향성을 부각시키지 못하는 다른 시트콤에서는 느낄 수 없는 공감이다.

<순풍>의 매력은 반전뿐 아니라 풍자에도 있다. 어떤 이슈화된 사건이 있을 때 특히 그것이 비난받을 만한 소지가 큰 사건일 경우 사람들은 그것에 대해 비판·논의를 하고자 하고 또 비판하는 프로그램을 보고자 한다. 이러한 사람들의 심리를 <순풍>은 잘 공략했다.

그 시대의 이슈를 풍자한 코미디 프로그램은 여러 개가 있었으나 시트콤 중에서 본격적인 모습을 보인 것은 <순풍>이 처음이다. 6월 18일에 방영되었던 320회 내용은 산부인과 내의 분유업체 선발과정에서 김 간호사의 친구가 자신의 업체가 선정되기 위해서 김 간호사를 통해 원장 부인(선우용녀)에게 '옷로비'를 한다는 줄거리였는데 이 이야기는 그 당시에 한참 이슈가 되었던 '옷로비' 사건을 떠올리게 하고 또한 378회는 오중, 지명, 영규, 표 간호사가 술집에 갔을 때 '누가 여자를 불렀는가'를 풀어가는 과정에서 '옷로비 청문회'를 풍자해서 해학적으로 그리고 있다. 미달이의 일기를 온 가족이 검열하는 내용(340회)이나 신창원을 묘사하는 내용(368회) 등도 많은 정치·사회적 이슈를 재미있게 풍자한 내용인데 이것은 사람들에게 많은 재미와 즐거움을 준다.

색다른 직업관과 인물 캐스팅

<순풍>에서는 보통 여타의 프로그램과는 달리 직업에 대한 시각에서 부담이 없다. 물론 거의 모든 출연자의 직업 설정이 일명 '트렌디 드라마'라 불리는 프로그램과 같지만(거의 모든 직업이 다 전문직이다) 직업을 그려나가는 시각은 다르다. 소위 '잘 나가는' 직업을 가진 사람들이 보통 사람과 같이 느끼고 생각하게 묘사한 것이다. 게다가 기존의 의사와 간호사의 수직적 관계를 수평적으로 보여주면서도 가끔씩 코믹하게 다루는 갈등표현은 정말 매력이 있다.

그리고 극 속에서 시트콤의 독보적 존재인 오지명뿐 아니라 다른 배

우들이 주는 웃음도 매우 뛰어나다. 웃길 것 같지 않았던 배우들을 써 의외의 웃음을 준 것도 높은 시청률의 한 이유가 될 것이다. 한물간 멜로 배우란 혹평을 들었던 박영규는 이런 캐스팅이 만들어낸 큰 소득인 것이다.

<순풍산부인과>가 안고 있는 문제점

잘못된 언어사용

<순풍>은 재미있고 신선한 프로그램이지만 몇 가지 문제점을 지니고 있다. 첫번째로 잘못된 언어사용의 문제를 들 수 있다. <순풍>을 시청하다보면 종종 눈에 거슬리는 장면이 나온다. 장인(오지명 분)이 사위(박영규)를 '너'라고 호칭하는 부분이나 아이들이 부모님에게 반말을 하는 장면은 보기에 안 좋을 뿐 아니라 많은 아이들이 보고 있다는 점에서 교육상으로도 바람직하지 못하다. 그리고 1998년 12월 31일에 방영되었던 송년특집을 살펴보면 사우나에서 계란을 삶아 먹으며 고스톱을 치는 미선, 선우용녀 모녀는 그걸 보고 지적하는 과일가게 주인에게 "우리가 당신에게 피해준 것 있느냐"면서 "이 여편네가 ……" 하는 장면이 나온다. 그리고 가게 주인에게 폭행을 당하고 돌아온 미선을 보고 영규가 전화를 걸면서 "야! 이 미친 여편네야!"라고 소리를 친다. 또 약초를 함부로 먹고 탈이 난 오중에게 김 선생이 하는 말 역시 "그러길래 …… 처먹고 그러더라"라는 식으로 방송에 부적합한 언어를 사용하고 있다. 물론 사람들에게 재미를 주기 위해서라고 하지만 사회 전반적으로 큰 영향을 미치는 방송의 속성상 '어떤 방식을 사용하든 사람들에게 재미만을 주면 된다'는 이런 식의 사고는 비난받을 소지가 크다.

여성비하적 시각

언어의 잘못된 사용뿐 아니라 여성비하적 시각도 <순풍>의 문제점 중 하나이다. 다른 코미디 프로그램에 비해서 적은 편에 속하지만 <순풍>을 시청하다보면 전업주부(소위 말하는 '아줌마')는 무식하고 뻔뻔하다는 기존의 편견을 웃음의 전제로 두고 있다는 생각을 하게 된다. 극중 등장하는 선우용녀와 미선은 집안일만을 하는 아줌마이다. 이들은 종종 고스톱을 치면서 시간을 보내는 것으로 나오고 지명은 이런 용녀와 미선을 야단친다. 그러나 지명의 눈을 피해서 고스톱을 치기 위해 갖은 수단을 동원하고 고스톱을 치기 위해 남의 집(오중의 집)에 가기까지 한다(313회, 325회, 388회).

그리고 용녀가 TV를 지나치게 보자 이것에 대해서 지명이 야단을 친다든지(231회), 부부동반 모임에서 이상한 행동을 해서 망신을 당한다든지(274회), 지명과 함께 참가하는 모임에서 상식이 부족해서 망신을 당한 다음 좀더 상식을 얻기 위해 계모임에서 독서토론을 하자고 건의하는데 결국엔 서로 다투면서 모임이 깨지는 것으로 끝을 맺는 등의 내용들이 종종 등장한다. 이것은 지나친 여성비하라 할 수 있으며 기존의 편견(아줌마는 무식하다)을 없애는 데 노력해야 하는 방송에서 오히려 그 편견을 공고히 하는 데 일조하고 있는 것이라 볼 수 있다.

소재표절

시트콤에서 가장 중요한 부분은 소재선정 문제일 것이다. 색다르고 좋은 소재에서 좋은 내용이 나오기 때문의 시트콤 성공 여부는 소재에 있다고 하더라도 과언이 아니다. 그러나 사람의 머리에는 한계가 있게 마련이고 그렇기 때문에 소재는 무한할 수 없다. 흔히 시트콤이 재미없어지면 듣는 "소재가 떨어졌다"는 말은 더 이상 그 시트콤이 사람들에게 재미를 주지 못한다는 말과도 직결되므로 다양한 소재를 얻기 위해 많은 노력들을 한다. <순풍>이 그동안 재미있다고 여겨졌던 이유도 다른 시트콤에 비해서 다양한 소재를 지니고 있기 때문이다.

<순풍>에서 방영되었던 몇몇의 내용이 외국의 다른 시트콤을 표절했다는 의혹이 있다. 태란이 박력 있는 남자와 섬세한 남자 사이에서 갈등하는 내용(255회)이나, 오중이 종기가 나서 병원에 찾아갔더니 희한한 병이라고 많은 의사들이 모여서 상의를 하는 내용이나, 목소리 작은 여자에 대한 내용(286회)은 이미 외국의 시트콤에서 방영했었던 내용이었다. 극의 재미를 위해서라 하지만 다른 프로그램을 표절하는 행위는 도덕적으로 문제가 있을 뿐 아니라 시청자를 기만하는 태도이다.

자주 나오는 음주와 흡연 장면

<순풍>에서는 음주와 흡연 장면이 지나치게 많이 나온다. 물론 약간의 음주와 흡연으로 한 모임의 분위기가 좋아지고 친밀감이 높아지고 그로 인해 해프닝이 생겨 시트콤의 주제가 될 수 있다 해도 <순풍>의 주시청자들은 가족이다. 단란주점에서 여자를 부르는 내용이나 노래방에서 벌이는 뱀쇼 같은 장난들은 온 가족이 모여서 보는 프로그램의 소재로는 분명 좋지 않다. 이는 <순풍>의 제작진들이 생각해봐야 할 문제가 아닌가 싶다.

삶의 활력소가 된 <순풍산부인과>

<순풍>은 초기에는 그리 시청률이 높은 프로그램이 아니었으나 시간이 지날수록 PC 통신이나 인터넷에 동호회가 생길 정도로 인기가 높아진 프로그램이다. 이는 다른 프로그램처럼 화려한 광고나 화제가

될 만한 캐스팅은 없었으나 그 내용 자체만으로도 다른 프로그램과 경쟁이 가능하다는 것을 입증해준 것이라 볼 수 있다.

<순풍>을 성공하게 만든 가장 큰 요인은 '평범한 소재에서의 기발한 아이디어'이다. 진부한 소재에 웃겨야 한다는 강박관념은 오히려 극의 재미를 반감시키게 마련인데 <순풍>은 이러한 시각에서 벗어나서 주변에서 흔히 볼 수 있는 소재 속에서 자연스러운 웃음을 자아낼 수 있는 상황이 있기에 지금의 인기를 얻을 수 있었다.

사회적으로나 경제적으로 불안한 시기에 사람들의 삶의 활력소가 되고자 했던 <순풍>은 그 역할을 충분히 해왔다고 볼 수 있으며 앞으로도 계속해갈 것이다.

<그것이 알고 싶다>로 본 시사고발 프로그램

정연주(대학생)

요즘 TV를 보고 있으면 짜증이 난다. TV는 모든 시청자를 마치 10대로 간주하는 듯하다. 시청률지상주의에 치중하여 획일화된 드라마와 10대 위주의 쇼, 오락 프로그램들이 난무하며, TV에는 스타들만이 존재한다. 그 어떤 종류의 프로그램이든 시청자들이 지루하지 않게끔 무언가를 보여주기 위해, TV의 정체성—특히 공익성—을 잊어버린 채 수단과 방법을 가리지 않고 프로그램을 포장하는 경우가 많다.

오늘날 텔레비전은 대중매체 중에서도 가장 매력적이고 친근하고 영향력이 큰 영상매체이다. 불특정 다수와 지역에 대중적인 즐거움을 유포하는 사회제도로서 그 영향력을 행사하고 있으며, 수용자 개개인뿐만 아니라 사회에도 커다란 파장을 던져준다. 특히 현대 정보사회에서 TV가 수행하고 있는 역할은 지대하다. 이처럼 막강한 영향력을 가지고 있는 텔레비전은 현대인의 일상성을 지배한다. 인간의 발명품이지만 이미 인간의 통제를 벗어나 심대한 영향을 미치고 있다.

텔레비전은 이러한 영향력과 영상 이미지의 흡인력으로 무방비 상태를 취하고 있는 시청자들의 의식은 물론, 잠재의식을 파고들어 그 영향력을 지속적으로 확대하고 있다. 이런 면에서 자극적이고 홍미로운 10대 위주의 TV 프로그램은 현대 인간들에게 필요 이상의 과다한 오락적 가치를 주입하여 우리 시대의 사회적 가치를 오락적인 가치에 종속시키면서 우리의 삶에 대한 진지하고 심각한 성찰을 방해하고 있다.

TV는 매스컴의 속성인 사회에 대한 건전한 비판을 수행함은 물론 나아가 시청자들의 비판의식을 향상시켜, 우리 사회가 더욱 건강하게 성장할 수 있도록 그 역할을 다해야 하는 것은 불문가지의 사실일 것이다. 그러나 요즘의 TV는 무비판적인 사회의식을 바로잡는 대신 오히려 한 사회의 비판의식을 마비시키고 집단적 저질화를 유도하고 있다는 느낌이 든다. 자극적이고 홍미 위주의 프로그램이나 감시·통제를 즐기는 엿보기 문화를 만들고 있는 TV는 시청자가 TV란 매체의 덫에서 허우적거리고 있는 것은 아닌가 하는 우려를 낳는다.

이러한 TV 환경 속에서 텔레비전을 사회적 논의의 주제로 활성화하고, 사회문제에 대한 진지한 시각으로 다가가는 시사고발 프로그램은 신선하지 않을 수 없다. 또한 사회환경의 감시와 고발, 그것을 넘어 새로운 사회 시스템을 구축하기 위한 명제와 구체적 방법론을 제시하여 건강한 사회 형성에 도움이 된다는 데 시사고발 프로그램의 의의가 있을 것이다.

현재 세 방송사에서 방영하고 있는 대표적인 시사 프로그램은 SBS의 <그것이 알고 싶다>, MBC의 <PD 수첩> <시사매거진 2580>, KBS의 <추적 60분> 등이 있다. 그러나 이와 같이 적지 않은 시사고발 프로그램이 제 역할을 제대로 해내고 있는 것은 결코 아니다.

시사고발 프로그램은 사회의 비정상적이고 응달진 부분에 대한 고찰과 함께 문제점을 분석하여 대안을 모색한다는 점에서, 더 나아가 같은 피해를 입을 수 있는 국민들의 소리를 대표하고 피해를 예방할 수 있다는 점에서 큰 의의가 있다. 방송의 목적으로 삼아야 할 공익성을 수행하고 있다고 볼 수 있으며, 사회에서 가려져 있는 문제들을 밝혀서 사회의 중심에 올려놓기도 하며 왜곡된 진실을 밝혀내는 것이 올바른 시사고발 프로그램의 모습이다.

그러나 우리나라 시사고발 프로그램은 문제점이 많다. 시청률에 치중한 나머지 선정적이고 폭력적인 소재의 선택과 그 주제선정에서의 한계점, 폭로성에 대한 집착에서 나온 인위적 연출, 왜곡된 표현과 인권유린, 흥미 위주의 구성으로 초래되는 윤리적·법적 문제 등 그 역기능이 많다.

이에 반하여 <SBS 문성근의 다큐세상, 그것이 알고 싶다>에서 1999년 8월 21일 방영된 '빗나간 믿음: 자식의 치료를 거부한 부모', 8월 28일 방영된 '외면당한 생존권: 미군기지 마을의 분노', 10월 2일 방영된 '북조선 꽃제비: 그 300일간의 기록', 10월 9일 방영된 '보육전쟁: 내 아이를 맡길 곳은 어디인가' 편은 조금이나마 올바른 시사고발 프로그램의 단면을 보여주었다고 평가한다.

이 네 편에 대한 분석으로 프로그램의 장점과 그에 따른 문제점, 진정한 시사 프로그램이 나아가야 할 방향을 생각해보기로 한다.

프로그램의 분석과 장점 또는 문제점

시사고발 프로그램은 특정 사건 또는 문제에 관해서 그 배경, 경위와 분위기까지 포함해서 모든 국면을 알게 함으로써, 그 사건의 의미와 중요성을 인식하게 하며 사회정의를 위한 여론을 환기하여 국민의 공감대가 형성되게 하는 것을 의미한다. 사회의 부조리를 심층취재하고 왜곡된 진실을 밝혀내며 기본적으로 우리 사회의 잘못된 부분을 지적하여 개선할 수 있도록 방향점을 제시하는 기능을 가지고 있다.

이러한 시사고발 프로그램 중 하나인, <SBS 문성근의 다큐세상, 그

것이 알고 싶다>(이하 <그것이 ……>)는 진실에 접근하는 본격 교양 프로그램이라는 타이틀을 내걸고 시작했다. 사실을 그대로 알리기만 하는 뉴스 가치 이상의 적극적인 개선 의욕을 진행자 멘트에 의해 밝히는 장점이 있으며, 현실적이고 시사적인 사건을 기초로 하여 영상과 내레이션을 통해 논픽션의 형식으로 다루는 프로그램이다.

'빗나간 믿음: 자식의 치료를 거부한 부모' 편

이 프로그램은 부모의 왜곡된 신앙으로 고통을 받고 있는 신애라는 9살짜리의 아이를 다루었다. 4년 전 생긴 완치율 90%의 윌름 종양, 그러나 잘못된 부모의 신앙으로 인하여 신애는 치료를 받지 못하고 방치되어 몸무게 20kg에 종양이 5kg이다. 신애의 팔과 다리는 뼈만 앙상하게 남아 있으며 장기를 누르고 있는 종양 때문에 고통을 호소하고 있다. 통통하게 살이 오른 몇 년 전 사진에 비해 기형적인 요즘 모습은 도저히 같은 사람으로 볼 수 없을 정도다.

<그것이 ……>에서는 이러한 신애를 통해서 한국의 아동복지법에 대한 문제제기와 아동의 치료나 생존권에서 무엇보다도 부모의 친권이 우선시되는 현실과 부모라는 이름으로 자식의 치료를 거부하는 것에 대한 비판의 계기를 마련했다는 데 올바른 문제의식을 보여주었다.

또한 이 프로그램은 자극적이고 충격적인 영상의 고발과 문제제기에만 머무른 것이 아닌 우리 사회의 아동학대에 대한 다른 단면을 보여주었고 이에 대한 비판과 한국의 아동복지법에 관한 문제에 대한 지적을 하였다.

실태면에서 신애뿐만이 아닌 또 다른 신앙과 사회로부터의 피해자의 실례를 보여줌으로써 사회문제에 대한 심층적인 취재를 했다고 본다. 이 프로그램이 나간 후 <특별생방송 신애를 살립시다>를 마련하는 등의 사회문제에 대한 토론이 이루어졌으며, 많은 시청자들의 서명

운동과 여론형성에 힘입어, 인천지방검찰청에서 신애 부모를 소환하여 수술과 관련된 동의서를 받는 등의 실제적인 해결이 뒤따랐고 방송으로서의 책임을 다하였다. 텔레비전을 통하여 하나의 프로그램을 사회적 논의의 주제로 활성화했다는 점에서, 텔레비전에 종속된 수동적인 시청자가 아닌 능동적인 시청자로서의 참여와 여론형성으로써 하나의 사회문제를 해결했다는 데 의미를 둘 수 있다.

이 프로그램의 가장 큰 순기능은 매체에서 파헤치지 않았다면 사회문제로 인식되지 않았을 것에 대해, 시청자의 여론을 형성하고 사회적 관심을 불러일으킴으로써 사회문제로의 화두와 비판적 토론, 사회문제에 대한 근본적인 변화를 이끌어낼 수 있었다는 것이다. 즉 이 문제를 여론과 함께 올바른 방향으로 풀어갔다는 점에서, 그리고 무엇보다 한 사람의 인권에 대한 심각한 고찰과 방송으로서의 책임이 뒤따랐다는 점에서 올바른 시사 프로그램이라 할 수 있다.

그러나 이날 방송에 대해서는 신애를 살리기 위하여 아동복지법에 관한 자문을 얻는 과정에서 특히 민법, 가족법 전문 변호사에게 자문을 구하지 않았다는 문제해결 과정의 미숙함에 대한 아쉬움과, 프로그램의 또 하나의 문제의식인 빗나간 신앙의 문제에 대해서는 접근하지 못했다는 비판이 제기될 수 있다. 또한 '몰래카메라' 취재와 감정이 다소 섞인 과장된 해설에 대한 아쉬움이 남았다.

'외면당한 생존권: 미군기지 마을의 분노' 편

미군 주둔지 주민들의 실태 편은 파주시 물난리를 계기로 고통받는 미군 주둔지의 주민들의 실태와 실례를 통해 그 주변에 살고 있는 주민들의 고통을 고발하고, 한미행정협정 개정의 필요성과 미군과 한국민 사이에 문제가 발생했을 때의 해법은 무엇인지에 대해 심층취재하였다.

이 사회고발 프로그램은 시청자들에게 우리가 제대로 알고 있지 않는 미군기지에 의한 문제가 얼마나 심각한지를 고발하고 미군부대로 신음하는 주민들에 대한 사회적 고찰과 불평등한 한미행정협정으로 인하여 고통을 받고 있는 사람들의 대변인으로서 사회에 진지한 문제를 제기했다.

경기도 화성군 매향리 주민들이 몇 년째 미군 전투기의 사격연습으로 극심한 고통을 받고 있는 실례와 미군 공여지로 인해 고향을 빼앗긴 사람들에 대한 실례, 미군의 헬기훈련으로 인한 가축의 유산과 재산피해와 정신적 피해를 담은 심층취재는 이 프로그램이 진지한 관점에서 사회문제를 다루었다는 점과 미군기지 마을의 주민들의 문제가 생존권 차원의 문제임을 확인시켰다. 또한 과거 군부정권하에서 보상은커녕 말도 한번 제대로 못한데다 그 피해로 지금도 계속되고 있는 고통에 맞서 싸우는 사람들을, 매체의 기능으로 대변해주었다.

이 프로그램의 강점은 미군기지와 인근 주민들의 불평등한 관계에 대한 심각한 고발과 문제제기에만 그친 것이 아니라 구체적인 해결방법을 제시했다는 점이다. 또한 한미행정협정에 대한 정보를 알고 그에 따른 비판의식을 갖게 하는 방송의 일방적인 전달이 아닌, 시청자와 TV 사이에 피드백이 존재할 수 있는 프로그램이다.

사회문제 고발에서 매체를 통하여 가려져 있던 사회문제를 끄집어내어 여론을 환기시켰다는 점, 기획의도에 맞춘 접근방식과 구체적 실례, 그리고 이 프로그램에서 의도한 한미행정협정상의 불평등문제의 충분한 근거의 제시, 법개정의 필요성을 강조한 점 등, 문제제기에만 그친 것이 아닌 시정하기 위한 대안모색까지 이루어졌다는 데 이 프로그램의 완성도를 볼 수 있다.

‘북조선 꽃제비: 그 300일간의 기록’ 편

이 프로그램은 텔레비전에서 많이 다루어왔던 식량난을 겪고 있는 북한의 모습과 우리 사회에서 일반인들에게 그다지 인식·고찰되어 있지 않은 북한 탈북자의 인권유린과 비참한 생활에 관한 영상물이다. 이 영상물을 통하여 북한 탈북자들이 '난민'으로 취급받아야 하는 이유를 구체적 자료로 제시하였다.

전체적으로 이 프로그램의 완성도는 그리 높지 않다. 취재과정상에서의 꽃제비들에 관한 인권침해와 구체적인 대안모색 없이 꽃제비들의 실상에만 치우쳤다는 점에서 완성도 높은 프로그램이라고는 할 수 없다. 꽃제비들을 잡은 영상물에서 성인 탈북민들의 얼굴 모자이크 처리는 확실한 반면, 꽃제비들의 얼굴은 조금만 주의를 기울이면 금방 알아볼 수 있을 만큼 처리가 불충분했다. 인권유린을 비판하는 프로그램에서 꽃제비들의 인권을 무시한 처사가 아닐 수 없다. 영상의 사실성을 높이기 위한 이기적인 매체의 횡포인 것이다.

또한 꽃제비들의 영상에 치우친 나머지 우리나라 정부의 입장을 제대로 밝히지 못했으며 그에 따른 비판이 미비했고, 화면상 이성적인 접근이 아닌 감정적인 접근을 하도록 만든 연출 의도가 보이는 문제점이 있었다.

그러나 북한 유민에 대한 우리 사회의 자각을 일깨운 점, 그리고 정부의 적극적인 대책이 필요하다는 주장을 제기한 점은 이 프로그램의 성과였다. 우리가 알지 못하는 북한의 실상과 그에 따른 북한 유민의 난민 인정과 현정부의 북한 유민에 대한 안일한 대응을 비판의식을 가지고 다루었으며, 영상매체로 시청자들에게 정보를 전달하고 북한에 관한 인권문제를 다시 한번 사회에 환기시켰다는 점에서 시사고발 프로그램의 소재와 내용으로 적절했다.

'보육전쟁: 내 아이를 맡길 곳은 어디인가' 편

아동의 놀이방 사망 사건에서부터 현실적이고 생생한 취재를 통해 국내 보육제도의 전반적인 문제점을 짚어보고 그 대안을 모색했다는 점이 돋보인다. 현대의 일상 속에서 일반인들과 밀접한 관계가 있는 맞벌이 부부들의 보육문제를 여러 가지 각도에서 취재하고 일본의 보육제도와의 비교분석 등을 통하여, 직장보육시설에 대한 대안을 모색하는 등 치밀한 구성이 보인다. 확실한 기획의도와 그에 따른 실례 등 탄탄한 구성력도 돋보인다.

사회제도에 대한 가치판단의 시금석

언론매체 중에서도 TV 방송은 그때 현장에서 일어나는 크고 작은 일들을 생생한 색감과 음성으로 시청자들에게 전하는 만큼 여론형성에 막대한 영향력을 갖게 마련이다. 이러한 영향력 뒤에는 정확하고 공정해야 되는 책임이 뒤따라야 한다. TV 방송 중의 하나인 시사고발 프로그램은 사회문제를 다루고 있다는 점에서 더욱더 정확하고 공정해야 하며 제작자의 윤리적인 양심을 필요로 한다.

그러나 우리의 시사고발 프로그램은 시청률에 연연한 나머지 선정성과 폭력성이 강한 소재를 선택하고, 진지한 사회고찰적인 프로그램이 아닌, 자극적이고 시청자의 흥미를 유발하는 영상과 내용에 치중한다는 비판을 받고 있다. 시사고발의 가장 큰 문제점은 인격권과의 충돌, 즉 프라이버시, 초상권 침해 등의 법적인 문제와 윤리적인 정당성의 문제이다. 시사고발 프로그램은 문제접근 방식에서 폭로와 고발을 주된 목적으로 하기 때문에 몰래카메라식의 은폐적 취재방법을 사용해야 한다. 이러한 취재방법에서 사생활을 부당하게 공개하는 등의 프라이버시를 침해할 가능성과 개인의 초상권을 침해하는 인권유린이 행해지는 문제점이 나타나는 것이다.

<그것이 ……> 또한 그동안 다루어왔던 주제에서 보듯이 '이것이 성희롱이다', '또 다른 영혼, 귀신들림은 있는가', '아직도 사람이 팔려

가고 있다' 등 선정적이고 자극적인 소재에 치중한 점을 볼 수 있다. 또 '소변으로 암을 찾는다' 편은 실체규명은 하지 못한 채 시청자들의 논란만 더욱 증폭시켜 시청자의 호기심을 자극한 단점이 나타났다.

시청률에 편승하여 기획의도를 저버리는 프로그램은 TV상에서 많이 볼 수 있다. 시사고발 프로그램이 시청률을 의식하는 순간, 시사고발의 기능을 상실하는 것이다. 그런 점에서 앞의 프로그램들은 기획의도에 부합하는 아이템으로 이루어졌다고 본다. 적절한 사회적 논의가 될 만한 소재를 선택하고, 시청률만을 의식하지 않고 사회병리를 고발하고, 이를 시정하기 위한 바른 방향의 원인을 규명하며, 대안을 모색하는 등 완성도 높은 프로그램으로서의 전형을 보여주었다고 평가할 수 있다.

앞의 네 개의 프로그램은 사회부조리를 밝혔고 인권문제를 다루었으며 소재의 폭을 넓히고 심층주제로 문제제기를 하고 이에 따른 구체적 대안을 찾으려는 노력에서 의미가 있다. 또한 시청자인 수용자의 입장에서 스스로의 내면적 의식을 성찰하고 비판적 의식을 기를 수 있었다. 사회제도에 대한 가치판단의 시금석으로 공공 이슈를 활성화하는 데 기여했다고 본다. 다만 인권을 침해하는 일부 빗나간 취재방식과 출연자의 인권보호 소홀 등의 문제점과 인위적 연출은 시정되어야 할 것이다.

마무리: 시사고발 프로그램의 방향

언론매체 중에서도 TV 방송은 영상을 시청자들에게 전달한다는 면에서 라디오방송과 구별되며, 신속성이라는 면에서 신문과 구별된다. 따라서 TV의 영향력은 그 어떤 매체보다 강하다. 또한 TV 방송은 영상뿐만이 아닌 특수효과와 음향까지 사용하며 의미를 못박아버리는 자막까지 이용하기도 하니 TV의 전달효과는 막강하며, 이러한 막강한 영향력은 반드시 책임을 수반하여야 하고, 특히 공익성, 정확성, 공정성을 요구한다.

그러나 이런 책임을 수반해야 할 TV 방송은 유익하고 재미는 있지만 보고 나면 후회가 따른다. 시도 때도 없이 방송에 끌려가듯 도취되고 지배당하는 느낌 때문이다. 텔레비전은 대중의 것이지만 대중은 텔레비전을 경멸하면서 즐기는 것이지 텔레비전에 대한 경외감을 갖고 있지는 않다는 데 그 이유를 찾을 수 있을 것이다.

이러한 방송과 시청자의 관계에서 진지하고 심각한 관심의 대상이 될 수 있는 프로그램의 존재가 시급하다. 이 시점에서 시사고발 프로그램이 진지한 시각으로 연출되고 시청자를 위한 프로그램으로 그 역할을 확실히 하며, 제작자의 입장에서 보다 철저한 윤리의식 담보를 통해 진실과 조작 간의 분명한 경계선을 확보할 때, 이러한 역할을 맡을 수 있는 가능성의 한 부분을 보여줄 수 있지 않을까.

시사고발 프로그램이 우리의 사회에서 올바른 제 역할을 하기 위해서는, 우선 시청률을 올리기 위한 무리한 취재나 선정적인 아이템, 또 선의의 피해자가 생길지도 모르는 취재기자나 프로듀서의 독단 등을 경계해야 할 것이다. 제작진의 책임감, 윤리의식의 확립이 필요하며 그 구체적 방법으로 몰래카메라 사용에 대한 방송사 내의 심의기능과 옴부즈맨제도, 시청자 모니터 등을 통해 제작진 스스로가 몰래카메라 사용을 삼가는 등, 원리적인 문제점을 인식하고 고쳐가는 자율적인 규제 방안이 마련되어야 할 것이다. 지금까지의 시사고발 프로그램에서 주요하고 유용한 취재방법인 몰래카메라가 아닌, 새로운 취재기법과 새로운 접근방법을 개발해내야 한다.

또한 시청률지상주의에서 벗어나 올바른 제작자의 양식을 찾을 수 있는 방안 제시 및 다양한 소재 개발에 대한 제언이 필요하다. 오락적이고 말초적인 신경을 자극하는 프로그램보다는 수용자 스스로가 내면의식을 성찰할 수 있는 프로그램이 되어야 하며 텔레비전 자체를 사회적 논의의 주제로 활성화하는 작업이 선행되어야 한다.

시사고발 프로그램은 기본적으로 우리 사회의 잘못된 부분을 지적하여 개선할 수 있도록 방향을 제시하는 기능을 가지고 있다. 이러한 시사고발 프로그램은 시의성 있는 현안에 그때그때 대응하고 예측할 수 있어야 하며, 현장성을 제고하고, 의도를 갖고 계획하며, 대안과 해결방법까지 모색할 수 있어야 한다. 올바른 양식의 바탕에서 이루어진 제작과 문제점의 제시나 단순한 폭로를 지양하고 문제의 해결을 위한 다양한 방안 제시를 통하여, 시사고발 프로그램이 가지고 있는 환경감시기능의 극대화를 지향할 수 있어야 한다.

방송은 이 사회의 많은 가치를 자유롭게 논하고 평할 수 있는 공간이 되어야 한다. 다시 말해 사회제도에 대한 가치판단의 시금석으로 공공의 이익을 위한 이슈가 활성화되는 광장으로서의 역할에 충실해야 한다는 것이다. 시청자는 이러한 광장에서 진실을 규명해낼 힘을 갖고 있기 때문이다. 시사고발 프로그램은 방송의 이러한 면을 더욱 부각시키는 역할을 해야 할 것이다.

아기자기한 가족 이야기 속의 여자 이야기
MBC 주말드라마 <장미와 콩나물>

정혜진(대학생)

어느 가정에서나 주말 저녁에는 TV 앞에 둘러앉아서 각각의 채널을 맞추고 주말 드라마를 보는 재미가 쏠쏠할 것이다. 이 잔재미에 초점을 맞춘 각 방송사들은 앞다투어 아기자기한 주말 드라마를 만들기 위해 항상 신경전을 벌이고 있다. 또한 이 시간은 사람들이 TV 앞에 가장 많이 앉아 있는 때로서 시청률이 높은 시간대이기도 하다. 게다가 뒤에 뉴스의 패권을 누가 쥐느냐에도 크나큰 영향을 주기 때문에 항상 가장 치열한 경쟁시간대이다. 하지만 그 내용에는 별반 차이가 없는 게 지금 우리 주말 드라마의 현실이다.

주말 드라마의 거의 모든 작품에 많은 가족들이 등장한다. 이것은 보통의 주말 드라마가 미니시리즈와는 달리 긴 편성을 가지고 있기 때문이다. 다양한 이야기를 하기 위해서는 많은 가족의 등장이 유리하고, 주말이라는 요일적인 측면과 저녁이라는 시간적인 측면에서 온 가족이 함께 보기 때문에 많은 가족들을 등장시킴으로써 많은 세대에 어필할 수 있는 것이다. 게다가 주말 드라마의 소재는 파격적이어서는 안되며, 그저 삶의 아기자기한 이야기여야 한다는 점에서 점점 소재 선택의 폭은 좁아지게 되었던 것이다. 이제 안방극장을 차지하는 데서의 승리 전략은 더 이상 어떤 소재를 택하는가라기보다는 가족이라는 같은 소재를 가지고 어떤 가족 구성원을 짜서 어떻게 우리에게 잔재미를 주는가와 부수적으로 어떤 스타 시스템을 쓰는가가 관건이 되었다.

이 점에서 1999년 3월 13일부터 9월 5일까지 방영되었던 정성주 극본의 51회짜리 드라마 <장미와 콩나물>은 큰 성공을 거둔 평범한 가족드라마였다. 이 드라마도 여느 주말 드라마가 그렇듯 긴 편성을 가지고 있었고 그 긴 편성을 이끌어가는 데 평범한 소재인 가족을 가지고 그려야 했기 때문에 많은 장치들 없이는 성공하기 힘들었다. 따라서 그러한 장치들로 다른 드라마들이 그랬듯이, 먼저 대가족을 택했고, 두번째로 네 명의 아들들에게 각자 독특한 캐릭터를 부여했으며, 셋째로 거기에 따라 며느리들도 각각 다양하게 묘사되었다. 이런 전략이 전부였다면 여느 가족 드라마들처럼 진부하고 따분했을 것이다. 하지만 이 드라마에는 좀 다른 맛이 있었다. 그것은 스토리의 중심축을 여성으로 잡았다는 것이다. 또한 그 여자들은 구세대적인 면과 신세대적인 면을 너무도 잘 흡수하고 있는 다양한 여자들이었던 것이다. 게다가 고부간의 갈등도 타드라마와는 달랐다. 남성들의 이야기는 평범했지만 여성들의 이야기는 특별했다. 그러기에 이 드라마는 평범한 소재를 택했음에도 우리에게 색다른 느낌으로 다가왔던 것이다.

홈드라마의 전형적 인간유형과 여자들만의 잔재미

이 드라마에는 홈드라마의 전형적인 인간유형이 그대로 나타나 있다. 먼저 홈드라마의 인간유형은 크게 ① 시동자 ② 반대자 ③ 추종자 ④ 방관자 등 네 가지 유형으로 분류된다. 먼저 시동자는 행위를 개시하는 역할로 그 행위가 어떤 의미를 부여하든지 감정의 차원이든지 세력을 형성하든지를 막론하고 일정한 범위로의 접근 또는 목표달성의 성격을 띤다. 물론 이 드라마를 한번이라도 본 사람들은 알겠지만, 시동자의 역할은 당연 둘째며느리(최진실 분)에게 있다. 그녀는 거의 맏며느리와 같은 역할을 하면서 집안을 들었다 놓기가 일쑤였다. 그것은 어떤 사람도, 심지어 시아버지, 시어머니도 싫은 소리 한번 하기를 꺼렸던 첫째아들 부부에게 싫은 소리를 한마디씩 던지고 심지어 가게를 얻었다가 팔아 이익을 챙기기까지 하는 행동에서 나타난다.

　이러한 면은 극의 후반부에 오면서 더욱 강해졌는데 그것은 극 후반을 끌어가는 이야기의 중심축에 그녀가 서 있음으로 알 수 있다. 그녀는 바람 피우는 남편에게 본때를 보여주기 위해서 시어머니와 합심해서 이 집안의 너무나 확고한 가부장적인 요소를 엎어버리려 모의를 짜기도 했다. 여기에서 시어머니(김혜자 분)는 둘째며느리의 추종자로 존재한다. 이러한 추종자는 시동자의 전략을 북돋우면서 지배력을 발휘하기도 하는 기능을 가지고 있다. 이 드라마에서도 이러한 추종자적인 시어머니의 모습이 잘 나타나 있는데, 시어머니는 집안의 확고한 가부장적인 요소를 엎어버리자는 둘째며느리의 작전으로 합심하며 자신의 힘도 키워나간다. 여기에 반대자는 당연히 시아버지와 둘째아들일 것이다. 또한 방관자는 그밖에 첫째, 셋째, 막내 부부들일 것이다. 하지만 그 방관자들 안에서도 다시 시동자와 반대자, 추종자의 구조는 그물과 같은 형태로 존재한다.

　물론 이 드라마는 이러한 인간유형을 구도로 가족들의 아기자기한 점을 보여주면서 잔재미를 끌어내려고 하는 목적도 있긴 하지만, 시동자와 추종자의 캐릭터 자체의 모습을 통해서 더욱 우리 가슴 깊숙이 느껴지는 잔재미를 준다. 둘째며느리는 그 집안의 네 명의 며느리 중 가장 평범하다. 하지만 이 가정 안에서만은 정말 특별한 여자다. 그것은 시어머니도 마찬가지다. 비록 초등학교밖에 못 나온 짧은 학벌에도

<장미와 콩나물>

이 가정 안에서는 네 아들과 네 며느리를 거느린 자상한 어머니이자
까다로운 시어머니인 것이다. 바로 그런 점이, 지금 우리의 현실을 보
는 듯해서 우리의 가슴 한구석을 따스하게 하며 잔재미를 주었던 것이
다. 둘째며느리가 잘난 변호사 며느리였다든가 시어머니가 똑똑하게
박사학위까지 있는 여자였다면 글쎄, 이 이야기가 좀 틀려지지 않았을
까. 하지만 항상 그렇듯이 이런 설정은 여성인 나에게는 씁쓸함을 남
긴다.

스토리의 중심축과 스토리 안의 중심축

<장미와 콩나물>은 가부장적인 시골의 한 집안을 축으로 펼쳐지는
이야기로 이 드라마의 스토리 중심축은 여성이다. 물론 여성을 중심축

으로 잡은 것은 우리 드라마의 주시청자가 여성이기 때문일 것이다. 그러나 스토리의 중심축은 여성이지만 스토리 안의 중심축은 우리 사회가 그렇듯 남성 중심이다. 그것은 한가족이라지만 네 명의 아들들과 네 명의 며느리들이 있으므로 스토리 안의 중심에는 가부장적인 가족제도가 내포되어 있는 것이다. 아니 그렇게 설정할 수밖에 없었을 것이다. 이것은 현실적인 아기자기한 가족드라마이지 비현실 속의 파격적인 상상의 드라마가 아니기 때문이다(딸들과 그 사위들로 구성된 가족구성원은 거의 찾아보기 힘들다). 어쩌면 스토리 안의 중심축과 스토리의 중심축이 틀린 점에서 여성 중심의 이야기가 펼쳐지는 것에서의 한계가 이미 표출되었는지도 모르겠다. 스토리의 중심이 여성인 만큼 시어머니역과 둘째며느리(실질적인 맏며느리)역에 비중을 두어 신경을 썼다. 그 결과 시어머니역으로 능청스러운 김혜자, 그리고 둘째며느리역으로 똑소리 나는 최진실을 기용함으로써 스타 시스템을 절대 간과하지 않았다. 물론 이 둘은 이 역에 충실했고 이 드라마를 성공시키는 일등공신들이었다.

<장미와 콩나물>이라는 제목에서 장미는 결혼 전의 여성, 콩나물은 결혼 후의 여성을 뜻한다. 장미처럼 사랑스럽고 정열적이며 감미로운 아름다움이, 결혼 후에는 비록 아름다움은 거의 찾기 힘들지만, 어디서나 쑥쑥 잘 자라는 콩나물의 본질처럼 어느 환경에서나 잘 적응하는 또 다른 아름다움을 말하려 한 것이 이 드라마의 기획의도였으리라. 이러한 기획의도라면 글쎄, 성공적으로 그 의도에 잘 맞추어 전개되었다고 할 수 있겠다. 하지만 이러한 기획의도라고 해서 이 드라마에 나오는 며느리가 모두 완전한 콩나물인 건 아니었다. 둘째며느리를 제외하고 나머지 며느리들은 하나같이 다 철딱서니가 없는 여자들이다. 손에 물도 안 묻히고 시댁을 깔보는 첫째며느리, 변호사로 공부만 해서 집안일에 대해선 잘 모르는 셋째며느리, 항상 엉뚱한 말까지 다 하는 바보 같은 막내며느리. 이러한 설정은 어쩌면 당연한 것이었다고 할

수 있겠다. 둘째며느리가 멋있는 콩나물로서 한몫 하기 위해선 어설픈 콩나물인 다른 며느리들의 설정이 필요했을 테니까.

이렇듯 이 드라마의 스토리 중심은 앞에 언급했듯이 여성이다. 여자 이야기인 것이다. 하지만 이 이야기가 진정한 여자 이야기일까? 아니면 여자를 위한 이야기일까? 글쎄, 그 대목에서는 잠시 갈등을 느끼게 된다.

그러면 먼저 여자와 드라마에 대해 조금 살펴보도록 하자. 우리의 드라마들에서 여자는 도대체 어떻게 묘사되고 있는가. 보통 드라마에서 사회일을 하는 여자는 부정적으로 그려지며, 순종하지 않는 며느리는 악한 여자로서 시어머니와의 불화뿐만 아니라 남편과의 불화도 끊이지 않는다.

하지만 <장미와 콩나물>에서는 조금 다르다. 사회일을 하는 막내며느리는 건달기가 있는 막내아들에게 구원자였으며, 셋째며느리도 변호사로서 셋째아들보다 더욱 능력 있는 여자다. 또한 순종하지 않는 며느리 대목에서도 둘째며느리는 그리 순종적인 며느리는 아니다. 그녀는 시어머니와의 불화를 슬기롭게 풀면서도 자신이 누리는 권리는 권리대로 자신이 해야 할 의무는 의무대로 챙기는 여자이다. 물론 이러한 지혜는 남편과의 사이에서도 마찬가지로 발휘된다. 이처럼 이 드라마는 평범한 것 같으면서도 자세히 들여다보면 그 틀을 조금은 깬 구조를 가지고 있다. 이것을 보면서 여성 시청자들은 똑소리 나는 며느리들(둘째며느리의 지혜로움, 사법고시를 패스한 셋째며느리, 건달기 있는 자신의 남편을 올바른 길로 인도하는 막내며느리)을 보면서 가슴 뿌듯함을 느꼈을 것이다.

하지만 이 스토리의 한계는 앞에서 언급했듯이 중심축은 여성이지만, 스토리 안의 중심축은 남성이라는 점에서 이미 드러나고 말았다. 그렇기 때문에 이 드라마는 여자 이야기일 뿐 진정한 여자를 위한 이야기는 될 수 없었던 것이다. 겉에서 보면 여자를 위해서 모든 스토리가 돌아가고 있는 것처럼 보이지만, 그 안을 들여다보면 모든 사건은 남자들에 의해 시작되고 끝이 난다. 여자는 그저 거기다가 양념이나 소스를 뿌려서 재미를 준다고 해야 할까.

예를 들어 극을 살펴보면 둘째아들이 바람을 피게 되면서 둘째며느리와 시어머니의 작전은 시작되고, 첫째아들이 처가에서 자립해서 셋방으로 나오면서 첫째며느리의 행동에 변화가 오고, 셋째아들의 직업에 대한 투철한 사랑에 셋째며느리는 가출까지 하면서 끝내는 그 집에 시집오고, 막내아들의 철없음에 막내며느리는 유산을 하게 되고, 막내부부는 새로운 국면을 맞는다. 드라마의 어느 스토리를 보아도 시발점은 모두 남자들의 이야기에서 시작된다. 여자는 그저 거기에 장단을 맞춘다고 보면 지나친 비약일까.

이 드라마는 심각하지 않다. 시어머니와 둘째며느리의 캐릭터 자체도 우습다. 그녀들은 우리의 옆집 아주머니를 보는 것처럼 전혀 부담스럽지 않다. 그녀들은 자주 싸우지만 금세 화해해서는 둘째며느리의 친정어머니가 시샘을 할 정도로 친해진다. 고부간의 갈등, 부부간의 갈등, 동서지간의 갈등, 형제들간의 갈등, 친정과의 갈등 이 모든 요소들이 이 드라마에선 심각하지 않게 적절히 잘 조화되어 있다. 흔히 가족이라는 틀 안에서 일어나는 일들이기에, 우리는 이 모습들을 보며 환상을 느낀다기보다는 현실을 느낀다.

물론 여기엔 현실 안의 여성들의 위치도 녹아 있어야 한다. 하지만 우리에겐 카타르시스가 필요했고 여성들의 작은 반란은 가장 적절한 요소 중의 하나다. 이것이 드라마와 현실이 다른 중요한 이유라고 할 수 있을 것이다. 드라마는 비록 현실을 닮은 모습을 하고 있지만 허구적인 요소를 넣어야 하는 특성을 가지고 있는 것이다. 이 허구적인 요소에는 물론 재미있는 캐릭터, 직업적인 문제, 집안의 분위기와 같은 것들도 있겠지만, 여성들의 작은 반란은 항상 한몫을 하고 있다. 하지만 이 반란은 보는 여성들에게 항상 단기적인 카타르시스를 느끼게 한

다는 한계를 가지고 있다. 그것은 물론 앞에서 여러 번 언급했듯이 이
야기 안의 중심축이 남성일 수밖에 없는 현실의 한계가 있기 때문이다.

이 작품의 경우에도 이러한 카타르시스를 극의 중간중간에 배치해
서 여성 시청자들이 잊을 만하면 상기시킬 정도로만 첨가했다. 이러한
점들은 끝부분에 너무나도 보수적이고 가부장적이던 시아버지의 행동
변화를 묘사함으로써, 조금은 실생활에서 동떨어지는 느낌으로 코믹하
게 묘사되기에 이른다. 극에서 그 예를 살펴보면 시어머니가 자신의
생일임을 모르는 아들들을 닭장에 가두고 혼내는 시아버지를 보고, 자
신의 생일을 다른 사람을 통해 알고서는 아들들만 혼내는 것에 괘씸함
을 느껴 같이 닭장에 들어가라고 했을 때 자신도 군말 없이 들어간 것,
또한 시아버지가 둘째아들의 아이를 시어머니와 함께 손수 업어가면
서 돌본다는 것들로 나타난다.

하지만 이것은 앞에서 살펴봤듯이 단기적 카타르시스를 곳곳에 배
치한다는 점에서 그리 반갑지 않은 결말이라고 하겠다. 그런 것들은
그저 보면서 여성들이 입에 잠시 미소를 짓게 할 뿐이다. 여성에겐 단
순한 보상은 있으나 진정한 자아는 주지 않는 것이다. 그 화면을 보는
당시의 카타르시스와는 달리 그 드라마가 끝난 후에 느끼는 씁쓸한 뒷
맛은 이 사회가 완전히 바뀌지 않는 한은 허구의 이미지로 드라마 안
에서 한 요소로 계속 쓰일 것이다.

맺으며

<장미와 콩나물>은 우리의 생활을 너무나 아기자기하게 잘 그린
가족 이야기라며 많은 찬사를 받았다. 하지만 그런 실제적으로 표현된
이야기에서 여자 이야기는 그리 실제적이지 못했다. 여자들이 주인공
이지만 여자가 진정한 주인공이 되지 못하는 현실, 그리고 여자들의

반란이 장난 같은 카타르시스로 끝나버리는 현실.

우리의 드라마들을 살펴보면 여자 이야기는 있어도 진정한 여자를 위한 이야기는 없다. 모든 축을 남자가 쥐고 있는 한 그런 드라마는 어쩌면 현실에서 너무 동떨어진 이야기일 수도 있겠다. 그러기에 모든 드라마를 보고 나면 여성인 나는 항상 뒤끝이 씁쓸한지도 모르겠다. 대부분의 드라마 시청자가 여성인 이 시점에서 진정한 여자를 위한 이야기를 만들 수 없는 이 현실에서 말이다. 우리에겐 허수아비 여자 주인공이 있을 뿐이다. 이것을 보면서 우리 사회 여성들의 실제 모습을 보는 듯해서 더욱 가슴이 아프다.

사회는 변화하고 있다. 하지만 겉은 '여성 중심축이다'란 표어를 내걸고, 안으로는 '절대 남성 중심축을 흔들리게 할 수 없다'고 하고 있지는 않은가. 겉만 여성 중심으로 꾸민 포장으로 사회를 변화시키고 있을 뿐이다. 우리는 이 드라마 한 편으로 우리 여성의 진정한 자리매김에 대해 다시 한번 생각해보게 된다.

<하나뿐인 당신> 속의 가족

조명진(대학원생)

가부장제 흔적들

　1999년 10월 8일 대단원의 막을 내린 일일연속극 <하나뿐인 당신>은 가족간의 갈등과 사랑을 통해 이 시대에 '가족이란 무엇인가'에 대한 하나의 이상적인 상을 제시했다. 일반 서민들의 생활을 배경으로 아옹다옹하며 크고 작은 에피소드들을 엮어가는 이 드라마의 인물들은 그들의 삶에 외도나 불륜 같은 반사회적이고 일탈적인 요소들은 자리잡지 못하게 했다. <하나뿐인 당신>에는 쪼들리는 가계살림, 자녀들의 결혼문제 등 누구나 공감하는 고민거리들이 담겨 있었다. 그래서 시청자들은 자신들의 삶이 반추된 그 세상을 관조하거나 방관하지 않고 그 속에 참여하고 함께 호흡을 맞추면서 즐길 수가 있었다.

　그러나 그런 즐거움 속에서 한편으로 시청자들은 부조리와 불편함을 느끼기도 했다. 남성과 여성이 4대 6의 비율로 등장하는 이 드라마에서, 남성은 여전히 권위와 존경의 대상이며 여성은 순종과 비하의 대상으로 취급되었던 것이다. 다시 말해 남성의 지위에 여성은 맹목적으로 굴복하고 침묵을 강요당하는 모습으로 제시되었으며, 남녀의 갈

등은 오로지 가부장적 제도가 가치기준이 되어 해결되어야만 원만한
것으로 해석되었던 것이다.

우선 사회적인 이슈를 담겠다는 야심 찬 기획의도에 따라 드라마 초
반부에 다루어진 황혼기의 이혼부터 보자. 후처(윤미라 분)와 함께 사
는 남편(김인태 분)의 오랜 세월에 걸친 강압적 태도에 반발, 본처(정혜
선 분)가 마침내 이혼을 요구하지만 드라마 속에서 그 요구는 묵살된
채 몇 푼의 위자료로 끝이 나고 만다. 결국 본처는 법적으로 아내로서
의 지위는 유지하지만 실질적으로는 계속 별거를 하고, 후처는 동거 상
태이긴 하나 자식에게 재산상속권을 주장할 수 없는 불안정한 상태에
처해 있게 된다. 궁극적으로 두 여성 모두가 부당한 위치에서 불행한
삶을 살아야만 하는 것이다. 그런데도 이 드라마에서는 그에 대한 해결
책을 마련하지 않고 한 여성은 돈을 챙기니 좋고, 또 다른 한 여성은
남편과 함께 사니 좋은 거 아니냐는 식으로 이혼문제를 흐지부지 마무
리짓고 말았다. 결국 경제력을 가지고 젊은 여자와 남은 생을 즐기면서
도 본처의 자식들로부터 아버지 대접을 받고자 하는 남편의 욕심만 챙
겨주는 꼴인데, 이에 대해 아무런 문제도 제기하지 않았다는 것은 <하
나뿐인 당신>의 남성우월적 속성을 단적으로 보여주는 것이다.

또 <하나뿐인 당신>은 남성이 부재하면 문제가 있는 결손가정으로
치부해 그 가정을 부정적으로 묘사하고 심각하게 다루지 않기도 했다.
우선 드라마 초반부에서 고부갈등을 내세우기 위해 서영(김희애 분)의
시어머니가 자주 등장했다. 남편(박찬환 분)의 사업이 실패해 서영이네
가 친정으로 들어가게 되자 매일 출연했던 시어머니의 모습은 온데간
데없이 사라지고 말았다. 만약 시아버지가 존재했다면 서영이 친정을
떠나 새 집으로 이사하고 손자가 태어나는 드라마 종반에 이르기까지
한번도 모습을 내비치지 않았을까?

또 하나의 결손가정인 미연(송선미 분)이네를 보자. 홀어머니(김수미
분)가 혼자서 힘겹게 식당을 운영하여 제법 그럴싸한 건물을 사서 임

대업을 하며 악착같이 돈을 모으는 데 성공하지만, 결국 그 돈의 향방은 딸 미연의 시집식구들에게로 귀착되고 급기야 정당화되기에 이른다. 즉 딸의 인생을 좌지우지하는 결정권은 아들 가진 쪽에 있으니 딸의 행복을 위해서라면 정당히 그 대가를 치르라는 격이다. 물론 미연의 어머니가 사위 재민(변우민 분)의 누이인 서영의 빚을 갚아주는 대신 미연의 친정살이를 요구하면서 이같은 부당함에 반격을 가하지만, 드라마 <하나뿐인 당신>은 미연이 시집에 남아 시어머니(김윤경 분)를 기쁘게 하는 것으로 이 갈등을 풀어낸다. 그러나 화장실도 하나뿐인 좁은 집에 대가족이 모여 살면서 매일 불편함을 느끼면서도 시어른을 모시고 산다는 명목하에 썰렁하게 비어 있는 큰 집에서 장모가 혼자 외로이 늙어가든 말든 수수방관하는 것은, "사위도 자식"이라는 말이 이 경우에도 해당된다면 과연 자식 된 도리를 다하는 것이라 할 수 있겠는가? 서영의 경우에도 친정을 떠나는 것이 마치 축복할 만한 일인 양 묘사된다.

과학과 합리성을 따지는 현대인들에게 이같은 드라마의 해결방식은 낡고 고루하게 보인다. 그러나 일부 시청자들에게 드라마는 어떤 편견과 가치도 개입되지 않은 지극히 현실반영적 대상이 되기도 한다. 드라마에서는 뉴스의 앵커나 다큐멘터리의 해설자같이 어떤 사건에 직접적으로 개입하는 일 없이 다만 관조하고 조정하는 제3자적 관점이 존재하지 않고, 인간들이 자체적으로 자신들의 이야기를 있는 그대로 보여주는 것처럼 여겨지기 때문이다. 그래서 드라마 속의 세상이 현실의 세상을 비추는 거울처럼 여겨지고, 그곳에서 일어나는 온갖 사건과 현상을 당연하고 자연스러운 것으로 간주하게 된다. 이처럼 무비판적인 시청자들을 위해 드라마를 비롯한 방송 프로그램은 그들에게 미칠 영향력까지 고려해야 한다. 거대한 사회적 효과를 발휘하는 방송이 불합리하고 불공평한 현상을 긍정적이고 호의적으로 그려내는 것은 참으로 무책임한 일이 아닐 수 없다. 우리 국민의 비판적 사고력과 비논리적 현상에 대한 저항력은 과학이 지배하는 21세기를 앞두고 미래를 지향하는 방송이 주도적으로 육성해야 할 항목이 아니겠는가.

현실을 무시한 무리한 설정

심각한 범죄나 복잡한 경제, 타락한 정치 등 스트레스를 유발하는 골치 아픈 문제들에 시달리는 현대인에게 <하나뿐인 당신>은 거기서 벗어나 평범한 일상을 체험하게 해주어 편안한 시청을 가능하게 했다. 그런데도 <하나뿐인 당신>에는 자연스러움을 위배하는 억지스러운 설정이 종종 발견되었다. 이를 테면 현실적이지 못하고 다분히 작위적인 내용들이 드라마 곳곳에 배치되어 있었던 것이다.

무엇보다 여성의 사회적 지위 향상이란 현실과 관련해 지적할 사항으로 드라마 속 여성들의 직업 현황이다. 그래픽 디자이너로 실력을 인정받던 서영은 어느 날 남편의 사업실패로 인한 빚쟁이들의 압력에 못 이겨 사직을 하게 되고 우연한 기회에 김밥전문점을 운영하게 된다. 드라마에서는 이같은 모습을 '생계 수단이라도 마련되었으니 그나마 다행 아니냐'는 식으로 묘사한다. 그러나 이것은 고급 전문인력의 사회적 낭비다. 만약 남편이 자신이 아니라 아내가 진 빚 때문에 실업상태가 되었다면, 그렇게 쉽사리 재능을 썩이도록 놔두지는 않았을 것이다.

뿐만 아니라 재민의 아내이자 맏며느리인 미연은 취업에는 전혀 관심이 없고 오로지 좋은 신랑감 차지에만 목표를 두고 있으며 차남 재훈(유오성 분)의 아내이자 둘째며느리인 은선(이민영 분)은 시누이의 가게에 가끔씩 주방 보조일을 맡아 하는 단순 노동직 종사자로 묘사됐다. 김밥전문점의 공동운영자인 고모(박주아 분)는 가게경영은 소홀히 한 채 유흥과 가무에만 열심이다. 뮤지컬 배우를 꿈꾸다 애완동물 전문가가 되겠다던 막내딸 서윤(김현수 분)은 결국 사법고시에 합격한 선재(김승수 분)를 좇아다니는 데 여념이 없다. 재민과 선으로 맺어졌다 헤어진 여성(장서희 분) 역시도 직업이 없다. 이처럼 <하나뿐인 당신>은 모든 젊은 여성에게 '무직'이라는 꼬리표를 달아주고 있다. 이는 배우자를 만나 시집 잘 가서 알뜰하게 살림하는 것이 여성에게 부여된 가장 적절한 역할이라는 전근대적 사고방식을 강요하는 것이며, 여성의 활발한 사회적 진출이라는 시대상과도 맞지 않은 구성이다.

또 비현실적일 뿐만 아니라 다분히 작위적이고 억지스러운 설정을 들자면 시어머니가 신혼부부인 재훈과 재민 내외의 방문을 노크도 없이 벌컥 열어제쳐 낯 뜨거운 장면을 접하게 되는 것인데, 실제로 이런 무분별한 행동은 어른의 권위가 추상 같아 아랫사람 입장은 상관하지 않았던 과거에도 볼 수 없었던 일이다. 뿐만 아니라 갓 시집온 미연이 시누이인 서영의 방문을 아무 기척 없이 열다 서영 남편이 바지를 벗는 모습을 보게 되어 얼굴을 붉히기도 하는데, 비록 신세대에 속하는 미연에게 대담하고 당당한 이미지를 부여한 관계로 그같은 행동을 합리화하려 했다고는 하겠으나, 요즘 그처럼 비상식적인 젊은이들은 찾아보기 힘들 뿐만 아니라 방송에서 이같은 무례함을 단순한 우스개의 소재로 여러 차례 취급하는 것에는 문제가 있다. 또 미연의 친정어머니가 한마디 상의도 없이 파출부를 사돈네로 보내 딸을 대신해 일을 시키는데, 이는 경우 없는 행동이기도 하지만 현실적으로 아무도 하지 않는, 지극히 허구적이고 작위적인 설정이다. 한편으로는 친정보다 가정경제가 기울어 자격지심을 가지고 있는 시어머니의 기분을 상하게 하여 오히려 딸의 입장을 난처하게 하는 꼴이 되기도 한다.

끝으로 가족을 중심으로 엮어가는 드라마다보니 선택의 여지없이 설정된 무리한 가족상을 들 수 있겠다. 무엇보다 가족 드라마는 복잡한 가족관계와 대가족 형식의 많은 식구들을 기본 조건으로 갖추고 있다. <하나뿐인 당신>에도 가장 윗세대는 1부 2처 형식으로 맺어져 있으며 후처에게서 낳은 어린 자식은 자기 나이의 3배가 넘는 장성한

조카들을 거느리고 있다. 또한 2남 2녀를 둔 중년의 장필선 부부의 막내딸 서윤은 업둥이로서 또 한 번 어수선한 가족관계 수립에 한몫을 한다.

다음 조건인 많은 인원의 가족상은 모두가 한 집에 몰려와 북적대며 함께 생활하는 것으로 만족된다. 노모를 위시해 가족들의 중심이 되는 중년 부부, 그 아래 장남과 차남 내외, 그리고 출가외인이 된 큰딸 식구와 아직 미혼인 막내딸까지 총 11명이 한 집에 총총히 모여 사는 것이다. 극을 진행시키고 많은 갈등을 소재로 삼기 위해서는 이같은 조건들이 전제되어야 하지만, 현실감과 합리성이 떨어지는 이같은 구성으로 시청자들의 공감대를 얻기가 매우 힘들다. 시청자들을 이해시키고 설득력을 가지려면 드라마는 무엇보다 현실을 바탕으로 해야 한다. 궁극적으로 시청자들은 드라마를 통해서 지금 그들이 처한 현실에 대해 해석하고 일상으로부터 벗어나 기분을 전환하고자 한다. 만약 드라마가 다분히 환상적이고 허구에만 집착한다면 시청자들은 그 속에서 자신들의 모습을 발견하지 못해 흥미를 잃게 될 것이다. 시청자들의 웃음과 즐거움을 위해 고심하면서 의도적으로 선택한 설정들이 상식의 수준을 벗어나 도가 지나치면, 그것은 오히려 불쾌감을 자극하는 역효과로 작용한다는 점을 유의해야 한다.

일관성과 논리가 필요한 구성

<하나뿐인 당신>에서는 아무 근거 없이 몇몇 인물들이 사라져버렸다. 앞서 말한 서영의 시어머니와 시이모를 비롯해 은선에게 폭력을 일삼던 동거남과 서윤의 학교 남자친구들 등 여러 명이 고정적으로 출연하다가 어느 날부터 행방이 묘연해졌다. 서영의 경우 회사를 그만둔 관계로 직장동료들의 출연 목적이 더는 필요치 않았던 것은 그렇다

치더라도, 나머지 인물들의 자취를 거두절미하고 지워버린 것은 이 드라마의 일관성과 논리를 의심하게 하는 대목이다. 앞뒤가 맞지 않고 설명력이 결여된 각본은 재미도 없을 뿐더러 그것을 즐기는 독자나 시청자의 기대감을 저버리게 된다.

일관성과 논리는 드라마의 품격과 질을 높여주는 요소이자 지극히 현실 그 자체를 말해주는 것이다. 요컨대 세상 살아가는 이치가 바로 이 두 가지 요소로 설명될 수 있다는 것이다. 가령 매일 출근하던 직장인이 어느 날 아침, 사무실에 모습을 드러내지 않았다고 하자. 우리는 그의 무단결근에 궁금증을 가지게 되고 그의 집으로 평소에 하지 않던 전화를 하게 된다. 그 사람뿐만 아니라 주위 사람들의 일상성까지 무너진 것이다. 평상시처럼 9시 정각에 그가 출근하지 않았기 때문에 우리는 가외의 일을 해야 했고 의구심을 품게 된 것이다. 그러나 그가 독감 때문에 결근하겠다는 소식을 전화로 알려온다면 우리는 그의 무단결근에 대해 여러 가지 불필요한 생각들을 하지 않을 수 있게 된다. 독감과 결근이 원인과 결과라는 논리적 관계로 연결되어 의구심을 떨칠 수 있게 된 것이다. 이는 현실의 어떤 상황에라도 적용이 가능하다. 극도로 사악한 인물이 어느 날 갑자기 선행을 베풀기 시작했다면 그 행동의 배경에는 분명히 그를 변화시킨 충분한 근거가 있으며, 그것이 무엇인지 알게 되면 우리는 그의 변화에 수긍하고 납득할 수가 있는 것이다. 그런데 <하나뿐인 당신>은 아무런 근거도 제시하지 않고 현실의 일관성과 논리를 무시해버렸다. 이는 대충 눈감아주겠지 하는 제작진의 편의주의적 발상에서 비롯된 것일 수 있다. 그러나 그같은 근시안적 사고는 시청자의 외면이라는 불명예스런 결과로 이어지게 된다.

지금까지 지적한 사항 외에도 지나친 갈등 조장으로 세대간의 단절을 부추기는 내용을 비롯해 몇 가지 부정적이고 미흡한 부분이 남아 있지만, <하나뿐인 당신>은 제목이 상징하듯이 반사회적이고 비윤리적인 남녀관계를 다루지 않았다는 점에서 건전한 가족가치관을 전면에 내세운 기분 좋은 드라마였다. 또한 비정상적이고 극단적인 인물유형이나, 선망의 대상이긴 하나 친숙함이 떨어지는 스타급 연기자들이 없어 일반 시청자가 쉽게 다가서서 지켜볼 수 있었던, 편안한 저녁시간을 마련해준 일종의 휴식처 같은 드라마라 하겠다. 끈끈한 정으로 맺어진 가족의 힘겹지만 인간 냄새가 깊이 배어 있는 삶의 단면들을 엿보며, 시청자들은 아마도 가족들을 다시금 되돌아보며 깨달았을 것이다. 힘겨운 삶에 지쳐 있지만 가족이라는 맹목적인 지지자의 존재를, 그리고 자신의 존재이유가 그들에게 있다는 것을 …….

<하나뿐인 당신>에 나타난 전근대로의 회귀

최아현(주부)

들어가며

드라마, 특히 모든 가족 구성원이 저녁식사를 마치고 함께 시청하는 일일드라마의 경우 그 내용이 재미있어야 한다는 방송사와 시청자의 가시적 요구 이외에도 그 안에 보이지 않게 내포된 가치관에 대해서 한번쯤은 고려해볼 가치가 있다고 생각한다. 특히 현시대에 TV라는 매체의 파급성을 감안할 때 드라마라는 형식 안에 잠재된 가치관이 무의식중에 시청자에게 미치는 영향은 무시할 수 없는 것이라고 생각한다. 이런 가치관의 측면에서 최근 종영된 MBC의 일일드라마 <하나뿐인 당신>에는 많은 문제점이 있는데, 본론에서 대사와 줄거리를 통해 구체적으로 그 문제점을 짚어보고자 한다.

다시 말해서 21세기를 맞이하는 시점에서 우리 국민이 지향하고 있는 가치관 중에서 ① 부정부패가 없는 사회 ② 남녀가 평등한 사회 ③ 학벌보다 능력에 의해 대우받는 사회 ④ 직업에 귀천이 없는 사회 등에 대한 생각이 이 드라마에서 어떻게 표현되어 있는지 살펴보고자 한다.

<하나뿐인 당신> 안의 가치관

부정부패가 없는 사회

이 드라마의 구성은 한 대가족의 노년 부부와 중년인 아들 세대, 그리고 실질적인 주인공이라고 할 수 있는 젊은 자녀 네 명을 기본축으로 한다. 그 젊은 자녀들의 짝짓기와 할아버지의 작은 부인과 가족들이 빚는 갈등 등이 그 내용이 된다. 여기서 큰아들 재민의 사법고시에 합격하기 위한 수험생활과 합격, 그로 인한 가정의 변화 등이 핵심 내용 중 하나인데 이러한 일련의 과정들을 통해서 드러난 문제점을 살펴보고자 한다.

재민이 사법고시에 합격한 뒤 중매쟁이를 통해 소위 잘 나가는 집안과 혼사에 관한 이러저러한 말들이 오가고 이런 집안에서 내거는 조건들은 하나같이 돈, 즉 물질이다. 재민은 고시를 준비하던 가난한 집안의 맨주먹뿐인 장남에서 고시합격이라는 하나의 성취로 갑자기 모든 것을 누리는 상황으로 돌변하게 되는데 우리 사회에서 과연 사시합격이 이러한 모든 것을 보장할 수 있는지, 과연 그렇다면 어떤 과정을 통해 그러한 것들이 보장되는지 한번 고려해볼 필요가 있다.

드라마에서 재민의 어머니는 재민의 고시합격을 위해 모든 것을 희생하며 합격 후에는 좋은 집안과 혼사를 맺어 가난한 자신의 집안에도 볕들 날이 오기를 노골적으로 바란다. 그렇다면 잘 나가는 집안에서 많은 돈을 들이면서 사법고시에 합격한 사위를 얻으려는 이유는 무엇일까? 드라마에서 재민과 혼담이 성사될 뻔한 집안으로 설정된 영주의 집안에서는 외가 쪽에 검찰청에 계시는 분이 있어서 재민을 잘 이끌어줄 수도 있다는 말을 한다. 그렇다면 이 잘 나가는 집안에서 바라는 것은 재민이가 변호사가 되어 돈을 많이 벌기를 바라는 것은 아닐 것이다. 그렇다면 사시에 합격한 사위를 얻어 검찰청에 있는 외사촌의 도움으로 어떤 이익을 보겠다는 것인가? 이 드라마에서는 아무도 이런 점에 대해 문제를 제기하지 않는다. 재민의 가족들은 노골적으로 그 사실을 반기며 재민과 결혼하기를 원하는 다른 집안에서는 자기 집안에 이런 사람이 없다는 것을 아쉬워한다. 많은 돈을 들이며 다른 것을 양보하고 사시합격생을 사위로 맞은 집에서는 그 반대급부로 다른 것을 요구할 것이며 재민 또한 그 사실을 알면서도 그러한 점에 대해서는 전혀 회의하지 않으며 사시합격생이 그런 결혼을 하는 것은 당연하다고 본다.

이 드라마의 위험성은 이러한 사회의 부정적인 면을 당연한 것으로 묘사하고 더 나아가 부정적인 면을 포함한 현상이라 하더라도 이런 현상들에 잘 적응해가는 인간이 모든 것을 얻는다는 논리를 내포하고 있다는 점이다. 사실 자본주의 사회에서 돈을 원한다는 것 자체가 나쁜 것은 아니다. 그러나 돈을 원한다면 공인된 방법을 통해서 돈을 벌어야 한다. 사법고시에 합격해서 검사나 판사가 되는 것은 돈을 벌도록 공인된 방법이 아니다. 더구나 권력을 통해 자신이 가진 부를 더욱 공고히 하고자 하는 집단과 혼인으로 연결되어 그 일부가 되겠다는 생각을 가진 사람이, 그런 생각을 하는 가족들로 둘러싸인 상황에서 사법 정의를 실현할 수 있을 것이라는 생각은 들지 않는다.

남녀가 평등한 사회

이 드라마에서 심각하게 드러나는 문제점 중의 하나는 과거의 가부장제에 대한 은근한 항수와 남존여비사상에 대한 무비판적인 수용이라고 할 수 있다. 이런 점은 할아버지가 두 집 살림을 하는 것에서 비롯되는 갈등에 대한 가족 구성원들의 행동과 대화를 통해 여실히 드러난다. 즉 두 집 살림이라는 근본적인 이유를 제공한 사람은 할아버지임에도 불구하고 집안에 갈등이 생기는 경우, 원인 제공자인 할아버지를 포함한 가족들은 이 갈등의 원인이 할머니, 작은 할머니, 며느리인 어머니 간의 문제이며 여자들(드라마에서는 상황에 따라 누구누구로 지명)이 드세서, 혹은 서로간에 이해가 부족해서라고 여기며 이 세 여자들이 그러한 갈등 상황을 해결해야 한다고 생각한다.

재민이네 가족과 사돈이 되는 미연이네를 통해서 이러한 남존여비사상은 더욱 증폭된다. 미연이네는 홀어머니와 딸로 구성된 모녀가정이며 그 어머니의 억척스러움으로 빌딩을 살 정도의 부를 축적한다. 그러나 미연의 어머니는 하나뿐인 딸에 대해서는 성취의 기대를 하지 않으며 오로지 사법고시에 합격한 사위를 얻기 위해 고시촌에 식당을 차리는 열성을 보인다. 또한 드라마 전반에 걸쳐 주위의 모든 사람들에게 아들 없는 설움에 대해 성토하며 더 나아가 이 땅의 모든 시청자들에게 "아들이 없으면 서럽다", "행세를 못한다", "돈이 아무리 많아도 소용없다" 등의 가치관을 온몸으로 보여준다. 뿐만 아니라 드라마에 등장하는 다른 인물들의 반응 또한 "돈이 많으니 좋기는 하겠다", "그래도 아들이 없으니 안됐다" 등으로 한결같이 아들선호사상에 한 치의 회의도 품지 않는다.

이러한 남존여비사상은 드라마의 대단원에서 그 극치를 보여준다. 드라마의 마지막 장면은 시간이 한참 지난 어느 잔칫날, 온 식구가 모여서 같이 식사를 하는 장면인데 여기에 미연이와 미연이의 동서 은선이가 임신을 한 모습으로 등장한다. 아버지는 딸 서영이에게 "넌 어째 둘째도 딸이냐?"고 물은 뒤 미연이에게 "넌 꼭 아들 낳아야 한다"고 말한다. 이때 은선이가 "형님, 너무 부담 갖지 마세요. 제가 있잖아요"라고 대답한다. 이 대사를 '딸을 낳은 것은 엄청난 실패이고 잘못이지만 아직 집안의 동서가 아들 낳을 기회가 있으니 괜찮다'고 해석하는 것이 과연 필자만의 독단적 해석일까. 대사 하나를 가지고 과장되게 해석한다고 할지도 모르겠지만 집안의 화목한 분위기로 드라마의 끝을 맺는데 과연 이러한 대사를 사용해야 했는지 의문스럽다. 가족과 함께 이 드라마를 시청하고 있었던 수많은 딸들은 은연중에 상처를 입지 않았을까.

학벌보다 능력에 의해 대우받는 사회

이 드라마의 에피소드를 제공하는 또 하나의 기본 설정은 두 아들 중 큰아들인 재민이에 대한 어머니의 편애인데 이 편애의 주원인은 재민이가 장남이란 것 외에 공부를 잘한다는 점이다.

재민은 언제나 집안을 일으킬 공부 잘하는 아들이라는 점으로 모든 집안일에서 면제받고 집안의 모든 식구들 또한 재민을 특별하게 대우한다. 반면 둘째아들 재훈은 일찍부터 성실하게 아버지의 일을 도우며 집안을 위해 경제활동을 하며 자신을 희생하지만 식구들, 특히 어머니는 이러한 재훈의 희생을 당연하게 생각한다.

형의 대입과 고시공부를 위해 대학에 진학하지 못한 둘째아들 재훈이가 결혼하면서 좀더 능력 있는 가장이 되고자 인테리어 학원에 등록하겠다고 하자, 어머니는 형이 결혼하고 난 뒤에 하라고 한다. 이 말에 재훈이는 "어머닌 늘 형이 먼저냐"고 대꾸하고 어머니는 "너도 형처럼 공부만 잘했어봐라. 허리가 휘더라도 뒷바라지하지 왜 안했겠냐"고 대꾸한다. 이렇게 공부를 못했다는 한 가지 이유로 한 개인의 성실한 성품과 책임감, 남을 배려하는 마음 등의 장점을 아무렇지도 않게 무시할 수 있다는 것은 납득이 안된다.

더구나 이러한 설정이 클라이맥스를 위한 설정 내지 도구가 아니라 공부 잘하는 아들에게 투자했기 때문에 아들이 사시에 합격하고 더 나아가 돈 있는 집과 사돈을 맺고 이 사돈의 덕으로 누나가 가게를 얻고 집안의 모든 상황이 나아진다는 식의 해피 엔딩으로 결말이 나는 것에는 심각한 문제가 있다고 생각한다.

공부가 아니라 다른 면에 소질이 있는 사람들에게 어릴 때부터 "넌 공부를 못하니 아무것도 아니야"라는 식으로 교육시킨다면 과연 우리가 지금의 박찬호, 박세리, 신주영을 볼 수 있었을까. 국가 일각에서는 21세기 신지식인을 선정해 남과 다른 아이디어와 독창성을 강조하고 있는 데 반해 이 드라마의 내용은 재민이가 어떻게 사시에 합격하며 어떤 과정을 통해 돈 있는 집안과 사돈을 맺으며 그래서 집안에 얼마나 도움이 되는지를 묘사하는 데 많은 시간을 할애하고 있다.

우리나라가 21세기 선진국이 되고 우리 국민이 보다 행복해지는 길이, 많은 사람이 사시에 매달려서 기득권을 보장받기 위해 노력하는 데 있지는 않을 것이다. 오히려 다양한 분야에서 자신의 소질을 계발하고 세계를 경쟁상대로 했을 때도 모자람이 없도록 노력하는 것이야말로 국가와 국민 모두가 강해지는 길이라고 생각한다. 이 점에서 이 드라마의 사시제일주의는 시대착오적인 설정이라고 할 수 있다.

직업에 귀천이 없는 사회

이 드라마에서 재민이네와 함께 줄거리를 엮어가는 또 하나의 기둥은 미연이네다. 재민이가 고시공부를 할 때 미연이네 식당에서 밥을 먹으면서 인연이 시작되고 우여곡절을 겪어 재민과 미연이 부부가 되는 것이 이 드라마의 큰 줄거리다. 이런 과정에서 재민이 집안에서 미연이를 반대하는 가장 큰 이유는 미연이가 소위 밥집 딸이라는 것이며 드라마 전반에 걸쳐 결혼 직전까지 미연이네를 밥집 하던 집이라고 무시하는 대사가 곳곳에 등장한다. 급기야 미연이네는 식당을 그만두고 빌딩을 사서 임대업으로 전환한다. 재민이 집안의 조건인 돈이라는 항목을 만족함에도 불구하고 미연이가 밥집 딸이므로 중매를 통해 다른 돈 많은 집안을 찾겠다는 것이 재민이 어머니의 생각이다.

또한 남편이 사업에 실패하여 식당을 경영하게 되었을 때 서영은 자기 딸인 윤아가 밥집 딸이 되었다며 눈물을 글썽이고 다른 가족들은 이러한 누나를 안쓰럽게 생각한다. 이 드라마에서 말하는 것처럼 식당을 경영하는 것이 과연 혼사를 반대하는 이유가 되고, 딸의 장래를 위해 눈물을 글썽일 만한 일인지 다시 한번 생각해볼 문제다.

맺으며

이 드라마에 내포된 가치관을 살펴볼 때 여러 가지 많은 문제점들을 발견할 수 있다. 사시합격생을 주인공으로 내세워 그 사시합격생의 집안이 돈 많은 집안과 사돈을 맺는 내용에서, 의도했든 의도하지 않았든 간에 은근히 부정부패의 요인이 되는 점들을 유머와 인간적인 정으로 포장하여 당연한 것으로 전달하고 있다. 또한 남녀평등의 문제에서는 노골적으로 아들선호사상과 남존여비사상을 표현하고 있다. 뿐만 아니라 공부가 제일이며 공부만이 집안을 일으킬 수단이며 다른 형제는 공부 잘하는 형제를 위해 희생하는 것이 당연하다는 식의 대사를 아무렇지도 않게 사용한다. 이외에도 밥집을 하는 것 때문에 혼사를 반대하고 혼사를 거절당한 당사자는 결국 밥집을 그만두고 다른 사업을 시작해서 마침내 혼사가 성사된다는 설정에는 많은 문제가 있다. 결국에는 가족들이 이 모든 가치관을 그대로 유치한 채 사소한 갈등과 오해를 넘어 커다란 해피 엔딩으로 상황이 귀결되는 것이다.

이런 모든 점들을 짚어볼 때 이 드라마는 사농공상과 남존여비, 권력제일의 유교적 사상을 바탕으로 한 전근대로의 회귀를 꿈꾼다는 혐의를 벗을 수 없을 것이다. 우리 사회가 IMF 이후 많이 힘들어졌고 현재에 대한 반성에서 비롯한 과거로의 회귀 분위기가 존재하는 것은 사실이나, 과거로의 회귀라는 동일한 현상임에도 불구하고 그 구체적인 실상은 과거의 어떤 점을 그리워하고 본받으려고 노력하는지에 따라 크게 달라진다고 할 수 있다.

  실제로 우리가 과거로부터 본받아야 할 점이 이 드라마에서 전파하는 그러한 전근대적인 사고방식들, 즉 우리나라의 민주화와 선진화를 가로막아온 사상들은 아닐 것이다. 시청자들은 재미와 감동을 원하지만 그 안에 내포된 가치관이 보다 바람직하다면 드라마가 갖는 재미와 감동의 기능 이외에 공익과 교육이라는 기능 또한 실현할 수 있다고 생각한다. 적어도 드라마망국론 등의 비판은 듣지 않을 수 있을 것이다. 물신화로 치닫는 우리를 반성할 수 있는 인간 중심의 사고방식, 자연과 인간이 조화롭게 공존했던 자연친화적 사상, 대량생산과 대량소비에 길들여진 이 시대를 반성할 수 있는 생활방식 등을 재미있는 줄거리, 개성적인 캐릭터, 감칠맛 나는 대사를 통해 전달하는 그런 드라마를 기대하며 이만 비평을 줄인다.

<하나뿐인 당신>

<아침마당>, 가족의 봉합

함춘성·박희성(대학원생)

꾸준한 인기 프로그램

아침방송 프로그램에는 뉴스, 생활정보 프로그램, 드라마 그리고 토크쇼 등이 있다. 그중에서도 아침방송의 주요 시청자인 주부들에게 가장 인기가 높은 형태의 프로그램은 토크쇼라고 볼 수 있다. KBS 제1방송의 <아침마당>, KBS 제2방송의 <행복채널>, MBC의 <생방송 임성훈·이영자입니다>, SBS의 <한선교·정은아의 좋은 아침>이 그 대표적인 예이다. 이 중에서 <아침마당>은 거의 9년 동안 방송되면서, 진행자가 이상벽과 정은아에서 지금의 송지헌과 이금희로 바뀐 이후에도 시청자들의 꾸준한 사랑을 받아 변함없는 인기를 누리고 있다.

사실 <아침마당>이 방영되는 8시 25분에서 9시 30분은 황금시간대라고는 할 수 없다. 왜냐하면 주된 시청자층이 주부들이라고 볼 때, 이 시간대는 남편과 아이들을 보내고 난 직후의 시간으로 보통은 설거지를 하거나 가족들이 남기고 간 뒤치다꺼리를 할 때이기 때문이다. 이런 까닭에 대략 9시 30분부터 10시 이후의 시간이 아침방송에서는 황금시간대에 속한다. 그런데도 토크쇼 형식의 아침 프로그램 중에서

<아침마당>이 그토록 꾸준히 높은 인기를 얻고 있는 이유는 무엇인가? 그 이유는 다른 토크쇼들이 연예인을 주로 등장시켜서 연예인의 사생활과 연예계 소식을 중심으로 이끌어가는 반면, <아침마당>은 요일별로 테마와 형식의 독립성을 유지하는 가운데, 주부들이 겪는 각종 문제들을 주제로 선택하여 이에 대해 진지한 접근을 시도하고 있기 때문이다.

요일별 형식과 테마의 다양성

<아침마당>의 요일별 테마를 살펴보면 월요일은 '주부발언대', 화요일은 '부부탐구', 수요일은 '그 사람이 보고 싶다', 목요일은 '목요초대석', 금요일은 '마당기획', 토요일은 '토요이벤트'로 구성되어 있다. 평범한 주부들이 출연하여 매주 정해진 주제에 따라 자신이 겪은 일들을 발표하는 '주부발언대'는 공개적으로 의사를 발언할 기회가 많지 않은 주부들의 공감을 얻고 있는 코너이다. '주부발언대'의 주제들은 주로 남편과 시어머니 등 가족관계에 관한 것들이다. 얼마 전부터는 발표자의 이야기 속에 등장하는 가족이 스튜디오에 초대되어 주부의 발언을 현장에서 듣고서, 그 자리에서 맺힌 것이 있으면 풀고 고마웠던 마음을 전하기도 하는 감동적인 장면을 연출하기도 한다.

여성학자 오숙희가 『수다로 풀자』라는 책을 발표하기도 했을 만큼, 주부들의 스트레스 해소는 주로 '수다'로 이루어진다. 안방에서 끼리끼리 이루어지던 아줌마들의 수다를 흥미로운 아이템으로 꾸며 공적인 장소로 이끌어낸 점, 그리고 전적으로 시청자인 주부들에 의해 꾸며지는 코너인 점 등이 '주부발언대'의 미덕이라고 할 수 있다.

아쉬운 점이라면 주제의 범위가 너무 가족에만 한정되어 협소하다는 점, 그리고 그것도 주로 에피소드 위주의 흥미 본위로 흐른다는 점이다. 주부들도 보다 시각을 넓힐 필요가 있고 진지한 시각으로 문제를 제기할 수 있는데도, 이 코너에서는 그러한 시도가 보이지 않는다.

화요일의 '부부탐구'는 한 쌍의 부부가 출연하여 결혼생활에서 발생한, 그러나 오랫동안 두 사람이 풀 수 없었던 문제점을 공개적으로 밝히고 이에 대한 해결책을 모색하는 코너이다. 출연 부부는 대개 경제적으로 그다지 넉넉하지 않은 계층에 속하며 학력도 높은 편은 아닌, 이름없는 사람들이다. 이 코너는 먼저 부부에게 두 사람간의 문제에 대하여 충분히 털어놓을 수 있도록 한다. 그 후 남성 진행자는 아내에게, 여성 진행자는 남편에게 두 사람간의 문제에 대한 질문을 던진다. 질문은 "아내는 내 말을 무시한다"라든지 "남편은 나를 무조건 나쁜 여자로 취급한다"와 같은 내용으로 구성되어 있어, 두 사람과 작가 간에 사전에 충분히 얘기가 된 내용들임을 알 수 있다. 질문에 대해서 상대방의 대답 내용에 이의가 있는 경우, 남편 혹은 아내는 손에 들고 있는 버튼을 눌러 이의를 제기한다.

문제의 발단과 지속은 남편들이 원인을 제공한 경우가 많은 편이어서, 남편의 권위적인 태도와 가정일에 대한 비협조적인 태도, 그리고 가부장 중심의 질서 등으로 인해 피해의식을 공유하고 있는 주부들로 하여금 공감을 자아낸다. 더욱이 출연한 남편들 중에는 다양한 사례를 제공하는 경우가 많아서, 그런 환경에서 결혼생활을 지속해가는 아내의 입장에 대한 동정심을 유발한다.

질문과 답변을 통해 그 부부의 문제점을 드러내놓은 후, 문제해결을 위한 처방을 내리는 두 전문가가 해결책을 내놓는다. 처방을 내리는 두 사람 중, 한 명은 신경정신과 전문의의 입장에서 그리고 나머지 한 명은 자신의 삶에서 획득한 경험을 바탕으로 출연 부부에게 훈계와 충고를 하거나 설득을 시도한다. 두 전문가가 주는 도움말의 결론은 대체로 전통적인 남편과 아내의 역할에 각자가 충실하면 아무 문제가 없다는 것이다. 남편은 돈을 벌어오는 바깥일에 충실하고 아내는 집안살림을 열심히 하고 서로를 아껴주면 된다는 것이다. 당연히 이들의 충고에는 아무리 큰 문제가 있는 부부에 대해서도 헤어지라는 얘기는 나오지 않는다. 마지막으로 남편과 아내가 각기 미리 준비해온 편지를 사회자가 대신 읽어줌으로써 부부탐구는 끝이 난다.

이미 부부가 출연했을 때는 상대방의 생각 내지 행동을 고쳐보려는 의도에서 참여신청을 한 것이므로, 그리고 방송이라는 공적 기구의 성격상, 처방전에 독한 약이 들어 있을 리 없겠지만 어떤 경우에는 문제에 비해 해결책이 미약하여, 부부의 차후 가정생활에 실질적인 도움과 개선이 이루어질지 의문이 드는 경우도 있다. 자신의 잘못을 고백하는 고해성사와 마찬가지로, 자신의 문제점에 대해 털어놓는 것 자체가 어쩌면 커다란 해결책이 될 수도 있다. 그래서일까. 다행스럽게도 '부부탐구'에 출연한 부부들의 후일담은 나쁘지 않다고 한다. 하지만 문제가 있는 부부관계의 원인을 그들 개인만의 문제에 국한시켜서는 안될 것이다. '부부탐구'는 쉬워 보이나 가장 어려울 수 있는 부부관계에 대한 개인적인 해결책을 제공한다. 하지만 그에 못지않게 도사리고 있는 구조적인 문제는 간과하고 있다.

수요일에 방송되는 '그 사람이 보고 싶다'는 어릴 때 경제적인 이유 또는 어떠한 사고 등으로 인하여 가족과 헤어져 살아온 사람들이 자신의 가족을 찾는 코너이다. 한 사람씩 마이크 앞에 등장하여 자신의 이름과 나이, 가족관계, 가족의 이름 등 단서가 될 만한 상황과 함께 밝힌 후 찾고자 하는 가족의 전화를 기다린다. 프로그램 진행 도중에 찾는 이와 연락이 되기도 하고, 그 다음 주 시간에 만나게 되는 경우도 있다.

90%의 상봉 성공률을 자랑하는 '그 사람이 보고 싶다'는 TV의 놀라운 위력을 증명하듯 생방송중에 찾는 확률도 꽤 높으며 방송이 끝난 후에도 제보전화가 수없이 걸려와 이를 근거로 상봉을 시켜준다. 어찌 되었든, 몇십 년 동안 헤어졌던 가족이 다시 만나는 모습은 감동적이

다. 아침 프로그램에 너무 무겁지 않나 싶을 정도의 대성통곡 장면도 때로 연출된다. 초기에는 확인이 되는 대로 바로바로 상봉을 시켜주던 것이 지금은 보다 큰 감동을 위한 연출을 하기도 한다. 출연자와 확인된 가족을 바로 만나게 해주지 않고 스튜디오로 따로따로 부른다. 그런 다음에 그날 출연자가 사연을 소개하기 전에, 가족을 찾은 이전 출연자와 가족을 불러 그제서야 스튜디오로 나와 상봉이 이루어지게 한다. 물론 그 장면은 다른 장소에서 가족이 만나는 장면을 녹화해서 보여줄 때보다 훨씬 감동적이다. 그야말로 생생한 현장감을 가져다주는 것이다. 하지만 상봉 가족들의 입장에서 볼 때 이보다 잔인한 일은 없다. 몇십 년 동안 떨어져 있던 가족들을 일주일 이상 기다리게 하니 말이다. 출연자들의 입장을 고려한다면, 한두 명의 사연을 더 소개할 수 있는 시간에 굳이 스튜디오에서 상봉을 시키는 일은 하지 않을 것이다.

'그 사람이 보고 싶다'의 출연자들 중 80% 정도가 여성인데, 사연을 들어보면 대부분이 가정불화, 가난 등으로 인해 버려진 아픈 과거를 가지고 있다. 대부분 본인이나 부모의 실수로 헤어지게 된 남성 출연자들과는 대조된다. 하지만 출연자들은 이제는 부모를 용서할 수 있다고 얘기한다. 놀라운 것은 자식을 버린 부모들이 출연해 자식을 찾는 비율은 매우 낮다는 점이다. 아마도 자식을 버린 죄책감이 그 이유 중의 하나일 것이다. '그 사람이 보고 싶다'는 "피는 물보다 진하다"라는 오랜 명제를 공고히 한다. 가족간에는 어떤 잘못이라도 용서가 된다. 왜냐하면 피를 나눈 사이이기 때문이다. 왜 아들은 어떤 상황이라도 버리지 않는지, 왜 아버지의 도박이나 손찌검, 바람으로 파탄에 이르는 가정이 그렇게 많은지에 대해서는 누구도 얘기하지 않는다. 오직 가족은 꼭 만나야 하고 잘못은 용서해야 한다는 명제만 확인시켜줄 뿐이다.

'목요초대석'은 다른 토크쇼처럼 초대 손님을 스튜디오로 불러 대화를 나눈다. 다른 아침 토크쇼와 다른 점이 있다면 연예인 출연 비율이 낮다는 것이다. 연예인들이 출연하는 경우의 대부분은 해당 방송사의 새로운 드라마가 시작할 무렵, 드라마를 홍보하기 위해 자리를 만들 때다. 그러나 이와 같은 횟수는 비교적 적고, 대부분 어느 한 분야에서 두각을 나타낸 사람이나 어려운 환경에서도 이를 극복하고 삶을 헤쳐 나간, 그러면서도 남을 도운 사람들을 초대한다. 초대 손님 또한 압도적으로 여성이 많은 편이다. 예를 들면 새우젓 장사를 하여 모은 돈을 기부한 새우젓 장사 아줌마, 가정부로 미국에 가서 자기의 인생을 개척하여 성공한 여성, 38세까지 집안에서 살림만 하다가 남편 사업의 실패 후, 자신이 직접 직업을 찾고 그 분야에서 성공한 여성 등이 출연한 바 있다.

이런 사례들은 여성도 남성 못지않게, 오히려 남성보다 더 사회에서 적극적으로 활동하여 자신의 역량을 발휘할 수 있다는 사실을 입증해줌으로써 시청자인 주부들에게 용기와 희망을 부여하기도 하고, 자신이 처한 현실과 그 안에서의 역할을 비교해보는 기회를 제공한다. 이런 점에서 '목요초대석'은 '주부발언대'에서 행해지는 일상사에 대한 수다와는 또 다른 분위기와 메시지를 전달한다.

금요일의 '마당기획'은 혼자의 힘으로 해결하기 힘든 문제로 인해 곤경에 처한 여성이 나와 고민사항을 애기하고 전문가의 상담을 받는 코너이다. 출연 여성의 얼굴은 화면에 비치지 않고, 커다란 챙이 달린 모자를 쓴 채 뒷모습만을 보여준다. 이는 출연자의 실명과 얼굴이 방송으로 나갔을 경우 본인이 겪을 어려움을 이미 예상하고 있기 때문인데, 그만큼 고민의 정도가 크다는 것을 반증해준다.

여기서 다뤄지는 문제는 개인적인 문제에서부터 남편, 자식, 그 외의 가족들, 더 나아가 미혼모, 불륜 등 사회적인 이슈가 될 만한 사항들에까지 취급되는 주제의 폭이 매우 넓다. 출연 여성이 두 명인 경우도 있는데 이럴 경우에는 한 여성은 가해자의 입장에서 이에 대한 고민을, 다른 한 여성은 동일한 문제의 피해자의 입장에서 자신이 겪은 일과 이의 극복에 대한 내용을 진술함으로써 양측의 입장과 그로 인한

상처의 깊이와 치유가능성을 객관적인 시선으로 바라볼 수 있게 한
다.[1] 이 코너는 시청자의 참여도 매우 활발하여, 출연자의 고민과 유사
한 경험을 한 사람 혹은 자신의 견해를 밝히려는 사람 등이 전화를 통
하여 이 프로그램에 참여한다.

'부부탐구'와 마찬가지로 정신과 전문의 한 명, 그리고 또 다른 전문
가가 등장하여 처방을 하는데, '부부탐구'처럼 따뜻한 분위기로만 감
싸주지 않는다. 고민사항의 성격이 '부부탐구'보다는 훨씬 심각하고
쉽게 해결할 수 없는 문제이기 때문이다.

'토요이벤트'는 가족 구성원으로 이루어진 팀 대항 노래자랑 코너,
결혼식을 올리지 못한 주부의 소원을 풀어주는 코너 등으로, 금요일의
'마당기획'과는 대조적인 흥겨운 분위기를 연출한다. 노래자랑은 가족
으로 구성된 팀들이 나와 노래를 부르는데 심사결과에 시청자들의
ARS 전화 참여가 반영된다는 것이 독특한 점이다. 노래를 부르는 모습
과 곡 선정, 그리고 출연팀들의 따뜻한 사연까지 덧붙여져 화기애애한
분위기로 토요일을 시작한다. 결혼식 코너는 나이가 어느 정도 찬 여
성을 대상으로 선정하는데, 대개 자식이나 가까운 이가 사연이 담긴
편지를 보내어 채택되는 것이다. 당사자인 주부 모르게 깜짝 이벤트를
벌이는데, 먼저 선의의 거짓으로 당사자를 속이고 우르르 자식들이 몰
려와 그 뒤를 둘러싸면, 당사자 앞에 있는 VTR 화면에서 자녀들의 얼
굴과 육성이 흘러나온다. 자녀들은 미처 다하지 못한, 부모님에 대한
감사의 말씀과 직접 전달하기 어려운 애틋한 감정을 이런 기회를 통하
여 표시한다. 이를 보는 당사자인 주부와 그 남편도 눈시울을 적시고
심지어는 리포터도 눈물을 떨어뜨린다. 화요일의 '부부탐구'가 부부

---

1) '마당기획'에 두 여성이 참여하여 모자를 쓰고 진술한 대표적인 사례 중의
하나로 자녀양육에 관한 문제를 들 수 있다. 한 여성은 시어머니와의 갈등
을 자녀에 대한 매질로 해소하는 자신을 고쳐보고자, 다른 한 여성은 유사
한 이유로 어머니에게서 매를 맞고 자란 경험과 이를 극복하려고 노력한 자
신의 사례를 들려준 바 있다.

사이를 화해시키는 코너라면, 토요일의 이 코너는 가족간의 심리적 거리와 그 사이에 낀 때를 말끔히 없애주는 역할을 수행한다.

가족의 봉합

앞에서도 살펴보았듯이 <아침마당>은 '아침마당'이라는 큰 타이틀 아래에 요일별로 하위 타이틀이 설정되어 있고, 그 형식이 모두 달라 요일별로 독립적인 성격을 내포한다고 볼 수 있다. 또한 형식의 상이함은 '가족'이라는 큰 타이틀 아래에서 다양한 테마를 담는 그릇이 되고 있다. 이 점은 다른 프로그램과 비교해볼 때 <아침마당>이 매우 독특한 형식과 내용을 유지하고 있다는 판단을 내릴 수 있는 근거를 제공한다.

출연자들은 무명씨의 아줌마들이 거의 대부분을 차지한다. 이 점 역시 다른 프로그램과의 차별점이다. 우리가 일상사에서 흔히 볼 수 있는 아줌마들이 출연하여, 자신들이 살아오면서 겪었던 크고 작은 모든 애환을 털어놓는다. 명칭만 보아도 금방 느낄 수 있는 '주부발언대', 주로 주부가 문제해결을 위해 신청하는 '부부탐구', 대부분의 초대 손님이 주부인 '목요초대석', 주부 혼자만의 힘으로 해결하기 어려운 문제를 드러내놓는 '마당기획', 그리고 자식이 모두 장성할 때까지 정작 본인은 변변한 결혼식 한번 해보지 못한 주부를 위한 '토요이벤트'까지, 이 모든 것은 가정과 사회에서 제대로 대접받지 못한 아줌마 내지 주부들을 위해 열려 있는 곳이다.

다른 아침 토크쇼와의 차이점은 시청자들의 참여에서도 드러난다. 무명씨의 아줌마들을 대상으로 출연신청을 받는 것은 물론, 미리 선정된 주제를 예고하고 이에 대한 사례를 적극적으로 받는다. 더욱 중요한 것은 시청자들의 전화 참여를 활용한다는 점이다. '그 사람이 보고 싶다'는 프로그램의 성격상 시청자들의 제보와 전화가 필수불가결하며, '마당기획'은 시청자들의 견해를 전화를 통해 수렴하고 출연자의 경우와 비교하여 도움이 될 수 있도록 한다. 매우 드물지만 '마당기획'이 출연 신청자가 참여하지 않은 가운데 이루어진 경우가 있었다. 이 경우는 자신이 처한 문제상황에 대한 도움을 받고자 한 신청자가 출연 당일 아무 통보 없이 출연을 하지 않아 발생한 일이었다. 그러나 당사자가 출연하지 않았음에도, 그와 유사한 상황을 겪었던 시청자들이 적극적으로 전화 참여를 함으로써 사회자, 전문가 그리고 시청자들만으로 그날 방송이 무리 없이 이루어졌다. 이 경우는 시청자들이 수동적인 관람자의 위치에서 벗어나 주체적으로 방송을 만들어가는 역할을 수행함으로써, TV 방송에서 시청자들이 어떠한 역할을 할 수 있는가에 대한 흥미로운 사례를 제공한다. 또한 토요일의 가족대항 노래자랑에서도 심사시 시청자들의 전화 조회수를 이용한 참여를 유도해낸다.

<아침마당>에서 돋보이는 또 다른 부분은 방청석의 배치에 있다. 다른 토크쇼들은 사회자와 출연자를 시청자 쪽에서 보아 정면에 앉히고, 방청석은 출연자들과 마주보는 위치, 그리고 좀더 낮은 곳에 위치시킨다. 이와 달리 <아침마당>은 '마당'이라는 명칭에 부합하게, 사회자가 정면에 자리잡고 사회자를 중심으로 패널 내지 전문가가 서로 마주보고 있거나 출연자와 전문가가 마주보고 있는 상태에서 그 뒤로 방청객이 빙 둘러앉아 있다. 요일별 형식에 따라 약간의 변형이 가해지지만 기본적인 형태는 바뀌지 않는다.

여기서 눈여겨보아야 할 점은 방청석의 위치가 패널 내지 전문가보다 같은 높이 혹은 더 높은 위치에 있다는 사실이다. 이는 다른 토크쇼의 방청석이, 사회자 및 출연자보다 어둡고 낮은 위치에서 사회자 및 출연자를 정면으로 응시하고 있는 것과 비교해볼 때 확연히 다른 점이다. <아침마당>에는 객석이 2~3단으로 제작되어 있고 사회자 및 출연자를 빙 둘러싸고 있기 때문에, 출연자 내지 패널을 카메라로 비출

때 방청객의 반응도 자연스럽게 함께 보여지는 경우가 많다. 다른 토크 쇼에서는 무대 위의 모습에서 컷하여 이에 대한 객석의 반응 숏으로 이어지는 데 반하여, <아침마당>에서는 자연스럽게 한 컷 안에서 출연자 내지 패널의 모습과, 이에 대해 공감하거나 주의 깊게 듣고 있는 방청객의 모습이 함께 보여진다. 이 점은 대부분 무명씨인 시청자들의 참여와 더불어 <아침마당>이 열려 있는 '마당'의 자연스러움을 살림으로써 '마당'의 내용과 형식을 일치시키고 있다고 평가할 수 있게 한다.

그러나 <아침마당>은 주부인 여성들의 위치를 다시 자리매김하고 사회에서의 여성의 역할을 재조명하는 지점에까지는 나아가지 못하고 있다. 주부로서 아줌마로서 한바탕 수다를 통해 쌓였던 것을 해소하거나 가정에서 남편으로 하여금 부인을 잘 달래주고 가사에 조금 참여하라는 식으로 남편을 다독거리는 데 그친다. 가정과 부인에 대한 남편의 그릇된 사고와 왜곡된 행동의 원인에는 개인적인 것과 사회적인 것이 있는데도 불구하고, 시대에 따른 사회환경의 변화를 적극적으로 수용하지 못하는 남성 중심적인 사회에 대한 보다 근원적인 해결책을 강구해보려는 노력은 찾아볼 수 없다. 여전히 여성은 가족을 위해 가정에서 예전부터 맡아왔던 역할을 잘 수행해야 하고 동시에 이전에는 하지 않았던 다른 역할도 맡아야 하는 것처럼 보인다. 가정을 유지하고 가족간의 친목을 다지는 것은 전적으로 주부가 잘하느냐 못하느냐에 달려 있다는 것이다.

<아침마당>에서 가족은 거의 절대적으로 선(善)으로 간주된다. 주부들은 시부모, 남편, 자식 등의 가족 구성원들에게 결국은 그들을 이해하고 사랑한다고 말한다. 그럼으로써 가족간의 틈은 주부의 사랑과 희생으로 채워지고, 가정에서의 균열은 봉합(縫合, suture)된다. <아침마당>은 가족의 중요성과 가족애의 따뜻함을 보여주고, 여기서 주부의 역할이 가장 중요하다고 알려주면서 주부들의 아침을 연다. 이러한 면은 가족이 해체되는 비율이 예전보다 급격하게 상승하고 가족문화

의 전범(典範)을 찾기 어려운 시대의 현실과는 대조적이다.

<아침마당>은 우리 고유의 '마당'을 스튜디오에 옮겨간 형식을 취하고 있으며, 아줌마들의 고민을 가정에서 이끌어내 TV를 매체로 하여 사회의 영역으로 풀어놓는다. 다른 토크쇼들이 흥미와 선정성 위주로 방영되는 환경에서, 그러한 형식과 테마로 오랜 세월 인기 프로그램으로 유지된다는 것은 높이 살 만하다.

그렇지만 이 프로그램의 연륜과 명성을 계속 유지하기 위해서는 지금까지 훌륭히 수행해온 주부들의 배출구로서의 역할도 중요하지만, 한 코너 정도는 한국 사회에서 그리고 앞으로 변화할 사회 환경에서 여성(특히, 주부)의 역할모형과 이에 따른 남성의 역할변화 등에 대해서도 심도 있게 논의함으로써, 남성(특히, 남편) 우위의 가족문화에 대한 대체문화를 제시할 수 있는 오피니언 리더격의 프로그램으로 거듭나기를 소망해본다.

시민이 생각하는 방송
'99 좋은 방송을 위한 시민의 비평상 수상집

ⓒ 방송문화진흥회, 1999

엮은이／방송문화진흥회
펴낸이／김종수
펴낸곳／도서출판 한울

편집책임／곽종구
편집／한승옥

초판 1쇄 인쇄／1999년 12월 20일
초판 1쇄 발행／1999년 12월 30일

주소／120-180 서울시 서대문구 창천동 503-24 휴암빌딩 3층
전화／영업 326-0095(대표) 편집 336-6183(대표)
팩스／333-7543
전자우편／newhanul@nuri.net
등록／1980년 3월 13일, 제14-19호

Printed in Korea.
ISBN 89-460-2699-5 03070

* 책값은 겉표지에 표시되어 있습니다.